当代中国社会心态和社会治理

丛书主编 陈云松

/江苏省“十四五”时期重点图书出版规划项目/

CLASS IDENTIFICATION AMONG THE CHINESE: THE PERSPECTIVE OF SUBJECTIVE WELL-BEING

中国公众的自我阶层定位：主观心理福利视角

陈云松 柳建坤 著

南京大学出版社

图书在版编目(CIP)数据

中国公众的自我阶层定位 ：主观心理福利视角 / 陈云松，柳建坤著. — 南京 ：南京大学出版社，2020.12
(当代中国社会心态和社会治理 / 陈云松主编)
ISBN 978-7-305-23978-6

Ⅰ. ①中… Ⅱ. ①陈… ②柳… Ⅲ. ①社会阶层—研究—中国 Ⅳ. ①D663

中国版本图书馆 CIP 数据核字(2020)第 226533 号

出版发行 南京大学出版社
社　　址 南京市汉口路 22 号　　邮　编 210093
出 版 人 金鑫荣

丛 书 名 当代中国社会心态和社会治理
书　　名 中国公众的自我阶层定位：主观心理福利视角
著　　者 陈云松　柳建坤
责任编辑 还　星　　编辑热线 025-83593052

照　　排 南京南琳图文制作有限公司
印　　刷 江苏凤凰数码印务有限公司
开　　本 718×1000　1/16　印张 14.75　字数 230 千
版　　次 2020 年 12 月第 1 版　2020 年 12 月第 1 次印刷
ISBN 978-7-305-23978-6
定　　价 45.00 元

网址：http://www.njupco.com
官方微博：http://weibo.com/njupco
官方微信号：njupress
销售咨询热线：(025) 83594756

前　言

党的十九大报告将人民的获得感、幸福感、安全感作为衡量改革发展成败的基本指标。在中国特色社会主义进入新时代的全新历史阶段，我国社会的主要矛盾已经转化为人民日益增长的美好生活需要和不平衡不充分的发展之间的矛盾。这在肯定民众的生活水平在绝对意义上不断提升的同时，也强调了不同阶层之间的物质差距对个体或群体心理以及经济社会稳定运行的重要影响。在中国社会趋近有利于维护社会稳定、以中产阶层为主体的“橄榄型”结构的同时，如何增强民众的获得感，进而形成一种与客观阶层地位相一致的阶层意识就显得尤为重要和迫切。因此，主观社会阶层对于维系社会秩序和推进改革大业具有非同寻常的意义，并且也应成为中国社会学界构建本土化理论、促进学术积累、向世界提供中国智慧的契机。

在学术研究层面，关于主观社会阶层的研究最早可以追溯到马克思对以工人阶级为对象的阶级意识的分析。中国学术界从 20 世纪 90 年代末期开始对民众的主观社会阶层问题进行实证研究，在近二十年的探索过程中取得了重要进展，不仅弥补了国内学者过度关注客观阶层结构的不足,为人们理解阶层现象提供了新的角度,而且使得主观社会阶层问题受到了社会各界的高度重视,特别是对于完善有关协调阶层利益关系的政策设计做出了独特贡献。但相关研究仍有很大的提升空间,主要表现在四个方面。

第一,概念框架亟待进一步融会贯通。受到经典分层研究范式的影响,社会学研究者往往将主观社会阶层限定于阶级或阶层意识等传统社会学概念范围内,对于一些与此高度相关的、同样基于客观阶层地位衍生的主观心理福利(Subjective Wellbeing,如幸福感、冲突感等)缺少系统、全面的实证分析。事实上,概念内涵的过度集中限制了社会学与经济学、政治学在与阶层有关的主观心理方面进行交流和探讨的机会。

第二,解释框架亟待进一步纳入动态和宏观因素。在分析主观社会阶层形成和变化的影响因素时,多数学者承袭了韦伯的社会分层研究范式,着眼于阶层间客观的利益关系,将个人对自身的阶层定位视为其实际的经济社会地位的静态反映。这种经典分析视角容易忽视宏观因素的影响,并掩盖客观地位的动态变化所具有的重要意义。事实上,改革开放以来的中国社会经历了快速转型,而时代变迁又使个体的人生际遇起伏变化,所以将制度性要素和个体地位变迁纳入阶层意识形成和变化的分析框架中就显得非常必要。

第三,数据资料存在较大的时空局限。以往关于中国民众主观社会阶层的研究发现主要基于某一时点的一个或数个城市的城镇居民样本。由于缺少横向覆盖城乡、纵向历时较长的大样本研究,现有文献所反映的仅仅是市场转型过程中少数群体的阶层意识情况,很难对大历史跨度中社会阶层意识的全貌进行描述,更遑论机制解释。同时,数据资料的不足也进一步限制了运用高级定量方法的可能性。以往的主观社会分层研究主要采用传统的回归方法对单期横截数据进行分析,或仅对多期横截面数据进行简单比较。即使是为数不多的纵贯分析,所涉及的时间跨度也仅有 2—3 年,这使得我们无法全面、准确地把握主观社会阶层变迁的过程和机制,也无法进行因果推断。

第四,关于主观阶层的社会影响的实证分析较为缺乏。在经济学界,皮凯蒂(Thomas Piketty)最早将个体对于收入的主观认知引入政治经济后果的决定因素中,并在近年来掀起了一股研究收入认知偏差对再分配偏好或幸福感的影响的研究热潮。但国内社会学界对于主观社会阶层及其与客观阶层的偏差等问题的关注点仍放在影响因素上，对该问题对个体的心理和行为以及社会运行所产生的实际影响的注意力不足，从而限制了社会学对于公共政策制定的影响力以及对社会健康发展本应做出的知识贡献。

本书旨在将近年作者在上述领域进行的阶层定位研究做一汇总。与以往研究仅关注自我阶层定位不同的是，本书从主观心理福利的视角考察当代中国公众的自我阶层定位，除了将自我阶层定位视作主观心理福利的一个重要组成部分，还把围绕阶层的幸福感、满意度、获得感以及城市融入感纳入分析范围内，试图对当代中国公众自我阶层定位相关的心理状况进行全景探索。上述理论意图充分体现在本书的章节安排上。本书选取的研究成果分四个专题呈现，分别为："自我阶层定位的结构和机制""自我阶层定位的感知和影响""社会治理视角下的阶层流动和心理福利"和"大数据视野中的主观阶层话语变迁"。相关章节内容曾散见于《中国社会科学》《社会学研究》《社会学评论》《社会发展研究》《南京社会科学》《中国浦东干部学院学报》《中国研究》和《社会科学季刊》等期刊。在此，我们也向相关论文的合作者、期刊编辑部和编辑们致以深深的谢意！

本书收录的研究成果补充了已有文献的部分短板。首先，分析概念更加丰富。本书收录的论文总体上是以公众的主观心理作为研究对象，既包含了在社会学界中处于主流地位的主观社会阶层，又将获得感和幸福感等更为具体的心理类型涵盖在内，使分析概念的内涵进一步丰富，更能够反映中国特色社会主义进入新时代背景下公众心理的最新变化。其次，分析视角和框架更加多元、完整，例如从公共话语的角度对主观社会阶层概念进行了重新阐述；从感知角度专门考察个体对自身地位变化的感知对阶层认同偏差的影响；检视政治经济体制转型和意识形态体系变化等宏观制度变迁的影响等等。最后，通过整合多期全国性综合调查资料以及横跨数十年的历史文本资料，构建了体量庞大、时空代表性强的数据库。最后，基于当前中国民众日益关心的健康问题的背景，重点考察了个体阶层意识对健康的影响。

本书收录的研究成果在分析概念、研究视角、解释框架和研究方法等方面对既有的主观社会分层研究做了新的拓展。但我们认为在下一步的主观社会分层研究中，还有三项工作尤为紧迫和重要。第一，增进主观阶层研究与其他主观心理福利研究的拓展整合，在理论上有所突破。第二，扩大因果推断在主观阶层、社会分层研究中的应用，特别是要增加固定效应模型、工具变量、倾向值匹配、断点回归、倍差法、自然实验法、机器学习等高级方法来获得现象之间因果关系的可靠证据。第三，以现实的社会生活为基础，充分发挥社会学想象力，从多个方面考察主观心理对微观个体的情感态度、行为决策以及宏观社会运行的影响，这对于拓展主观社会分层研究的议题空间、提升学科价值、扩大社会影响力以及推动社会进步等都具有积极意义。

总体而言，我们将近年来所作探索汇总成书，是为了与学术同仁进行切磋交流，以期在推动学术积累的同时传播新知，为推动中国社会学实证分析特别是社会分层领域的发展做出微薄的贡献。

目　录

专题一

自我阶层定位的结构和机制

在现实生活中，人们通常使用教育、收入和职业来描述某个人的阶层地位。与此同时，每个人在主观上还会对自身在整个社会结构中所处的位置做出判断。事实上，这种自我阶层定位不仅仅是客观阶层地位的反映，还包含着个体的态度和倾向，因而是社会大众的心理、态度和倾向的风向标，对于现代国家治理具有不同寻常的意义。

在 20 世纪 90 年代初期，国外学者开始将对阶层问题的分析从客观层面向主观层面扩展，致力于识别自我阶层定位的结构特征以及与之联系的影响机制。研究表明，国外民众普遍认为自己属于中间阶层，这种"中层认同"的结构特征与教育、收入和职业等个体的客观地位变量和经济增长、收入差距、意识形态等宏观变量存在密切的联系。针对中国公众的自我阶层定位的实证研究始于 20 世纪 90 年代后期。尽管国内的早期研究对于定量方法的使用与国外的研究相比存在不小的差距，但其在理论上已经具备了跨国比较研究的自觉。例如，中国民众的自我阶层定位呈现出"中下"甚至是"下"的结构特征，这与西方国家民众自我阶层定位的"中层"结构特征形成了鲜明对比。而且，国内学者从个体的客观地位和心理态度两个方面对上述现象进行了解释。

本专题介绍的三篇文章是目前针对中国民众自我阶层定位的最新研究成果。与国内学者进行的开创性研究相比，这三项研究都使用了全国具有代表性并且横跨十年的大样本数据，不仅可以更加全面和准确地识别中国民众自我阶层定位的结构特征，而且为进行长时段的跨国比较分析提供了技术条件。此外，上述研究又有其各自的特点。第一项研究在遵循国外学者从个体客观地位变量分析自我阶层定位变化的研究路径的基础上,试图分析客观影响因素的效应随时间变化的情况。第二项研究从收入不平等的角度分析了中国民众自我阶层定位变迁的宏观机制。第三项研究将研究问题聚焦于个体的客观阶层与自我阶层定位的偏差上,并且着重从社会流动感知的角度进行了分析和解释。因此,通过对上述研究的阅读,人们将加深对当代中国公众的自我阶层定位的结构特征及其变迁趋势的认识,也将更加深刻地理解引致这一现象的机制。

第一章 自我阶层定位的结构和趋势

一、引 言

马克思、韦伯和涂尔干的社会学传统延续至今,社会学家对人们在社会结构中所处的位置一直很感兴趣。大量文献致力于探究影响主观社会地位、主观社会阶层和阶级认同等密切相关的概念的决定因素。实证研究表明,自我评价地位与社会地位的客观指标(如教育、收入和职业)密切相关,但不一定总是相关。文献中的一个常识性发现是,西方社会的人们倾向于以中产阶级来描述自己的身份地位,而不论他们的实际客观社会地位的高低(Centers, 1949; Hodge & Treiman, 1968; Jackman & Jackman, 1983; Wright & Singelmann, 1982; Evans et al., 1992; Kelley & Evans, 1995; Oddsson, 2010; Hout, 2008)。新近的研究已经开始关注主观社会地位结构中的跨国差异,并且发现诸如国家财富和收入不平等等因素对主观社会地位的影响在各国之间亦有显著差异(Evans & Kelley, 2004; Andersen & Curtis, 2012; Surridge, 2007; Curtis, 2015)。判别主观社会地位的决定因素很重要,因为大量研究表明,自我认同的社会地位受到身体和心理健康的重要影响,而与衡量社会地位的物质条件无关(Adler et al., 2000; Singh-Manoux et al., 2005; Kim et al., 2014)。这意味着经济发展对一个社会幸福感的影响取决于经济发展所致的社会后果。事实上,主观社会地位已经被证实可以预测个人层面的信任度、亲社会行为和失范行为的参与情况(Piff et al.，2010)，以及国家层面的社会凝聚力(Hamamura，2012)。因此，主观社会地位及其随时间的变化对总体幸福感和社会凝聚力具有重要意义，有可能起到调节经济发展的作用。

基于以国家为单位的主观社会地位决定因素的研究，往往集中在相对稳定的西方社会，但也有少量研究在少数拥有完善市场体系的亚洲社会中进行(Shirahase，2010；Nam，2013；Goldman et al.，2006)。这些研究很少检验随着国家的发展，特别是在发展相对迅速的情况下，主观社会地位的结构如何随时间变化。关于东欧国家转型社会的几项研究也仅限于 20 世纪 90 年代初(Evans et al.，1992；Evans & Kelley，2004)。尽管当代中国为社会学学者提供了一个有趣的研究机会，即探索社会快速转型时期自评地位的分布和决定因素，但遗憾的是，目前相关的研究很少。少数针对中国的主观社会地位研究基于特定群体或某些特殊城市的非代表性样本及一年的横截面数据，这意味着该发现既不能归纳为一般性结论，也不能追踪社会学感兴趣的快速城市化和经济发展时期的周期性趋势(Zang，2012；Zhou，2011；刘欣，2001；李培林等，2005)。

本研究通过使用十期具有全国代表性的中国综合社会调查(CGSS)和中国社会状况综合调查(CSS)，系统地记录了 2003 年至 2012 年中国的主观社会地位，对现有文献进行了补充。中国提供了一个在社会学意义上有趣的案例，来检验在一个相对短的时间内，由于经济和社会的变化，主观社会地位如何被形塑和发展的理论。在本文中，笔者探究了在社会和经济快速变化下的中国主观社会地位，考察其分布和决定因素，最重要的是它的发展变化。

二、主观社会地位：理论和案例

人们发现，许多个体层面和环境层面的因素会影响地位感知，从而影响主观地位结构(Hodge & Treiman，1968；Guest，1974；Morris & Murphy，1966；Lopreato & Hazelrigg，1972；Jackman & Jackman，1983；Wright，1985)。Evans & Kelley(2004)将客观社会地位和主观社会地位之间关系的理论区分为三个主要方面。第一，社会事实理论(也称结构地位论)。主要反映的是马克思与涂尔干的观点。该理论认为，个体的阶层自我定位是其客观阶层位置的直接反映。因此，阶层自我定位随社会经济发展的变化而变化,在不同的政治体系中,其结构特征也必然不同。不过,马克思认为关于阶层的主观意识在资本主义社会将日益两极分化,而涂尔干则预期中间阶层将不断扩大。

第二,参照群体理论。该理论基于默顿的社会结构观,强调阶层自我定位受制于个体所在的社会环境(Stouffer et al., 1949; Woelfel & Haller, 1971)。人们往往通过与参照群体的比照,对自身地位进行评估。该理论进一步发展出两个重要概念。一是"趋中倾向"。社会网的形成是内生的、选择性的,所以个体和参照群体之间具有同质性,这使得人们更容易认为自己处于社会的中间位置。二是"相对剥夺"。个体经济社会地位的横向对比,可能会比客观阶层更易影响阶层自我定位。

第三,"事实—参照"理论。该理论本质上可以被视作对前两种观点的折中(Kelley & Evans, 1995),即阶层自我定位总体上受客观地位和心理因素的共同影响。客观地位和主观阶层定位之间的偏差则取决于参照群体的选择:如果人们的参照群体是同质的,则会更多地呈现"中间认同"。该理论在本质上是一种韦伯式的诠释:主观阶层是个体基于客观阶层的主观判断。

这些理论在多大程度上得到了实证研究的支持?总体来说,先前的研究表明,大多数人实际上理解自己所处的阶层地位(Jackman & Jackman, 1983),并且经常将自己置于社会阶梯的某个层级上(Centers, 1949; Moorhouse, 1976; Wright, 1985; Evans, et al., 1992)。对于不同国家的大量跨国研究表明,不同经济背景的人都倾向于将自己定位于中间阶层(Evans, et al., 1992; Evans & Kelley, 2004; Adair, 2001; Hout, 2008),因此,主观社会地位可能更多地被视为心理社会认同指标(Adair, 2001)。尽管客观的社会地位,比如教育、收入和职业,在形成主观社会地位方面起着显著的作用(Hout, 2008),但它们并不能完美地预测个体在社会等级中的自我认同地位(Hodge & Treiman, 1968; Kelley & Evans, 1995; Oddsson, 2010)。此外,除了个体特征外,人们还发现,环境因素,例如国家经济发展、收入不平等、就业结构和普遍的政治意识形态在塑造各国的主观社会地位方面都具有重要意义(Evans & Kelley, 2004; Andersen & Curtis, 2012; Curtis, 2015)。

总体而言,文献广泛支持"事实—参照"理论,因为感知状态与客观指标相关,但这种关系并不完美。此外，少量时间序列分析发现，即使大多数国家的社会结构发生了变化，但随着时间的推移，教育、收入和职业等客观指标依然与主观社会地位保持着显著的关系。导致这一现象的部分原因是，经济发达的西方国家在教育、收入和职业结构方面的变化较为缓慢。这也导致文献中缺乏对国家内部社会地位的客观指标和社会地位的主观评价之间的联系如何随时间变化的研究，特别是在经济结构环境已经快速改变，且该时间段内的数据通常可以采集的情况下，在这一方面，中国提供了一个很好的案例。

三、当代中国的主观社会地位

尽管学者们在亚洲其他地区进行过一些有关主观社会地位的研究（Goldman et al.，2006；Kikkawa，2000；Shirahase，2010；Nam，2013），但很少有关于中国阶层自我定位的实证研究，并且仅有的一些文献往往基于特定的人口群体或使用单一的横截面城市数据或资料。边燕杰和卢汉龙（2002）基于上海、广州的调查数据，发现收入、教育和职业对阶层自我定位的解释力不高。刘欣（2001）使用武汉的数据，发现中国人的阶层自我定位与其他国家相比偏低。李培林等（2005）利用31个省会城市和直辖市的数据将前述两个发现进一步推及全国。在新近的研究中，高勇（2013）通过对六个城市两期数据的对比分析，报告了市民阶层自我定位横向偏低和纵向下降的现象。仇立平和韩钰（2015）分析了城市截面样本，发现较之于真实的职业分层，占据人口多数的自我定位“中下”或“下”层的市民往往高估了自己的阶层定位。此外，Zang（2012）、陈光金（2013）还发现民族归属感、生存焦虑感等主观因素也在影响城镇居民的阶层自我定位。Zhou（2011）专注于上海居民，探讨了新媒体的使用情况如何影响人们的感知地位。在对城乡综合数据的分析中，冯仕政（2011）对比中国综合社会调查（CGSS）2003年、2005年和2006年的数据，发现中国公众认同自身处于下层的比例有增大的趋势。张翼（2011a）分析了CGSS调查的2006年和2008年的数据，发现在农民中同样存在主客观阶层差异，且农民的上层认同比例高于城镇居民（因为农村居民的参照群体范围小、异质性低）。与冯仕政、高勇的结论不同，张翼发现2006年至2008年，中国人的“上层”“中上层”和“中层”认同比例都在增加。

由于主观社会地位可以被看作客观地位的社会心理反映，又因为中国在社会层级上的客观地位的分布已经发生了很大变化，主观参照群体也可能变得复杂化，因此中国本身成了研究主观社会地位问题的一个有趣案例。① 例如，城市居民相较于农民收入更高，获得了更好的教育，但他们更可能将自己简单地置于社会底层，因为他们的参照系是比农民的收入更高、受教育程度更高的城市居民。同样，进入城市的移民也可能报告比农民更低的社会地位，因为他们的参考群体已经从农民变成城市居民。这在霍奇和特里曼(Hodge & Treiman, 1968)的经典研究中被称为地位矛盾或阶层模糊。对于社会而言，了解总体层面的主观社会地位的决定因素很重要。中国也不例外，因为反过来看，主观社会地位又是个人和社会层面幸福感和社会凝聚力的决定因素(Adler et al., 2000; Singh-Manoux, et al., 2005; Kim et al., 2014; Hamamura, 2012)。

依据 Evans & Kelley(2004)概述的三个理论，我们可以预测中国在主观社会地位的时间趋势方面会发生什么变化。“社会事实论”的预测是：随着中国社会的经济发展，受教育程度、收入水平的增加以及具有较高地位的职业数量的增加，主观社会地位的均值应该随时间的推移而变化。“参照群体论”将通过这些客观地位的变化对总体主观社会地位结构几乎没有影响来预测，因为社会地位的评估是参照同质群体进行的。“事实—参照”理论的预测是：随着经济发展，主观社会地位结构也会发生变化，但这要比更客观的职位变化(如教育扩张或收入增加)更为缓和。接下来，我们将探究这三个预测中哪一个最能准确地描述当代中国。

四、数据和分析策略

(一) 数据和样本

数据来自两个全国性的调查项目：中国综合社会调查(CGSS)和中国社会状况综合调查(CSS)。CGSS 由香港科技大学和中国人民大学于 2003 年发起，此后每年或每半年与中国几所著名大学联合执行。CSS 由中国社会科学院于 2006 年发起，并于 2008 年和 2011 年重复进行两期调查。每期 CGSS 抽样调查 5 000 到

---

① 改革后的中国有大量关于社会分层和流动性的研究(Walder, 1986; Nee & Matthews, 1996; Bian & Logan, 1996; Nee, 1996; Parish & Michelson, 1996; Xie & Hannum, 1996; Zhou, 2000; Wu, 2002; Wu & Treiman, 2004; Xie & Wu, 2008)。

12 000 户家庭，其来自 30 个省的 125 个县；而每期 CSS 抽样调查 7 000 到 8 000 户家庭，其来自 30 个省的 128 个县。虽然这两个项目是由不同的机构推进的，但它们都使用非常相似的多阶段分层概率抽样进行重复追踪的截面数据，并且在问题设计时使用相同的措辞，答案的类别和排序也基本一致。因此，它们具有可比性。

如表 1－1 所示，三期 CSS(2006 年、2008 年和 2011 年)和七期 CGSS(2003 年、2005 年、2006 年、2008 年、2010 年、2011 年和 2012 年)数据，总共有 82 823 个中国成年人样本。① 其中，有80 958 名被调查者明确回答了关于主观地位的问题，约有 3％的未答率。② 回答主观社会地位问题的 80 958 个个体，分别居住在中国大陆的 31 个省。其中大约 41％的人居住在农村地区，大约 59％的人来自城市地区，因此，城市居民被过度抽样。③ 此外，考虑到 CGSS 和 CSS 的抽样设计，即受访者是从成年人数量不同的家庭中抽选的，因此，对于每一期，我们都使用抽样权重来计算中国年度总人口的代表性数据。最后，考虑到 2003 年至 2012 年的年度样本量与中国的实际年度人口量不同，我们进一步使用抽样权重对此进行校正。④ 该加权方法同时用于描述统计和模型估计。由于用于计算样本权重的变量有缺失值，我们在表 1－1 中的描述性的样本规模略微缩小至 80 141(即进一步缩小了 1.1％)。

---

① CGSS 和 CSS 的总体应答率平均约为 60％(Bian & Li, 2013)。

② 这相当于美国对类似调查问题的不回答条目比率(Hout, 2008)。

③ 除了 2003 年的 CGSS 仅对城市居民抽样外，所有其他期的调查都对中国的农村和城市进行了抽样。在之后的分析中，我们将 2003 年的 CGSS 包括在内，以增加期数，进而进行时间趋势分析。但是，在稳健性检验中，我们将其排除，以查看结果是否稳健。

④ 权重的计算方法如下，以 2010 年为例。首先，计算出一个家庭权重(HWT)，该权重等于该家庭中的成年人数与每个家庭的平均成年人数之比(对城市和农村样本分别进行估算)，当我们分析时将城乡样本分开，会得到恰当的权重。其次，自 2010 年以来，当年 49.68％的人口(13.39 亿)居住在城市地区，因此我们分别针对城市和农村样本计算了人口权重(PWT)。对于城市人口，PWT＝[13.39 亿×0.496 8/城市样本规模]×HWT；对于农村人口，PWT＝[13.39 亿×0.503 2/农村样本规模]×HWT。最后，将权重标准化为 2010 年的原始样本大小：WEIGHT1＝PWT/平均值(PWT)。由于 2010 年的人口为 13.39 亿，我们有 11 730 个样本，因此，2010 年的权重将进一步通过 WEIGHT2＝WEIGHT1×1.339/11 730 进行修正。然后将权重最终标准化为 2003 年至 2010 年的原始总体样本：WEIGHT＝WEIGHT2/均值(WEIGHT2)。我们在吴晓刚和特里曼(Wu & Treiman, 2004)的研究中可以找到类似的方法。

表 1-1 CGSS 和 CSS 共 10 期数据的样本分布(2003—2012 年)

CGSS	2003	2005	2006	2008	2010	2011	2012	总计		
全样本	5 894	10 372	10 151	6 000	11 785	5 620	11 765	61 587		
样本 1	4 933	10 372	9 641	6 000	11 730	5 607	11 712		59 995	
样本 2	4 129	10 372	9 638	6 000	11 730	5 597	11 712			59 178
CSS	2003	2005	2006	2008	2010	2011	2012	总计		
全样本	—	—	7 061	7 139	—	7 036	—	21 236		
样本 1	—	—	6 994	7 045	—	6 924	—		20 963	
样本 2	—	—	6 994	7 045	—	6 924	—			20 963
总计								82 823	80 958	80 141

注:样本 1 是回答了主观社会地位问题的样本,样本 2 是在样本 1 的基础上进行加权的样本。

(二) 调查工具

CGSS 和 CSS 的 10 期调查要求受访者通过在有序社会地位等级中选择一个地位来明确描述其主观社会地位。该问题的提出方式在两个调查中存在一些差异。CGSS 从 2008 年改用 10 级阶层①,而 CSS 和 CGSS(2003—2006 年)的所有其他期调查则均采用了常规的 5 级量表(上层、中上层、中层、中下层和下层)。为了比较,我们将 CGSS 年份中的 10 级转换为 5 级量表。② 此外,CGSS2003 要求受访者选择“您的家庭”的地位,而所有其他期数据都使用“您的职位”。尽管从直观上看,两者是兼容的,但是如果数据显示出很大的差异,那么将它们合并以进行时间序列分析是有问题的。幸运的是,CGSS2005 和 CGSS2006 都询问了有关家庭和个人的主观社会地位问题。比较这两个措辞不同的数据,我们发现 92%的样本对两个问题的回答完全相同,而使用不太详细的三级量表时,其一致性为 99.7%。

(三) 分析策略

实证分析分三步进行。在第一步中,我们将使用描述性分析,分析总体的主观社会地位,并检验跨组别和跨时间的趋势。第二步,我们使用多元回归方式对

---

① 10 级量表已在其他地方使用(例如:Evans & Kelley, 2005; Adler et al., 2000)。

② 具体来说,我们将 10 和 9 编码为上层,8 和 7 编码为中上层,6 和 5 编码为中层,4 和 3 编码为中低层,2 和 1 编码为较低层。对于在这两个度量上有重叠的 2008 年和 2011 年数据,我们将 CGSS 重新编码的地位分布与 CSS 对应地位进行了比较,发现二者的地位分布非常接近。

主观社会地位的决定因素建模。我们密切关注客观社会地位指标的影响，特别是教育、收入和职业，所以将那些从未从事过工作的人排除在回归分析之外，因为他们没有这些变量的信息，①最终产生了总计 76 946 个样本。由于关键个体变量的缺失，我们用于多元回归的样本最终包括覆盖了所有 31 个省的 68 054 个个体，共损失了 9%。缺失数据的风险与主要的人口统计学因素(例如性别、教育程度、年龄、收入、职业和省份)没有显著相关性，这意味着我们使用的样本与原始样本之间的差异不会对后续分析产生影响。

表 1－2　加权后变量的描述性统计(2003—2012 年)

<table>
<tr><th colspan="2">变量名称</th><th>百分比</th><th>均值(标准差)</th></tr>
<tr><td rowspan="5">主观社会地位(SSS)</td><td>上层＝5</td><td>0.82%</td><td rowspan="13">2.34(0.910)</td></tr>
<tr><td>中上层＝4</td><td>6.08%</td></tr>
<tr><td>中层＝3</td><td>40.63%</td></tr>
<tr><td>中下层＝2</td><td>31.19%</td></tr>
<tr><td>下层＝1</td><td>21.29%</td></tr>
<tr><td rowspan="3">就业状况</td><td>失业</td><td>14.48%</td></tr>
<tr><td>就业</td><td>74.76%</td></tr>
<tr><td>退休</td><td>10.76%</td></tr>
<tr><td rowspan="2">居住状况</td><td>农村居民</td><td>51.14%</td></tr>
<tr><td>城市居民</td><td>48.86%</td></tr>
<tr><td rowspan="3">婚姻状况</td><td>已婚</td><td>88.43%</td></tr>
<tr><td>单身</td><td>5.26%</td></tr>
<tr><td>离婚/丧偶</td><td>6.31%</td></tr>
<tr><td>男性＝1</td><td></td><td>50.0%</td><td></td></tr>
<tr><td>党员＝1</td><td></td><td>10.0%</td><td></td></tr>
<tr><td>年龄</td><td></td><td></td><td>45.42(14.06)</td></tr>
<tr><td>教育年限</td><td></td><td></td><td>8.41(4.20)</td></tr>
<tr><td>ISEI</td><td></td><td></td><td>34.66(15.35)</td></tr>
<tr><td>家庭年收入</td><td></td><td></td><td>42 662(120 168)</td></tr>
</table>

注:分类变量报告的是百分比，连续变量报告的是均值及标准差。

① 包括从未工作过的和即将工作的变量填答为零的受访者，同时仅关注调查时所雇用的受访者，不会改变质的结果。

我们重新计算了抽样权重，并在表 1－2 中给出了有关主观社会地位的回归变量的描述。三个关键自变量是家庭年收入（即家庭年收入折合人民币的对数）、教育年限和基于职业表示社会地位的国际职业社会经济地位指数（ISEI）。① 人口控制变量包括性别、年龄、婚姻状况（已婚、离婚/丧偶、单身）、就业状况（就业、失业、退休）和居住状况（农村或城市）。

由于数据是基于 10 期跨越 10 年的调查，且来自两个不同的项目，因此，我们生成了年度虚拟变量和项目虚拟变量（1＝CGSS，0＝CSS）。为了检验主观地位感知与客观条件（如教育、收入和职业声望）之间的关系趋势，我们引入了线性时间趋势，并将此趋势与模型中的某些变量进行了交互。此外，我们控制所有模型中的省份固定效应。尽管主观社会地位是分类变量，但我们首先通过拟合普通最小二乘（OLS）模型将主观社会地位视为连续变量。这是必要的，因为我们的模型包含了交互项，在非线性分析中交互项的估计系数可能会产生偏误（Wooldridge，2002）。由于不同的社会阶层间的间隔不相等，因此我们仍然需要使用有序逻辑模型（OLogit），但是必须谨慎解释交互作用。② 最后，鉴于数据的嵌套性，我们在省份上使用聚类标准误。③

在第三步中，我们使用 Oaxaca-Blinder 分解方法更准确地对主观社会地位随时间变化的决定因素建模。该方法通常用于不同组别的工资差距（例如性别工资差距）的经济学分析，它将男性和女性工资之间的平均差异分解为由于“禀赋”和“禀赋回报”差异所导致的因素。由于男女之间的“禀赋”差异，“禀赋效应”导致了一部分的性别工资差距，例如职业差异。“禀赋”的奖励方式不同，于是“禀赋效应回报”成为工资差距的一部分（女性经理人的薪水可能低于男性经理人的薪水）。Oaxaca-Blinder 分解方法可以应用于两个时间点之间的主观社会地位均值的变化，以将主观社会地位的均值变化分解为由于客观社会地位如收入（禀赋）的变动

① 对于已退休的人员，将根据其上一份工作来计算 ISEI。

② 我们进行了平行性检验，发现了满足 OLogit 模型的前提条件。

③ 限于篇幅，我们不在此报告回归结果，但可根据需求提供。具体来说，我们还拟合了：(1) 将省份视为较高层级而将观测值置于较低层级的多层模型；(2) 多层有序逻辑模型；(3) 因为 2003 年抽样仅包括城市居民，因此拟合了所有不包括 2003 年期的模型；(4) 子样本的其他模型，例如各期样本、CGSS 样本、CSS 样本、城市样本和农村样本。总而言之，尽管这里没有报告，但这些检验的结果均显示与此处报告的主要发现一致。

和主观社会地位(禀赋回报)与这些变量之间的关联强度变化而产生的变化。因此,我们可以了解随着时间的推移,总的主观社会地位的变化是由于教育、收入和更高地位的职业的变化而引起的,以及它们在多大程度上是由于这些变量预测主观社会地位的关系强度的变化而引起的。

"社会事实论"假设,高等教育的扩张、收入的增加以及地位更高的职业的扩张可以解释中国主观社会地位的大部分变化(即禀赋)。另一方面,"参照群体论"假设经济结构的变化对主观社会地位结构几乎没有影响。如果发现主观社会地位结构有微弱的变化,则任何"禀赋效应"都将被主观定义的参照群体的变化完全抵消。这样,其与客观指标之间的关系就会随着时间的推移而减弱,即"禀赋回报"会随着时间的推移而减弱。"事实—参照"理论认为,经济结构的变化将影响主观社会地位,但这并不能完全解释主观社会地位的变化,并且随着时间的推移,主观社会地位的某些变化是由这些客观指标和感知地位之间的关系发生的变化引起的。

五、结　果

(一) 中国人的主观社会地位

如图 1-1 所示,大约 40%的中国人认为自己处于社会阶层的中间部分,而大约 53%的中国人则认为自己处于中下层或下层,只有不到 7%的人认为自己处于中上层或上层。这表明大多数中国人并不认为自己处于社会阶层的中间,而是处于较低端。

由于分布未呈现两极分化,因此我们可以使用平均得分来提供有关单峰分布的有用测量。主观社会地位的平均得分为 2.34,与中国的其他调查结果高度一致①,标准差为 0.90。为了检验这种分布是否随时间变化,图 1-2 展示了 2003 年至 2012 年主观社会地位的分布。如条形图所示,年度平均得分的时间趋势表明,中国的主观社会地位的提升在过去十年中较为缓慢。此外,尽管中层成员的比例多年来一直在 34%至 43%,代表了总体上最大的主观阶层分布,但最低的两个阶层的加总占了较大份额,这表明中国人普遍倾向于将自己置于社会的较低阶层。

---

① 例如,根据 2010—2014 年世界价值观调查,中国的主观社会地位平均值也为 2.32。而根据 2009 年国际社会调查计划(ISSP; Social Inequality IV - ISSP 2009 ZA5400),其值为 2.44。

在几乎每年的样本中，都有超过50%的样本表示自己处于较低或中等偏下的阶层。这一发现是值得注意的，因为有文献表明，在大多数国家，人们定位自己的社会阶层的模式是相似的，人们倾向于将自己定位为中间阶层。但是，我们发现，在中国，公众往往认为自己处于较低的社会地位。

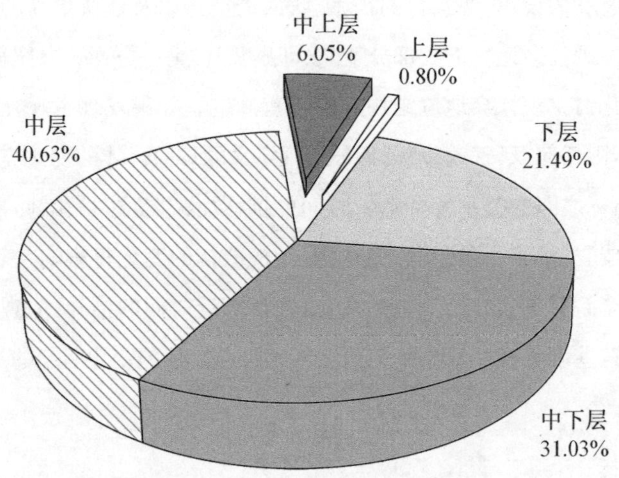

图1-1 中国公众主观社会地位的分布(2003—2012年)

(二) 跨群体的主观社会地位

接下来，我们将注意力转移到由先赋或后天的因素所定义的社会群体的主观社会地位的分布(见图1-2)。① 尽管未在此处呈现，但我们发现，平均而言，女性、年轻人、单身人士和城市居民都倾向于较高的主观地位。总体而言，除了五个亚组(年龄小于35岁、高等教育、收入和职业声望得分在第一个四分位数内以及中共党员)外，所有其他亚组均呈下降趋势：一半以上的受访者表示自己处于最低的两个阶层内。即使在收入和职业声望得分处在前四分之一位的群体中，也有超过30%的受访者自我评价为中下阶层。通常，主观社会地位的下降趋势在各个社会群体中普遍存在。相反，即使在收入、教育或声望最低的子群体中，我们也发现某些人宣称自己处于上层，正如在对其他国家的研究中发现的那样，这表明中国亦

① 我们按性别、年龄(17—35岁、36—45岁、46—55岁、55岁以上)、婚姻状况(单身、离婚/丧偶、已婚)、居住状况(农村、城市、城乡移民)、中共党员、教育程度(大专、高中、初中、小学及以下)、收入(四个四分位数)和职业声望评分(四个四分位数)来定义社会群体。

存在地位模糊现象。尽管如此，群体内部和群体之间的这种差异可能掩盖了主观社会地位中重要的随时间变化的趋势。

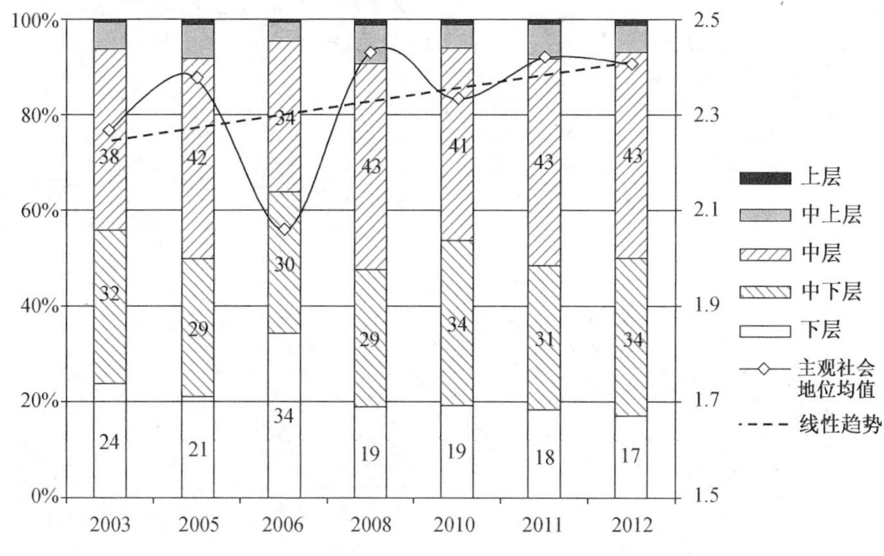

图 1－2　主观社会地位的时间分布

注：左纵轴表示的是主观社会地位的分布；右纵轴表示的是主观社会地位的均值。

我们使用主观社会地位的平均得分来检验跨组分布是否稳定。图 1－3 展示了十年来由客观地位指标定义的各个社会群体的主观社会地位状况。特别是，作为政治资源的代理变量的中共党员身份具有明显而稳定的主观社会地位优势。受教育年限、职业声望四分位数和家庭收入四分位数在主观社会地位上的差异均很显著：主观社会地位的平均得分随受教育年限、收入和职业地位影响而单调增加。但是，受教育年限和收入地位曲线的趋势趋同，这两个客观因素对主观社会地位的影响在过去十年中可能有所减小。尽管如此，为了确定这些因素中的每一个作用及其与上述理论的关系，我们还需要在下结论之前进行多元回归分析，以排除混杂因素干扰。

(三) 主观社会地位的决定因素

如表 1－3 所示，在其他条件相同的情况下，男性报告的主观社会地位略低于女性，而老年人的主观社会地位则比年轻人高。已婚的人比离婚、丧偶或单身的人具有更高的主观社会地位。如预期的那样，在控制其他变量不变的情况下，是否为中国共产党党员、居住状况和就业状况都与主观社会地位显著相关。

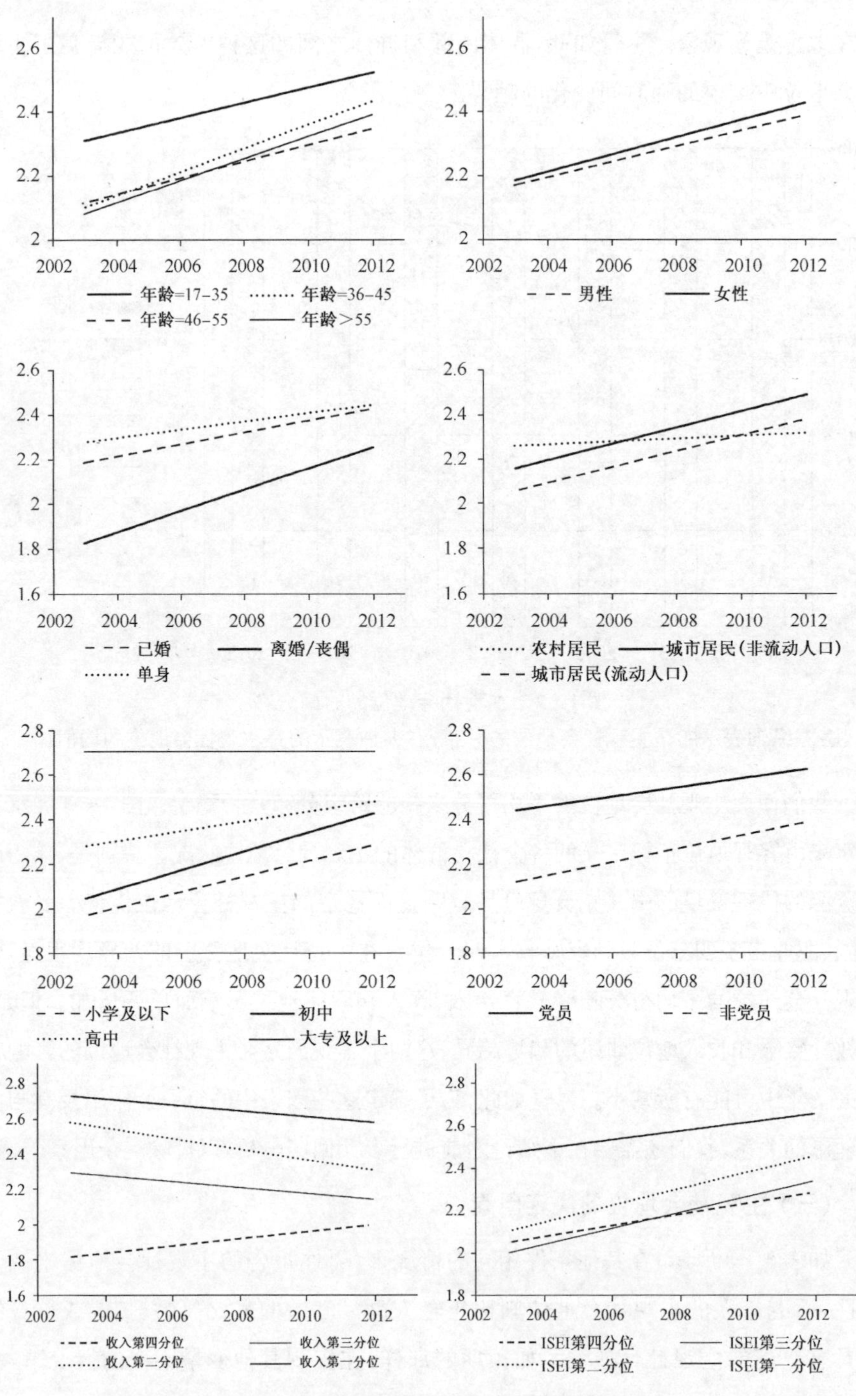

图1-3　不同社会群体的主观社会地位的时间趋势

表 1－3　回归结果(2003—2012 年)

	模型 1	模型 2	模型 3	模型 4
	OLS	OLS	OLogit	OLogit
个体特征				
家庭年收入	0.195***	0.202***	0.076***	0.077***
教育年限	0.020***	0.019***	0.006***	0.006***
ISEI	0.006***	0.006***	0.002***	0.002***
年龄	0.003***	0.003***	0.001***	0.001***
男性	−0.089***	−0.089***	−0.031***	−0.031***
党员	0.089***	0.096***	0.027***	0.030***
婚姻状况				
离婚/丧偶	−0.094***	−0.093***	−0.032***	−0.031***
单身	−0.008	−0.014	−0.003	−0.006
就业状况				
就业	0.128***	0.125***	0.043***	0.042***
退休	0.088***	0.089***	0.027***	0.027***
城市居民	−0.238***	−0.242***	−0.090***	−0.092***
家庭年收入＊城市居民	0.041**	0.040**	0.029***	0.033***
教育年限＊城市居民	−0.003	−0.003	−0.002*	−0.002*
ISEI＊城市居民	−0.001	−0.001	−0.000 6*	−0.000 7*
项目虚拟变量	−0.082***	−0.023	0.030***	0.008
线性年份	—	0.014***	—	0.008***
家庭年收入＊线性年份	—	−0.010***	—	−0.003***
教育年限＊线性年份	—	−0.001*	—	−0.002*
ISEI＊线性年份	—	−0.000 1	—	0.000 04
省份虚拟变量	已控制	已控制	已控制	已控制
年份虚拟变量	已控制	已控制	已控制	已控制
切割点	略	略	略	略
常数项	2.113***	2.019***	—	—
样本量	68 054	68 054	68 054	68 054

注:(1) 回归结果是对加权后数据进行拟合后得到的;受到篇幅的限制,未展示基于省份计算聚类稳健标准误。(2) Ologit 模型展示的是平均边际效应,它预测的是未报告最低主观地位的概率。(3) 变量的参照组如下:女性、非党员、已婚、失业、农村居民、CGSS 项目、2003 年、北京市。(4) *** $p<0.001$,** $p<0.01$,* $p<0.05$。

与之前对不同国家研究所发现的情况一致，表 1 - 3 的结果表明，在其他因素不变的情况下，教育、家庭收入和职业声望对主观社会地位都具有显著的积极影响。以 OLS 模型中的教育和职业状况为例，教育每增加五年或国际职业社会经济地位指数增加 20 点，主观社会地位指数就会增加 0.1—0.12 个单位。这个差异大致和受雇与失业之间，或中共党员与非中共党员之间，或已婚者与离婚者之间的差异相同。这表明教育、收入和职业的客观地位指标可能不是主观社会地位的唯一预测因素，这与之前研究其他国家的发现是一致的，但它们确实对主观社会地位有很强的影响力。

鉴于中国城乡之间巨大的社会经济差异，我们将一个表示城乡居民身份的虚拟变量，以及客观指标和居民身份之间的交互项加入模型中。从表 1 - 3 中可以明显看出，与上述简单的描述性分析相反，当其他因素不变的情况下，农村居民表达的主观社会地位高于与他们实际地位相当的城市居民。这一发现表明，在中国，"参照群体论"至少在横截面维度上是适用的。农村居民的社会环境相较于城市居民受限更多，其受教育程度也更低，而且更为贫穷。家庭收入交互项的显著的系数表明，中国城乡之间的收入差异对居民主观社会地位的影响有所不同，对农村居民的影响更大，这再次强调"参照群体论"在农村相对于城市地区的作用。但是，教育和职业的作用比较模糊(OLS 和 OLogit 模型产生了不同的结果)。

(四) 主观社会地位随时间变化的决定因素

对于时间趋势，模型 2 和模型 4 通过引入线性时间趋势和客观地位指标的交互项来扩展模型 1 和模型 3。两个模型中的时间趋势均表明，十年间，甚至在控制了诸如收入和教育程度等基本决定因素的变化的情况下，主观社会地位均呈上升趋势。这种时间趋势可能表明宏观层面的根本性变化，例如中国经济的总体发展。就时间趋势的相互作用而言，我们发现，家庭收入和教育对主观社会地位的作用随着时间的推移而降低，这由负的交互作用所揭示。例如，在模型 2 中，尽管教育年限的平均局部效应为 0.019，但在过去十年中，影响的程度每年大约下降 0.001。假设其呈线性趋势，则额外一年的教育对主观社会地位的影响，在十年刚开始时的促进作用相当于十年末端时的一半。这一发现与其他国家所得的研究结论完全不同。例如，Hout(2008)认为，在过去的三十年中，教育对美国主观社会地位的影响一直非常稳定。总之，正如"社会事实论"所假设的，在时间趋势上所表现的明显的影响，反映了经济发展对主观社会地位的影响，但是这些因收入和教育等的发展而产生的因素的影响越来越弱，也即“参照群体论”可能起到缓解作用。

接下来，我们关注表 1 - 4 中 Oaxaca-Blinder 的分解结果。在 2006 年至 2012 年之间，主观社会地位均值增加了 0. 34 个单位。① 结果显示，由于自变量的变化(即禀赋效应)，这两年间，主观社会地位的增幅为将近三分之二(0. 21/0. 34)。自变量与主观社会地位之间关系强度的变化约占三分之一(即天赋回报)。因此，从表面上看，社会地位的客观指标的变化占了总体主观社会地位的变化的大部分。同时，尽管客观指标在决定主观社会地位方面的关系强度变化中占比较低，但它仍然起着相当大的作用。

表 1 - 4　Oaxaca-Blinder 分解结果(2006—2012 年)

主观社会地位均值(2006)	2. 079*** (0. 026)
主观社会地位均值(2012)	2. 419*** (0. 035)
差异	0. 339*** (0. 028)
禀赋效应	0. 213*** (0. 024)
系数效应	0. 127*** (0. 035)
禀赋效应的贡献	
家庭年收入	0. 215*** (0. 017)
教育年限	0. 002(0. 006)
ISEI	0. 007(0. 005)
系数效应的贡献	
家庭年收入	0. 017** (0. 007)
教育年限	0. 006(0. 002)
ISEI	0. 004(0. 002)
常数项	−0. 006(0. 110)
样本量	24 054

注:(1) 回归结果是对加权后的数据进行拟合后得到的;括号内是基于省份计算聚类稳健标准误。(2) 控制变量与表 1 - 3 的模型 1 纳入的控制变量一致。受到篇幅的限制，此处仅展示控制变量的分解结果。(3) 变量的参照组如下:女性、非党员、已婚、未被雇佣、农村居民、CGSS 项目、2003 年、北京市。(4) *** $p<0.001$, ** $p<0.01$, * $p<0.05$。

① 我们以 2006 年为基准年，因为 2003 年的样本仅对城市居民进行了抽样。我们将 2003 年的城市样本与 2012 年的样本(仅限于城市居民)进行比较，得出了相似的结果。

为了更好地理解此结果与主观社会地位如何被形塑之间的关系，我们接下来研究特定变量对这些趋势的影响。表1-4显示了选定的社会地位客观指标解释总体主观社会地位增加的情况，从而揭示了哪些因素对总体趋势有所贡献。我们发现家庭收入是最重要的变量。仅家庭平均收入的增加就几乎占据了社会地位的所有增加量(0.22/0.34)。因此，收入增加是主观地位上移的关键因素。有趣的是，本研究发现教育和社会地位(源自职业)几乎没有解释性作用。这可能是因为教育和职业结构没有收入结构的改善作用大。因此，从表面上看，这些结果证明中国主观社会地位的变化反映了“社会事实论”，收入的迅速增加会使人们感觉自己的地位更高。

同时，随着时间的流逝，从表1-3中与线性时间趋势交互项系数为负可以看出，收入和教育之间的关系似乎正成为较弱的社会地位预测指标。表1-4表明，在整体变化中，“禀赋回报”的作用较小，它们决定主观社会地位的影响正在减弱。考察“禀赋回报”的子组成部分，我们发现家庭收入对主观社会地位的预测强度随着时间的推移而增大，具有一定的解释性作用；与解释主观社会地位上升的平均收入水平相比，其对总体社会地位变化的影响较为平稳。

通过进一步的分析(未显示)，我们研究了几种替代平均收入增长的解释变量，这些解释变量解释了21世纪中国主观社会地位的大部分增长情况。具体而言，我们调查了以上发现是否掩盖了中国收入不平等加剧所导致的影响，尤其是商业和政治精英阶层的收入增长随着时间推移对中国的主观社会地位变化的作用。西方研究表明，国家层面的不平等对主观社会地位产生了负面影响(Anderson & Curtis, 2012)，这表明不平等可以提供一条途径，使收入的变化在中国主观社会地位的结构的长期变化中起关键作用。在补充分析中，我们发现，省级人均GDP和基尼系数的增长无法预测主观社会地位。然而，表1-3中的时间效应仍然为正且具有统计显著性，但是当不平等指数被引入模型时，其值并没有减小。这表明，从2000年到2010年，中国国家层面平均收入水平的提高使中国平均主观社会地位上升的解释更为准确。

六、结　论

关于中国人如何定位自己在社会阶层上的位置的研究较少。在本研究中，我们汇集了10个具有全国代表性的数据，以提供2003—2011年中国主观社会地位趋势特征。我们提供了两个关键发现。

第一，中国人倾向于将自己定位于较低阶层而不是在西方社会中常见的中间阶层。在最近十年中，超过一半的中国人认为自己处在社会阶梯的中下阶层。即使在最富有和职位最高的人群中，也有超过三分之一的人认为自己属于中下阶层。因此，尽管在美国和欧洲存在持续的"社会心理力量导致人们趋于中间阶层"(Evans & Kelly, 2004)，但在中国，我们发现这并不适用。如果说中国有任何突出的"社会心理力量"，那一定是一个向下的力量。

第二，我们发现，即使中国人的主观社会地位出现向下的"偏向"，但是总体主观社会地位仍在随着时间的推移而上升。绝对收入的快速增长几乎可以解释主观社会地位的所有上升。因此，随时间变化的主观社会地位反映了这一时期更广泛的国家层面的经济发展，支持了"社会事实论"的观点，即主观社会地位结构及其演变确实反映国家社会经济状况并与之共同发展。然而，结合中国人总体倾向于"向下"描述其社会地位的事实，本研究的结果表明，"事实—参照"理论最能描述中国的主观社会地位及其近期变化。不断变化的经济状况在理解中国主观社会地位的演变方面具有解释力，但是中国的主观社会地位仍然存在"向下偏向"的趋势。

第二章 自我阶层定位流动感知和不平等

一、引 言

作为客观阶层地位的主观反映,社会阶层的自我定位不仅是衡量社会结构现代化的重要维度,也是决定各国民众总体社会心态和政治倾向的关键因素。① 沿着马克思、韦伯和涂尔干的研究传统,社会学家一直对该议题给予高度关注。在当代中国,随着社会转型的深入,阶层自我定位更是国民“获得感”的重要组成部分。2015年以来,习近平总书记多次强调要通过改革给人民群众带来更多“获得感”,把“是否给人民群众带来获得感”作为检验改革成效的重要标准②。总体而言,近年来我国国民收入、教育水平不断提高,社会中间层规模持续扩大,但民众的阶层自我定位较其他国家仍然偏低,且在部分时段出现了下降趋势(刘欣,2001;高勇,2013;冯仕政,2011;刘欣、胡安宁,2016)。此外,人们的自我阶层定位往往较其真实的经济社会地位来说偏低(范晓光、陈云松,2015)。回顾进入21世纪以来的十多年,公众的阶层自我定位似乎并未与社会发展取得相匹配的提升,未能为提高人民的“获得感”提供应有的支撑。这种不匹配和支撑乏力促使我们去思考:近年来中国民众的阶层自我定位呈现怎样的总体结构?其又如何受到客观经济社会地位、主观生活体验和宏观经济发展的影响?这些影响因素和影响力又发生了何种变迁?

国外学者发现,公众的阶层自我定位都受到个人客观社会地位显著且稳定的影响(Guest, 1974; Hodge & Treiman, 1968; Jackman & Jackman, 1983)。而新近的研究则表明,经济发展、文化和意识形态等宏观结构因素会对阶层自我定位产生重要的影响(Andersen & Curtis, 2012; Curtis, 2015; Evans & Kelly,

① 与本书使用的“阶层自我定位”(Class Identification)相同或非常接近的概念包括“阶层认同”“主观社会阶层”“主观社会位置”“主观社会地位”“自评阶层”等。相对应的英文术语分别为Class Identity、Subjective Social Class、Subjective Social Location、Subjective Social Status、Self-rated Class。

② 参见习近平总书记2015年2月27日、2016年4月18日和7月22日的深改组会议讲话。

2004)。我国学术界从20世纪90年代末期就开始了对中国民众阶层自我定位的探索，为我国阶层自我定位分析奠定了重要而扎实的基础，形成了一系列的学术洞见与共识，如客观地位解释力有限、中层认同数量较多等阶层认同的基本结构。不过，该领域研究仍有提升的空间：在数据方面，结论多来自一个或数个城市的城镇居民样本，缺乏横向覆盖城乡、纵向历时较长的大样本研究；在跨国对比分析方面，所用数据相对陈旧；在统计模型和分析方法上，绝大多数研究采用单期横截面分析，或仅对多期横截面数据进行简单比对，而为数不多的纵贯分析，其时间跨度都较短。更为重要的是，以往国内研究对宏观结构变量之于阶层自我定位的重要影响关注度不够。事实上，在中国的市场化转型过程中，宏观社会经济要素影响着客观社会阶层结构(李强，2008)，也影响着人们主观社会阶层的形成。基于中国转型期的快速社会变迁，我们可以预判，宏观结构因素将会是阶层认同影响因素中的重要组成部分。

在这项研究中，我们将利用累积10年的中国综合社会状况调查(CGSS)数据和中国社会状况综合调查(CSS)数据，分析规模超过9万人、跨度10年的城乡综合大样本，对2003—2013年共10年间中国人的阶层自我定位进行描述，对形塑阶层定位的微观和宏观因素进行系统评估和探讨。

二、数据与描述

我们的数据来自中国社会状况综合调查(CSS)2006年、2008年和2011年共3期，以及中国综合社会调查(CGSS)2003年、2005年、2006年、2008年、2010年、2011年、2012年和2013年共8期内容，它们共同构成一个11期8个年度共94 261人的大样本。CGSS和CSS均是高质量的全国性调查数据，考虑到两份调查的早期抽样框不尽相同，我们在对阶层定位的相关描述中均单独对CGSS和CSS进行了子样本对比，发现基本分布较为一致。在模型回归中，我们将控制调查项目虚拟变量。在稳健性测试中，我们还将单独对期数较多的CGSS样本进行分析，验证本书分析结论的可靠性。

尽管数据来自两个综合调查，且跨度达10年，但各期中关于阶层自我定位的问题均一致或相互兼容。具体而言，除CGSS2008使用10级阶梯式量表之外，其他的CGSS和所有CSS调查都采取传统的5级量表。为此，我们将10级量表转化为5级量表。在原始样本中，城乡居民分别占61%和39%，显然城市居民有被过度抽样之嫌；此外，各年份的样本量结构和10年中人口变化的情况并不一致。因此，我们对每一期调查均参照当年的《中国人口和就业统计年鉴》，进行了基于年份人口、当年城乡结构和家庭入户的三重加权处理。① 最终，本书用于对阶层自我定位进行描述的样本为91 536个。

(一) 阶层定位总览

如图2-1所示，10年中有0.82%的中国民众表示自己处于社会“上层”，6.07%的民众自我定位为“中上层”，41.24%左右的人认为自己属于“中层”，约31.67%的人定位为“中下层”，约20.21%的人定位为“下层”。

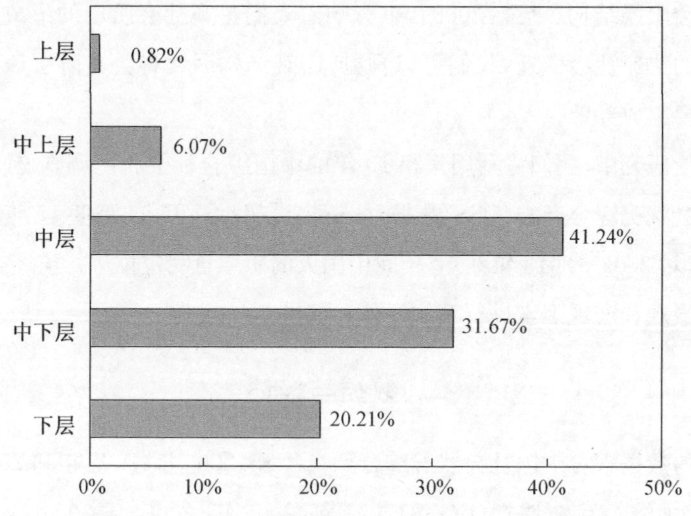

图2-1　中国人阶层自我定位的分布(N=91 536)②

考虑到可能存在的城乡差异和历史波动，我们单独检验了城市和农村样本、历年样本，发现阶层自我定位的总体结构在城乡间并无明显区别，在时间上也相对稳定。从国际比较看，“中层”比例基本处于平均水平(根据世界价值观调查WVS的2010—2014年的44国数据，“中层认同”比例的各国均值为36.9%)(Andersen & Curtis，2012；Curtis，2015)。

---

① 除自行加权，本书还利用CGSS提供的“人加权”变量作为权重进行了测试，同时也进行了无加权情况下的检验，均获得了一致的结果。

② 数据来源：CSS和CGSS数据(2003—2013年)。

不过，我们从图 2－1 中不难发现，中国人阶层自我定位的分布存在上下“不对称”的现象，呈保龄球状。具体表现如下。第一，“中上”和“中下”认同相差悬殊，前者仅是后者的 1/5 不足，而后者的数量几乎可以和“中层”相当。第二，“上层”和“下层”认同比率也相差悬殊：前者是后者的 1/25。“中上/中下”和“上下”比值的悬殊，使得我国公众阶层定位呈现出“低位认同”占主导的特征：分布形状上下不对称，且“中下层”和“下层”的低位占比超过半数。

这一特征是中国特有，还是其他国家特别是发展中国家的共有现象？我们利用世界价值观调查 WVS 数据进行了 44 国对比分析，在图 2－2 中按均值从低到高将这 44 国的阶层认同结构进行了展示。我们有如下发现。第一，从分布“对称”角度分析，各国的“中上/中下比”均值为 1.01，即中上层人口略大于中下层人口。而中国 10 年“中上/中下比”仅仅为 0.19，排在倒数第 3 位。同样，各国的“上/下比”均值为 0.58，而中国的 10 年数据比值为 0.041，排在倒数第 2 位。第二，从“下”与“中下”组成的低位层占比角度分析，在 44 国数据中，各国“低位认同”的比例均值仅为0.41。而基于 10 年样本，中国人“低位认同”比例均为 0.52（下层＋中下层），排在倒数第 8 位（图 2－2 中，国家名称前带 ** 者为“低位认同”超半数的国家）。

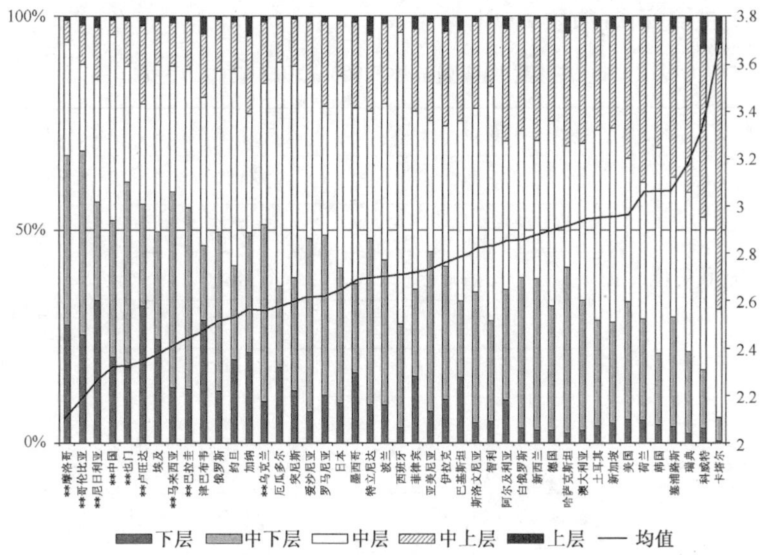

图 2－2　全球 44 国的国民阶层自我定位及均值(2010—2014 年)①

① 数据来源：世界价值观调查(WVS)数据。

值得注意的是，这44国中有相当数量的欠发达国家。换句话说，即便与不发达国家做比较，中国人的“低位认同”也是明显的。而“低位认同”的直接结果就是国民平均阶层定位与大多数国家相比较低：中国人在2003—2013年的10年中，阶层自我定位平均值为2.37，在44国中排在倒数第4位。而中国的人均GNP已超过7 000美元，在44国中排名第28位，远远高于阶层定位的排名。人均GNP排名和阶层定位排名的不相称进一步提醒我们，在利用纵贯数据对中国人的自我阶层定位进行回归时，应该考虑更多的宏观变量。

三、阶层定位的影响因素

因阶层定位是定序变量，故我们进行了平行线检验，采用次序逻辑斯蒂模型(Ordered Logistic，简称OLogit)来拟合。由于非线性模型的原始交互项系数显著性并不能用于判断交互效应是否存在，因此我们使用了正确的交叉偏导方法加以计算，同时报告最小二乘法模型(OLS)的回归结果以便于诠释。考虑到宏观结构变量和个体嵌入在特定地域空间的特点，我们报告的均为基于省份簇(Cluster)的稳健标准误。

(一) 主要变量(如表2-1)

表2-1　主要回归变量描述(2003—2013年)　*N*=74 593

变量		百分比	均值(标准差)
阶层自我定位	上层	0.84%	2.36(8.98)
	中上层	6.17%	
	中层	41.49%	
	中下层	31.42%	
	下层	20.08%	
主观流动感知	向上	36.51%	
	向下	29.15%	
	不变	34.34%	
工作状态	未被雇佣	15.84%	
	被雇佣	72.45%	
	未工作/离退休	11.72%	

(续表)

	变量	百分比	均值(标准差)
居住状态	农村人	48.53%	
	城里人(含农民工)	51.47%	
婚姻	已婚	88.26%	
	单身	5.25%	
	离婚/丧偶	6.49%	
男性			0.51(0.50)
党员			0.10(0.31)
年龄			45.28(14.08)
教育年份			8.57(4.17)
职业地位(ISEI)			35.12(15.27)
家庭年收入(元,2003 可比价)			45 354(115 576)
省级人均 GDP 年增长率			0.16(0.053)
省级年度基尼系数			0.46(0.088)
全国人均 GDP 年增长率			0.09(0.015)
全国年度基尼系数			0.52(0.061)

由于本研究关注的核心问题之一是收入、教育和职业等客观阶层的影响效应,分析对象是目前在职或者曾有过工作的 86 681 名被访者,①加之收入等其他核心自变量的缺失,最终得到的有效样本为 74 593 个。表 2-1 对主要变量进行了描述性统计。从表 2-1 可见,回归样本(74 593 个)中的阶层自我定位分布与描述样本(91 536 个)的分布非常接近。在模型中,我们关心的主要解释变量分别位于个体层面和宏观层面。在个体层面,家庭收入水平(2003 年可比价的对数)、职业地位(经济社会地位指数 ISEI)以及受教育年份是被访者的三大客观社会地位指标。作为控制变量的个体层面变量包括性别、年龄、婚姻状况(已婚、单身、离婚/丧偶)、受雇状况(在职、失业、离退休)、居住状态(城镇居民、农村居民)。此外,我们

① 职业是本研究的核心自变量,它是客观阶层地位的关键指标。对在职者,以其现职来测量职业地位;对不在职但有过职业经历者,以其末职为准;对少数从未参加工作、拒绝回答/不清楚等被访者均作为缺失值处理。

还考虑了被访者的社会流动感知(向上、向下、无流动)，即与过去相比，目前的社会地位是如何变化的。

在宏观层面，我们考虑将历年的省份和全国人均GDP增幅以及基尼系数纳入模型。这些指标的来源有两个：(1) 人均GDP增幅主要根据相关年份的各省和国家统计年鉴，使用实际GDP而非名义GDP；(2) 基尼系数从数据中按照实际家庭收入(经过CPI校正获得2003年可比价)计算，包括年度省份基尼系数和年度全国基尼系数。基于样本家庭收入计算所得的基尼系数，较国家统计局公布的数值略高(均值0.52)，但10年间总体的倒U形形态(以2010年为高点)和官方基尼系数非常接近。在稳健性测试中，我们将使用国家统计局的官方基尼系数、名义收入计算的省级和全国基尼系数，以确保回归结果可靠。最后，我们还分别控制了年份、调查项目以及省份这三类虚拟变量，在进行趋势分析时，使用线性年份及其与相关变量的交互项。

(二) 回归结果

在表2-2中，OLS和OLogit模型呈现了非常一致的结果。① 在控制年份固定效应的模型1和模型2中，在其他因素不变的情况下，女性、年长者、已婚者均具有相对较高的阶层自我定位。党员身份、户籍和就业状况等也对阶层定位有显著效应。这些发现和以往的实证研究基本一致。

表2-2 阶层自我定位的OLS和OLogit多元回归模型(2003—2013年)

	模型1 OLS	模型2 OLogit	模型3 OLS	模型4 OLogit
个体和区域变量				
家庭年收入(ln)	0.176*** (0.008)	0.079*** (0.003)	0.183*** (0.009)	0.080*** (0.003)
教育年数	0.017*** (0.002)	0.005*** (0.000 5)	0.016*** (0.002)	0.005*** (0.000 5)
职业地位	0.006*** (0.001)	0.002*** (0.000 1)	0.005*** (0.001)	0.001*** (0.000 1)

① OLogit模型报告的是预测"认同下层"概率的平均边际效应的负数，即对自我阶层定位不是最低层的概率的平均边际效应。

（续表）

	模型 1 OLS	模型 2 OLogit	模型 3 OLS	模型 4 OLogit
年龄	0.004*** (0.000 4)	0.001*** (0.000 2)	0.004*** (0.000 5)	0.001*** (0.000 2)
男性	−0.089*** (0.010)	−0.030*** (0.003)	−0.088*** (0.010)	−0.030*** (0.003)
党员	0.086*** (0.014)	0.026*** (0.005)	0.091*** (0.015)	0.028*** (0.005)
婚姻				
离婚/丧偶	−0.083*** (0.017)	−0.027*** (0.006)	−0.084*** (0.017)	−0.027*** (0.006)
单身	−0.034 (0.021)	−0.011 (0.007)	−0.045 (0.023)	−0.015 (0.008)
工作				
被雇佣	0.102*** (0.011)	0.033*** (0.003)	0.096*** (0.010)	0.030*** (0.003)
离退休	0.006 (0.019)	0.001 (0.007)	0.014 (0.020)	0.008 (0.006)
城里人	−0.177*** (0.021)	−0.069*** (0.007)	−0.167*** (0.021)	−0.066*** (0.007)
家庭收入×城里人	0.043** (0.011)	0.043*** (0.005)	0.030** (0.010)	0.039*** (0.005)
教育年数×城里人	−0.002 (0.002)	−0.000 4 (0.000 6)	−0.001 (0.002)	−0.000 3 (0.000 7)
职业地位×城里人	−0.001 (0.001)	−0.000 3 (0.000 2)	−0.001 (0.001)	−0.000 1 (0.000 2)
主观流动感知				
向上流动	0.273*** (0.017)	0.086*** (0.006)	0.316*** (0.016)	0.097*** (0.005)
向下流动	−0.181*** (0.018)	−0.058*** (0.006)	−0.161*** (0.017)	−0.061*** (0.006)

(续表)

	模型 1 OLS	模型 2 OLogit	模型 3 OLS	模型 4 OLogit
省级年度基尼系数	−0.073 (0.150)	−0.022 (0.052)	−0.034 (0.167)	−0.005 (0.057)
省级年度人均 GDP 增幅	−0.002 (0.293)	−0.013 (0.096)	−0.285 (0.243)	−0.084 (0.245)
宏观趋势变量和交互项				
线性年	—	—	0.025*** (0.006)	0.005** (0.002)
年度人均 GDP 增幅	—	—	−0.010 (0.032)	−0.003 (0.009)
年度基尼系数	—	—	−1.054*** (0.235)	−0.301*** (0.057)
年度基尼系数 * 城里人	—	—	0.570** (0.202)	0.119*** (0.067)
家庭收入×线性年	—	—	−0.007** (0.002)	−0.002* (0.001)
教育年数×线性年	—	—	−0.001* (0.000 4)	−0.0001* (0.000 04)
职业地位×线性年	—	—	0.000 1 (0.000 1)	0.000 1 (0.000 2)
向上流动×线性年	—	—	−0.046*** (0.005)	−0.012*** (0.001)
向下流动×线性年	—	—	−0.070*** (0.005)	−0.027*** (0.002)
调查项目	YES	YES	YES	YES
年份固定效应	YES	YES	—	—
省份固定效应	YES	YES	YES	YES
分割点 1	—	−0.861*** (0.124)	—	−0.364*** (0.151)
分割点 2	—	0.800*** (0.123)	—	1.413*** (0.147)

（续表）

	模型 1 OLS	模型 2 OLogit	模型 3 OLS	模型 4 OLogit
分割点 3	—	3.596*** (0.123)	—	4.214*** (0.153)
分割点 4	—	5.837*** (0.141)	—	6.455*** (0.171)
截距	2.024*** (0.051)	—	1.785*** (0.061)	—
R 平方/伪 R 平方	16.70%	7.53%	17.485%	7.94%
样本量	74 593	74 593	74 593	74 593

注：参照群体为，女性、非党员、已婚、未被雇佣、主观不流动者、CGSS 调查、2003 年、北京地区。*** $p<0.001$，** $p<0.01$，* $p<0.05$。

在客观社会地位指标方面，教育、收入和职业声望都对阶层自我定位具有正向显著效应。不过，我们注意到，这些客观地位变量对阶层定位的影响力度并不大。以 OLS 模型 1 为例，在控制了其他变量的情况下，受教育年份需多出 5 年，或者职业地位指数(ISEI)需增加 20，其带来的阶层自我定位增加量才能和党员、婚姻等虚拟变量的影响力度相当(接近 0.1)。

我们发现社会流动感知与阶层自我定位具有更强的关联。以 OLS 模型 1 的结果为例，在其他条件都一样的情况下，与无流动感的人群相比，有向上流动感受的阶层自我定位高出近 0.3。也就是说，向上流动感从无到有的效应尺度，相当于 15 年的教育差别、60 分的职业声望差别，是家庭收入(自然对数)效应的 1.6 倍多，这相当于 5 倍家庭年收入对阶层自我定位所起到的拉动作用。同样，以 OLogit 模型 2 结果为例，向上流动感受者报告“下层认同”的概率要比自感无变化的人减少约 9 个百分点，这是非常可观的差异(党员身份仅增加 3 个百分点的概率)。考虑到样本涵盖农村和城市，我们在模型中纳入了是否是城里人及其与主要客观变量的交互项。如 OLS 模型 1 所示，在其他因素一致的情况下，农村人的阶层自我定位比城里人高约 0.18，这和张翼(2011)的发现非常吻合。此外，OLS 模型 1 和 Ologit 模型 2 中的交互项分析均显示，收入对于阶层自我定位的效应有显著的城乡差别：收入对于城里人判定自身阶层地位的意义更大些，这很可能是因为农村人群体的收入差异较小。不过，教育和职业对于阶层自我定位的效应无城乡差异。

表 2 - 2 中的模型 3 和模型 4 使用线性而非虚拟年份变量，并进一步控制了全国层面的年度基尼系数、年度人均 GDP 增幅。同时，我们还考虑了交互项：包括线性年与客观地位指标和流动感的交互项、全国基尼系数与城乡的交互项。① 这部分的分析结果揭示出以下两个发现。

第一，国家层面的收入不平等对阶层自我定位有重要的负面作用，且有明显的城乡差异。以模型 3 的 OLS 分析结果为例。对于农村人，基尼系数的阶层自我定位净效应达－1.054。也就是说，基尼系数每上升 0.1，阶层自我定位就会下降 0.1054。根据样本数据，基尼系数从 2005 年的 0.435 变化为 2010 年的 0.598，增加了 0.163。这意味着，从总体上说，这 5 年来每位农民的阶层自我定位因收入不平等而下降了约 0.172（＝0.163 * 0.105 4/0.1），这 0.172 的降幅，甚至超过经历向下流动带来的影响（0.161）。对于城里人而言，情况相对略好，但基尼系数的阶层自我定位净效应仍达－0.484（＝－1.054＋0.570）。换句话说，在不考虑其他因素的情况下，2005—2010 年，每个城镇居民的阶层自我定位仅因为收入不平等就下降了 0.079。该降幅大体是离婚者与结婚者、党员与非党员、失业者和就业之者之间的差异。同样，根据 Ologit 模型 4 报告的平均边际效应，我们可以进行类似推算。假设未来某年的基尼系数进一步扩大，比 2005 年高出 0.2，那么总体上会导致人们选择“下层认同”的概率增加 0.060 3。② 而交互项系数方向也表明，基尼系数对于农民的影响更大。总之，由不平等所引发的阶层自我定位下移，在幅度上是不可忽视的。

本研究还发现，省级层面的年度基尼系数对阶层定位的影响并不显著，似乎表明阶层自我定位的参照群半径是非地域的。考虑到抽样结构，我们进一步对市级基尼系数进行检验，发现同样没有统计显著影响。而一个饶有兴趣的对比就是，幸福感研究表明，省域市域的基尼系数对主观幸福感有影响。③ 就此，本研究

① 本研究也尝试了基尼系数与客观三大指标的互动，但系数均不显著。

② 因为是非线性模型，故该结果并非简单以基尼系数平均偏效应 0.301 乘以 0.2 所得到的 0.060 2。具体计算方法参见 Treiman(2009)的介绍。

③ 在幸福感研究中，攀比效应理论认为收入差距会抑制幸福感，而隧道效应或示范效应理论认为收入差距可以带来乐观预期从而提高幸福感。在中国的实证研究中，负向影响文献参见鲁元平和王韬(2011)、何立新和潘春阳(2011)的研究。正向影响文献参见陈钊等(2012)的研究。

提出以下两种解释。(1) 阶层地位的参照半径大于幸福感的参照半径。阶层概念本身具有促使人们进行全社会对比的语义特征,而幸福感则不然。实际上,有研究表明,社区层次的收入差距都可以对幸福感产生显著影响(陈钊等,2012)。(2) 问卷设计导向。阶层定位调查问卷往往使用"在社会中的地位"这样的措辞,而幸福感问题则没有预设全社会对比情境。利用 CGSS2011 的独特设计,本文对此进行了进一步测试:该年度问卷既问及在"社会中"的自我定位,又问及在"所认识的人中"的自我定位,因此可以对同一个人基于不同参照系的自我定位进行比较。研究发现,基于全体社会和基于熟人的自我认知确实存在较大差异:前者显然较低,两者的皮尔森相关系数仅为 0.61 左右。

第二,10 年间,客观地位和主观"向上流动感"对于阶层自我定位的正向影响均有所减弱。在模型 3 和模型 4 中,教育和收入与年份的交互项系数为负且统计显著,说明这两个客观因素对阶层自我定位的作用在这 10 年中呈现出越来越弱的趋势。以 OLS 模型 3 的教育为例,教育本身的偏效应是 0.018,但随着时间的推移,每过 1 年,教育的阶层自我定位效应就会下降 0.002。换句话说,4 年制本科生比 3 年制大专生多 1 年的教育时间,可带来 0.018 的阶层自我定位差距,但这一差距会在 9 年内消失。这一发现和豪特(Hout, 2008)对美国数据的分析结论大相径庭:在美国较为成熟和稳定的市场经济体系中,三十年来,客观地位指标对于阶层自我定位的影响几乎保持着不变的态势。此外,我们还发现,无论是向上还是向下,主观流动感知与年份的交互项系数均为负且统计显著。这意味着,在这 10 年中,随着时间的推移,主观"向上流动感"对于阶层认同的上拉效应变弱,而"向下流动感"的下拉效应则相对变强。这一独特现象,可以有三种不同但或可同时存在的诠释。

第一种诠释是社会流动的边际效应递减,即向上流动带给公众的主观阶层拉动效应不如 20 世纪 90 年代明显。第二种诠释是参照群体变化,即随着个人获取信息范围的扩大,个体在进行主观阶层定位时,会选取较自身所在地区甚至国家中更好的群体进行比较(Brown & Haeger, 1999; Delhey & Kohler, 2006)。在这 10 年中,互联网、自媒体的使用迅速普及,人们获取信息的范围不断扩大,导致参照群体地位提高,使得"向上流动感"对主观阶层的拉动作用变小。第三种诠释是社会流动空间的窄化效应,即 2003 至 2013 年间,随着时间的推移,社会总体向上流动的幅度较以往变小,进而使“向上流动感”对于主观阶层的提升力变弱。① 从公共政策角度,前两种诠释强调了社会公众的普遍心理特征,而第三种诠释则提供了强化流动感正向效应的政策空间,值得关注。

以上结论,本研究均通过不同的模型选择、不同的样本和核心自变量的不同操作测量进行了稳健性测试。具体而言,我们还进行了如下操作:(1) 基于省级多层线性模型和多层 Ologit 模型回归;(2) 基于 CGSS2005 至 CGSS2013(排除了仅具城镇居民的 CGSS2000 年)数据的多模型回归;(3) 仅使用 CGSS 样本的多模型回归;(4) 基于阶层自我定位 10 级量表的 2010—2012 年数据回归分析;(5) 基于国家统计局基尼系数的回归;(6) 基于名义收入进行基尼系数计算的回归;(7) 用个人收入代替家庭收入的回归。以上稳健性分析结果的基本模式和表 2-2 中的报告非常接近。

综上,我们在回归分析部分发现:阶层自我定位尽管受到个体客观指标以及人口学变量的影响,但效应尺度却比较有限。更能影响中国人阶层自我定位的是全社会的收入不平等和个体的主观流动感,而且客观地位的阶层自我定位效应日益式微。这些发现值得我们进一步细化讨论和诠释。

第一,阶层自我定位的宏观因素:收入不平等 VS 经济增速。收入不平等(基尼系数)的影响效力远超经济增长速度:在 0.05 的显著水平上,基尼系数的负面效应统计显著且系数较大,而人均 GDP 增速的效应则不显著。这些发现与跨国实证研究遥相呼应:安德森和柯蒂斯对 44 个国家的数据样本进行了分析,发现在控制基尼系数后,经济增长对主观社会阶层的影响在 0.05 的水平上不再显著(Andersen & Curtis, 2012)。回顾 2003—2013 年,经济增长对于转型期的中国的个体阶层自我定位的影响处于某种“失灵”的状态:GDP 指标的飙升或成为和个体福祉无关的名义增长。类似的发现在新近的相关研究中也有证实。例如伊斯特林发现 20 年来中国人的生活满意度并未随人均 GDP 的增长而增长,其原因是伴随经济高速增长的是逐渐增加的收入不平等(Easterlin et al., 2012)。

我们发现全国基尼系数负向影响阶层定位,而省市层面的基尼系数却和阶层

① 本研究发现 10 年间“向上流动感”的比例有所下降:2003—2013 年,“向上流动感”的比例在 2003—2008 年间保持在 35%~40%,进入 2010 后出现了波动下降,其中两次低谷的年份甚至下降到 12%(2010 年)和 13%(2012 年)。

定位没有显著关联。这一结果表明阶层自我定位的形成往往更为宽泛甚至以全社会作为参照群体，也就意味着收入差距和阶层定位之间不太可能出现"隧道效应"——Hirschman(1973)曾以此解释收入差距对幸福感的积极影响：当人们发现身边有人的经济情况开始变好时，会对未来有较好的预期，好比在隧道中堵车，看到前面的其他车动起来。但正向的隧道效应的前提在于观察到机会均等。如果在收入差距扩大的同时不能保证全社会机会均等的实现，而人们的阶层定位又具有较大的参照半径，人们就会观察或通过媒体了解到增长仅仅提升了全社会一小部分人的利益，原本的预期反而会产生失望的负面效果——这好比堵车的司机们看到隧道中只有某一个车道的车流可以移动，甚至他们可以发展成为"路怒症"。

我们进一步推测，在转型期的中国，收入不平等对阶层自我定位的负面作用比非转型国家更大。根据 Andersen & Curtis(2012)对 44 国的 11 470 个样本的分析，OLogit 模型给出的国家基尼系数的平均偏效应为－0.3。本研究从样本中重复抽取 500 次子样本进行测试，每次抽取 11 470 人，并设置和安德森一文中完全一致的模型进行 500 次回归分析。我们发现，基于随机抽取的 11 470 个样本，500 个 OLogit 模型给出的基尼系数平均偏效应在－0.52～－0.72 变化(主要集中在－0.55～－0.65)，均值约为－0.62，是安德森研究中各国平均水平的两倍。

第二，阶层自我定位的个体因素：客观阶层指标 VS 主观流动感知。在回归分析中发现，客观指标对阶层自我定位的作用较弱。主观社会流动感对于阶层定位的影响力更强。出于谨慎，我们并不强调主观流动感知对阶层自我定位具有"因果效应"，不过，客观指标效应的下降，以及"向上"与"向下"流动感主观效应随时间推移的变化，为主观感知效应的存在提供了间接证据。随着社会的不断发展，主观感知效应和客观地位效应之间一强一弱的特征仍可能会强化。对此，我们有如下三个方面的诠释。

其一，转型期的社会分层和流动促使客观指标相互离散，会进一步强化阶层定位的模糊性。在社会分层和流动过程中，个体的教育、收入和职业地位等会相应发生快速变化，会催生和强化三者之间的不匹配(inconsistency)。而这种客观指标之间的"离散化"，让人们更加可能处于社会群体的重叠或边缘之处，造成催生认同的模糊化。而且，这种模糊会随着转型的加快而加强。体现在回归模型中，就是个体收入、教育等指标对阶层自我定位解释力的降低。在中国，近年来

"读书无用论"的再现，无疑是教育作为阶层自我定位决定因素影响力变弱的一种表现。当然，在社会转型和发展过程中，可能部分客观指标本身对于人们生活的重要性确实在降低，或者被诸如住房等其他指标所补充或代替。

其二，转型期的社会分层和流动不断削弱参照群体作为"横向"阶层定位的稳定性，导致人们更依赖自身感受进行"纵向"的阶层定位。在快速的社会分层和流动过程中，传统的阶层参照群体本身的客观指标会愈加离散，让横向对比变得模糊。更重要的是，传统参照群体还可能出现整体的流动变化。例如，相对于留守农民，在城市的农民工拥有更高的收入，且平均受教育程度也明显偏高，但他们反而更可能认为自己属于社会底层，因为其参照群体可能从同乡变成了城市新邻里。无论是参照系的指标离散还是参照系本身的改变，都会增加人们"横向对比"的难度。这也会使得阶层自我定位更依赖自身感受的"纵向比较"。

其三，社会发展的多元化进一步强化了主观因素对阶层自我定位的影响力。伴随经济转型的是社会发展的多元化趋势，即李培林等(2005)提及的人们在生活方式、价值取向和行为选择上的个体主义化和观念上的碎片化。这种趋势有可能使阶层自我定位更多地受到非客观、非理性因素的影响。例如，日本学者发现高速的经济增长导致个体失去了对阶层自我定位的理性判断(Kikkawa, 2000)。

四、结　语

本研究利用纵贯数据和全国城乡大样本对当代中国的阶层自我定位进行分析，发现中国人的阶层自我定位呈保龄球状，超半数的人持有"低位认同"，且这一特征在各年度、各社会群体中稳定、普遍、显著存在。更重要的是，和其他国家相比，无论是发达国家还是不发达国家，我国的"低位认同"特征都非常明显。我们在统计回归部分发现：在个体层面，收入、教育和职业等客观指标对阶层自我定位的影响力较为有限，且在10年中不断降低；主观社会流动感知与阶层自我定位存在较强的关联，但"向上流动感"对于阶层定位的正向拉动力随时间的推移有所弱化；在宏观层面，收入不平等大大降低了人们的阶层自我定位，而GDP增幅对于阶层自我定位并无作用。

回归部分的发现，为我们描述部分的"低位认同"提供了直观的解释：从2003年到2013年共十年的增长，虽然提高了个体层面的收入、教育和职业等指标，也使得全社会收入不平等在达到 2009 年、2010 年前后的高峰后有所缓解，但收入不平等问题仍未得到有效解决，而"向上流动感"的比例则在这十年中出现了下降。收入不平等、主观流动感等因素较个体客观指标对阶层自我定位具有更重要的作用。尤其是前者，在很大程度上抵消了经济增长带来的阶层定位提升效应，可称为主观阶层定位上升的阻碍因素。

阶层自我定位是民众"获得感"的重要内容之一。本研究描述的部分发现提醒我们，过去的十年，民众"获得感"的社会结构维度亟须加以改善提升；而回归部分的发现则提示我们，不平等和社会流动体验是提高民众"获得感"的着力点与突破口。因此，本研究的政策意涵在于：在下一步深化改革阶段，缓解收入不平等、增加社会流动机会、营造有关社会流动及阶层的正能量舆论，将是比单纯追求增速或简单改善个体经济社会条件更为重要和有效的手段。特别是，需充分认识到绝对收入等客观要素对于阶层自我定位作用拉动的限度，通过有效的、公正的再分配和协调引导，提供尽可能多的向上流动的机会，并辅以积极向上的公共舆论引导机制，将影响阶层定位的客观结构因素和主观结构因素结合起来，亦可进一步提高社会治理水平。需要强调的是，收入公平程度本身是一个"双向杠杆"。从十年的发展经验来看，公平问题没有得到很好的解决，可能大幅抵消了发展红利。展望未来的十年，在经济新常态时期，如果我们能有效地解决收入差距问题，也就能利用同样的杠杆效应迅速提升全体公众的阶层自我定位，并进一步拓展人们向上流动的空间，使得"向上流动感"对于阶层定位的拉动力随时间推移逐渐增强，提升并强化主观流动感的积极作用。

本研究还存在一些局限。例如，关于主观流动感对阶层定位影响的反事实因果证据，仍需补充。在影响阶层定位的客观指标中，一些在当代中国具有典型意义的新指标如城市产权住房等尚未纳入模型。省级层面经济和不平等指标可能因调查样本框架所限，代表性不足。这些需在后续研究中，通过进一步丰富数据来实现。我们呼吁在今后的社会阶层调查问卷设计中，尽可能实现跟踪访问，以构成对被访者个体的多期调查，形成面板数据，进而获得更具因果说服力的证据：在模型中消除了不随时间变化的干扰项后，不平等、流动感的细微变化都会对个体阶层认同的变化产生影响。

第三章　自我阶层定位的主客观偏差

一、引　言

20世纪90年代以来，中国的社会学家对民众的阶层地位认同及形成机制进行了大量实证研究和理论探讨，积累了丰富的学术成果(边燕杰、卢汉龙，2002；董运生，2007；高勇，2013；冯仕政，2011；李培林等，2005；李培林、张翼，2008；刘欣，2001，2002；陆益龙，2010；赵延东，2005)。与西方社会阶层地位认同的“中层认同”特征不尽相同(Evans et al.，1992；Adair，2001；Hout，2008；Shirahase，2010；Goldman，et al.，2006；Evans & Kelley，2004)，中国公众的阶层地位认同相对偏低。不过，在客观地位与主观地位认同的偏差方面，中西方学者都有相似的发现：客观与主观地位之间存在着较为明显的不一致。而除了少数几篇实证研究外，专门分析阶层地位认同偏差的结构和形成机制的文献很少(仇立平、韩钰，2015；Sosnaud et al.，2013)，更没有纵贯分析。从社会治理的角度看，低估自身的客观阶层，无疑不利于社会发展和整合。而在社会转型期，收入差距的扩大和社会流动的固化可能对这种偏差的形成产生更为复杂的影响。因此，对当代中国人的阶层认同地位偏差进行专门研究，具有理论和政策的双重价值。

本研究利用2003—2012年间中国综合社会状况调查(CGSS)和中国社会状况综合调查(CSS)的合并数据，通过主观社会地位和潜类分析方法(Latent Class Analysis，以下简称LCA)所生成的客观阶层地位的比较，获得阶层地位认同偏差的科学测度。基于此，我们不但对十年来阶层地位认同偏差的变迁进行了翔实的描述统计和纵贯比较分析，而且运用最小二乘法模型(OLS)、多层线性模型(HLM)和广定序逻辑斯蒂回归模型(Gologit)对形塑偏差的微观社会人口变量和宏观经济社会因素做了系统评估。由此，通过对大规模数据的纵贯分析，本研究展示了近十年来中国阶层地位认同偏差的全景，并尝试提出了中国社会阶层地位认同偏差的解释框架。

二、阶层地位认同偏差：概念厘清与文献评述

所谓阶层地位认同偏差(social status discordance)，是指个体所处的客观阶层地位与其主观社会地位的不一致程度(仇立平、韩钰，2015)，①它的基础不仅仅是经济利益的差别，它可以建立在其他各种形式的生活机遇不平等分配程度和对此的主观感受等基础之上。阶层地位认同偏差强调以个体的客观地位为参照对象，而不是某个国家/地区或某个特定时期的"社会阶层结构"。按照阶层地位认同偏差的概念化，我们对它做进一步的类型化。不论是处于较高还是较低社会地位的民众，若他们主观认同的阶层地位与客观地位保持一致，我们称其为"一致型"；若阶层地位认同高于客观阶层地位，则属于"上偏型"；若阶层地位认同低于客观阶层地位，则属于"下偏型"。我们认为，在三种阶层地位认同偏差中，"下偏型"对于公共管理和社会秩序的潜在威胁要比"上偏型"和"一致性"大得多：低估自身的阶层将有更大的概率触发对现实政治、经济和社会运行体制的不满。

在经验研究方面，学者们对阶层地位认同偏差涉猎并不多。王春光和李炜(2002)认为，阶层的客观存在与主观建构既存在一致的可能性，也存在不一致的可能性，两者存在复杂的关系。城乡居民的收入、教育、职业和消费等各项主要的客观分层指标与阶层地位认同之间的关联强度并不大(李培林，2005)。一般而言，客观阶层地位较高和较低的民众的主观身份认同较高，而中产阶层的身份认同偏低或存在一定的模糊性(李春玲，2004)。仇立平和韩钰(2015)基于CGSS2010的城市样本，发现中国城市居民阶层地位认同偏移总体呈现向上偏移比重高于一致认同和向下偏移比重，并且这种偏移具有"趋中性"特性，即中上层和上层居民"下偏"，中层居民"一致认同"，下层和中下层居民"上偏"。雷开春(2009)发现绝大部分上海白领新移民在客观上处于社会中上层，在主观社会地位认同上呈现出一致认同、向上偏移、向下偏移和模糊认同四种倾向，具备高收入、低教育程度、拥有本地户籍证明等特征的新移民比其他人更可能表现出地位认同向上偏移的倾向。与城市样本的发现相似，有研究者基于对浙江省"四类村庄社

---

① 本研究认为"偏移"指阶层地位认同结构相对某一参照结构的偏离，而"偏差"更强调社会地位之间的一致程度，故采用"阶层地位认同偏差"。虽然其概念名与仇立平和韩钰(2015)的不完全相同，但所指内容基本一致。

会分层的个案比较研究”调查资料的分析,认为农村居民的主观地位认同与客观地位分层总体具有一致性,但是也存在内部差异:中间层居民的地位认同“趋向中层”,而上层和下层居民的地位认同分别呈现“向上偏移”和“向下偏移”(卢福营、张兆曙,2006)。

针对以上经验发现,研究者的理论解释主要有三种。(1)个体的行动同时受到结构性因素和主观建构的双重作用,阶层地位认同偏差不仅受到户籍、居住地综合发展水平、社会保障水平等国家的宏观政策和制度的影响,还受到党员身份、教育背景、收入、住房产权等反映自身地位和能力的微观次结构性因素,以及公平感、幸福感等主观态度因素的影响(仇立平、韩钰,2015)。(2)社会顶层成员因为地位优越并希望垄断某些特权以稳固或维持其优越地位,这有可能强化其内部的身份认同;底层阶层者可能由于失落和不满情绪,增强阶层内部的认同和对较高阶层的仇视心理。而社会中间位置群体试图通过职业晋升或模仿上层生活方式等形式实现向上流动,他们反而不强化共同意识(李春玲,2004)。(3)在社会变迁的大背景下,由于生活方式和生活品位的个体主义倾向不断强化,阶层流动的加速带来人们社会身份认同的断裂,并且客观阶层结构固化和主观阶层意识的碎片化同时发生,最终导致中国公众的客观地位与主观阶层地位认同的距离不断拉大(李培林,2005)。

以上经验发现和理论解释较好地勾勒了中国民众阶层地位认同的基本特征,为后续研究奠定了坚实的基础,不过仍然存在以下不足。(1)操作测量有待改进。研究者主要采取职业声望(雷开春,2009)、刘欣框架(仇立平、韩钰,2015)来测量客观阶层地位,并与主观阶层地位认同比较后获得阶层地位认同偏差。但是,由于目前国内学者对分层框架(class schema)仍然存在诸多差异(刘欣,2005,2007;李路路、秦广强、陈建伟,2012;林宗弘、吴晓刚,2010;李春玲,2005;范晓光,2014),再加上职业、教育、收入等不同维度客观地位指标内在的“不一致”仍然普遍存在(董运生,2007;陆新超,2009),采用多元的客观社会地位测量显得尤为重要。(2)缺乏跨年度的描述统计和趋势分析。过往研究资料的代表性略显不足,或针对城市和农村的单一样本,或使用横截面数据,不足以准确把握当代中国阶层地位认同偏差的变迁。(3)现有文献对阶层地位认同偏差形成机制的阐释还不够系统。弥补以上不足,正是本研究的立意所在。

三、地位决定论与地位过程论：地位认同偏差的形成

与地位认同偏差相关的理论主要有地位决定论和地位过程论。地位决定论是多数研究的理论取向，它强调人们的客观社会地位会影响其阶层地位认同的水平(Evans & Kelley, 2004; Hodge & Treiman, 1968; Jackman & Jackman, 1973; Hout, 2008)。研究者发现，由于个体的受教育程度、收入水平和职业地位之间存在“不一致”，人们可能身处多重叠加的社会群体之中，进而导致其阶层地位认同的模糊性(Hodge & Treiman, 1968; Hout, 2008)。在中国，市场经济转型可以被看作是经济协调机制从以官僚协调为主向官僚协调与市场协调共同起作用的转变。这种转变体现在一系列社会经济基本制度和次级制度的加强，私有产权制度的合法化和扩张，户籍制、劳动身份制度的弱化，以及专业技术等级制度的强化中(刘欣、李婺，2013)。这些制度安排的变化，在社会分层的微观表现是个体与职业匹配(即“人职匹配”)原则和过程的变化。而一个社会的客观分层结构、制度安排、价值准则以及分层机制的变化，无疑会反映在人民的主体意识之中(刘欣，2001)。由此，我们有理由认为，在市场转型过程中，教育、收入和职业等地位指标的变动不居，会强化人们主观认知中的社会阶层地位与客观地位之间的不一致。而这种不一致，甚至可能比非转型国家更为明显。为此，我们提出“阶层地位认同偏差假设”。

假设1：在市场转型过程中，中国民众的阶层地位认同偏差普遍存在。

在地位决定论中，尤其是有关转型国家阶层意识和地位认同的形成，刘欣(2001)提出了“阶层意识的相对剥夺论命题”。该命题认为，分层机制的变化使一部分人在社会经济地位或生活机遇上处于相对剥夺状态；当人们处于相对剥夺地位时，不论其占据的客观阶层地位是高还是低，都会倾向于作出社会不平等的判断。在阶层地位认同上，受教育程度、收入和职业地位越高，人们越不可能处于相对剥夺地位，其认同的自身阶层地位更高，与客观阶层地位的偏差程度会更小。此外，地位的结构层也决定了顶层的人不可能进一步高估，底层的人不可能进一步低估。由此提出“地位决定假设”。

假设2.1：个体的教育程度越高，其阶层地位认同偏差越不可能上偏。

假设2.2：个体的职业声望越高，其阶层地位认同偏差越不可能上偏。

假设2.3：个体的收入水平越高，其阶层地位认同偏差越不可能上偏。

此外,我们不能忽视城乡二元在公众阶层地位认同偏差形成过程中的作用(高勇,2013)。经历了三十多年的改革开放,中国民众的收入水平、文化程度和职业地位都有了显著的提高,但是城乡居民在住房、医疗、社会福利等方面存在诸多差距,这已经是不争的事实(陆学艺,2009;王春光,2010)。根据社会比较理论(social comparison theory),人们在评价自身地位时,往往从自身所处环境出发,对社会进行"有选择"的比较(Festinger, 1954; Hoffman et al., 1954)。一方面,随着农村居民社会地位的提升,其社会生活空间和社会交往范围的扩大,其地位参考群体(reference groups)从"老乡"转向城市居民(高勇,2013;张翼,2011a),尤其是农村居民中的社会经济地位较高者,很可能反而会低估其社会地位,即主观阶层地位认同低于客观阶层地位。当然,他们与亲友们相比,则会有明显优势,矮化参照群体。另一方面,城市居民社会地位的提升,不仅有可能带来其与"国际接轨"的社会生活体验,而且会强化自身对外来人口和"城市新居民"的优越感,他们的主观阶层地位可能高于或相当于其客观阶层地位;而当他们选择大都市或国外城市居民作为参照对象,可能相对剥夺感会增强,这可能抑制其高估自身阶层地位。由此,我们提出"地位决定的城乡差异假设":

假设3:教育、收入和职业声望对阶层地位认同偏差的影响存在城乡差异。

相对于地位决定论,地位过程论是对阶级分析过程视角的继承。与传统阶级分析的结构主义不同,过程视角强调"过去"对"现在"的社会化影响,重视能动者为中心的社会行为(Wright & Shin, 1988)。通过对美国和瑞典调查资料的分析,赖特等人发现,个人的阶级轨迹(class trajectory)对人们的阶层地位认同具有显著影响,并且阶层地位认同还对阶级利益意识有形塑效应。具体来说(Wright & Shin, 1988),相对于稳定的特权阶级(资本家和中产阶级),从普通阶级(小资产者和工人阶级)向上流动到特权阶级的人们在工人阶级认同上存在显著差异;而向下流动至普通阶级者则更认同自己是工人阶级的一员。转型期中国民众的阶层认知并不简单地取决于他们当下所处的社会经济地位,而在很大程度上同他们的社会经济地位的"相对变动"有关(刘欣,2002)。然而,以上研究都是从代际流动抑或嵌入在社会变迁中的客观的阶层地位来度量流动过程,对作为流动过程主观反映的社会流动感知(subjective social mobility)缺乏足够重视。借用布迪厄对流动轨迹的类型化(Bourdieu, 1984),我们将社会流动感知划分为向上流动感知、向下流动感知和水平流动感知三大类。其中,向上流动感知者会给人带来乐观主义态度,其更不可能低估自身的社会地位,使得阶层地位认同偏差呈现一致或上偏,而向下流动感知者的阶层地位认同偏差则可能下偏。故我们提出"地位过程假设"。

假设4:相对水平流动感知的个体而言,向上流动感知者的阶层地位认同偏差更可能是上偏,而向下流动感知者则为下偏。

与此同时,社会流动感知无法摆脱社会流动机会城乡差异的影响。对城市居民而言,其社会流动机遇一般高于农村居民,因此,即便感觉自己过去十年经历了向下流动,他们也很可能更容易重返社会流动起点,故对自身阶层地位评价不会过低(相对于农民);而向下流动感知对农村居民阶层地位认同上偏的抑制效应会更强。与之相似的逻辑,向上流动感知对阶层地位认同上偏的正向效应在农村居民中更强一些。最后,我们提出"地位过程的城乡差异假设"。

假设5:社会流动感知对阶层地位认同偏差的影响存在城乡差异。

四、数据、测量与分析策略

我们使用中国综合社会调查(CGSS)和中国社会状况综合调查(CSS)对中国人的阶层地位认同进行分析。CGSS由香港科技大学和中国人民大学于2003年联合发起,各省市诸多科研院所参与,平均每两年进行一轮全国性调查,每轮平均调查5 000—12 000个家庭户,覆盖30个省的125个县。CSS由中国社会科学院社会学研究所主持,2006年以来每轮平均调查7 000—8 000户家庭,覆盖30个省(直辖市和自治区)的128个县。尽管两项综合调查由不同机构具体执行,但他们都属于连续性的截面调查,采取了科学的多阶段概率抽样,并且问卷中包含了诸多共同的题型设计。

(一) 数据

如表3-1所示,我们使用的CSS数据来自3轮调查,而CGSS数据来自7轮调查,样本量共计82 823人。① 其中,有80 958个被访者回答了其主观阶层地位的问题,只有不足3%的人因为拒访或者不清楚而未做填答。由于本研究对两个

① CGSS和CSS的平均填答率在75%左右。

综合调查的跨度达10年的数据进行了合并，我们对主观社会阶层的测量进行了一致性的检查和处理。实际上，除了CGSS2008使用的是10级阶梯式量表之外①，其余的CGSS和所有CSS调查都采取传统的5级量表（上层、中上层、中层、中下层和下层）。为此，我们将10级量表转化为5级量表以便于分析②。此外，CGSS2003问卷中的问题表述是被访者"家庭"的阶层地位，而问卷要求直接回答"您"的阶层地位。尽管这两种地位之间高度相关，但简单的合并可能带来不必要的测量误差。所幸的是，CGSS2005和CGSS2006问卷同时调查了个人和家庭的主观阶层地位认同，这为我们检验两种测度方法间的差异提供了可能。统计结果表明，在五级量表中，92%被访者的个体阶层地位认同与其家庭阶层地位认同一致。而在3级量表中，一致比率高达99.7%。这在一定程度上表明，在CGSS调查中，中国民众的所谓个人和家庭主观阶层地位认同几乎是一致的。

为了测量阶层地位认同偏差，我们还要获取被访者的客观阶层地位。在分层研究的传统中，社会成员的客观阶层主要取决于个体的受教育程度、收入水平和职业地位（声望）。因此，我们的分析对象局限于目前（调查时点）在职或者曾有过工作的76 946名被访者。③ 由于其他控制变量的缺失，我们最终得到的有效样本为68 054个。最后，在这个合并样本中，城乡居民分别占59%和41%，显然城市居民有被过度抽样之嫌。为此，对每一轮调查，我们参照调查年的《中国人口统计年鉴》（2004—2013年），对样本做了相应的城乡和家庭人口数加权处理④。在描述

---

① 对主观社会地位的10级量表测量，可具体参见Evans & Kelley（2004）、Goldman et al.（2006）。

② 具体而言，我们对原有量表做了重新编码，9—10为上层，7—8为中上层，5—6为中层，3—4为中下层，1—2为下层。

③ 职业是本研究的核心自变量，它是客观阶层地位的关键指标。原则上，对绝大多数在职者，我们以其现职来测量被访者的职业声望；对有过职业经历者，以其末职为准；对退休人员，以退休前职业为准；对少数从未参加工作、拒绝回答/不清楚等被访者将其作为缺失值处理。考虑到我们同时将教育、收入也纳入模型，故没有对缺失值采取多元插值法（MI）处理。

④ 以2010年为例。第一，家庭户权重（HWT）等于家庭人口数（成人）除以平均家庭人口数（由城乡样本分别计算所得），它用于对城乡样本的独立分析。第二，当年中国总人口（13.39亿）中有49.68%为城市居民，人口权重（PWT）根据城乡单独计算。对城市样人口而言，PWT＝[13.39亿＊0.496 8/城市样本量]＊HWT；对农村人口而言，PWT＝[13.39亿＊0.503 2/农村样本量]＊HWT。然后，对权重进行标准化，WEIGHT1＝PWT/mean (PWT)。再考虑到2010年人口为13.39亿，其在十年总样本中权重为WEIGHT2＝WEIGHT1＊13.39亿/2010样本。最后，我们在十年总样本中进行标准化WEIGHT＝WEIGHT2/mean(WEIGHT2)。该加权方法具体可参见Wu & Treiman (2004)。

性统计和回归模型中，我们均使用了加权方案。综合而言，本研究所使用的数据，是迄今为止中国社会分层与流动研究中样本量最大、覆盖面最广的综合调查资料。

表 3－1　CGSS 和 CSS 的 10 期数据(2003—2012 年)①

CGSS	2003	2005	2006	2008	2010	2011	2012	合计	
全部样本	5 894	10 372	10 151	6 000	11 785	620	11 765	61 587	
阶层地位认同样本	4 933	10 372	9 641	6000	11 730	5 607	11 712		59 995
CSS	2003	2005	2006	2008	2010	2011	2012		
全部样本	—	—	7 061	7 139	—	7 036	—	21 236	
阶层地位认同样本	—	—	6 994	7 045	—	6 924	—		20 963
合计								8 223	80 958

(二) 操作化与测量

阶层地位认同偏差是本研究的因变量，为个体的阶层地位认同减去客观阶层地位。我们运用潜类分析，将教育、收入和职业声望等多维度的客观指标整合生成一个单向度的客观地位变量。② 事实上，LCA 往往用于评估分层框架的信度和效度，是一种可行和科学的策略(Evans & Mills, 1998)。具体来说，本文运用探索性潜类分析模型(ELCA)③生成客观社会地位。该方法能够从单层模型开始逐次拟合，直到所分类别数达到一定的模型拟合统计推断信息标准(Goodman, 1974)。当模型拟合达到理想的程度后，潜类概率和潜类条件概率等相关统计结果就能够为我们呈现客观社会结构。在此基础上，我们将所有的被访者分配至特定的潜类中，生成新的类属变量，即为其客观阶层地位。在实际操作过程中，我们先将教育程度、家庭收入和职业声望转化为 4—6 类不等的分类变量，再基于这些指标来生

① 除 CGSS2003 只调查了城市地区之外，其他调查都涵盖了城乡地区。

② 考虑到教育、收入会受到宏观政策的影响(如教育扩招、CPI 等)，跨年度的地位测量无法进行直接合并，我们将教育年份和收入水平按照年度分别进行等分处理，而后将各年度数据汇总。同时，由于职业声望具有长期的稳定性，故直接对汇总数据进行等分处理。该方案得到南京大学社会学系许琪博士的启发，在此表示感谢。

③ 详见探索性潜类分析与验证性潜类分析的差异(McCutcheon, 1987: 27)。

成客观社会地位的潜类。①

在表 3-2 中,我们报告了六个模型似然比卡方以及 p 值、贝叶斯信息标准和自由度。显然,BIC 最小的是 4 层。但是,尽管 5 层模型的 BIC 值比 4 层模型略大,LMR 似然比检验(Lo et al., 2001)表明这两个模型没有显著差异($p=0.935$)。鉴于阶层地位认同变量为五分量表,五分类客观阶层地位显然比四分类客观阶层地位更便于直接计算阶层地位认同偏差。因此,我们最终采用 5 层拟合结果。② 由此,两者相减,我们获得了一个以[-4,4]为区间的连续变量,即阶层地位认同偏差。另外,我们还将认同偏差转换为一个三分的类别变量:"一致型"(=0)、"高估型"(>0)和"低估型"(<0)。

表 3-2 潜类分析模型选择:拟合统计

序号	模型	似然比卡方 L^2	卡方 p 值	BIC (L^2)	Adj-BIC (L^2)	自由度
1	单层	51 141.580	0.000	626 367.370	626 329.234	107
2	双层	8 056.536	0.000	583 426.991	583 347.540	94
3	三层	867.578	0.000	576 382.697	576 261.932	81
4	四层	163.355	0.000	575 823.139	575 661.060	68
5	五层	103.286	0.000	575 907.735	575 704.341	55
6	六层	72.321	0.003	576 021.435	575 776.727	42

注:BIC=贝叶斯信息标准;Adj-BIC 为调整贝叶斯信息标准。

表 3-3 为自变量的描述性统计。在个体层面,家庭收入水平、教育程度和职业声望③是被访者的三大客观社会地位指标。作为控制变量的人口学变量包括性

① 具体而言,教育程度、家庭收入和职业声望分别等分为 4 类、6 类、6 类。除教育程度本身具有自身分级规律之外,我们对连续变量采取了多于 5 级别的分层。本文之所以没有直接将其作为连续变量进行潜在剖面分析(Latent Profile Analysis),主要有以下考虑:(1) 在测量上,家庭收入的信度和效度相对不高,按照从高到低将其分为多类别变量,可以部分克服测量的不足;(2) 在统计上,我们对 LCA(类别变量、类别+连续)和 LPA(连续变量)结果的反复比较表明,对类别变量的 LCA 拟合效果更佳,故将职业声望也操作化为多类别变量。

② 由于 LCA 可能存在多个局部最大值(local maxima),为了获得稳定的结果,我们尝试在不同的起始值条件下进行测试。在附录中,我们报告了个体教育、收入和职业变量在各个潜类上的条件概率,并详细介绍了潜类的识别问题。

③ 职业声望为国际经济社会指数(ISEI)。退休者的职业用其退休前的最后职业替代。

别、年龄、婚姻状况(0=已婚,1=离婚/丧偶,2=单身),受雇状况(0=被雇,1=非被雇,2=退休)和户籍(1=城镇居民,0=农村居民)。此外,CGSS和CSS都询问了被访者与过去相比,对目前社会地位的主观评价①(0=未流动,1=向上流动,2=向下流动),我们将此作为对社会流动感知的测量。在回归模型中,我们对收入做了对数处理。

同时,考虑到本研究使用的数据由两大调查项目的10次年度综合调查构成,我们为不同数据库(1=CGSS,0=CSS)设置了虚拟变量。此外,我们还控制了线性年份,这既可以考察时间趋势,也可以处理一些宏观经济社会发展方面的干扰项。在单层模型中,我们控制省份固定效应。

表3-3 自变量的描述统计(N=68 054)

变量		百分比	均值(标准误)
男性		50.26	
党员		10.32	
年龄			45.5(13.74)
教育年数			8.46(4.16)
职业声望(ISEI)			35(15.66)
家庭年收入 (元,2003年可比价)			40 253(116 403)
社会流动感知	向上流动	36.12	
	向下流动	30.61	
	未流动	33.27	
工作状态	未被雇佣	14.15	
	被雇佣	73.82	
	未工作/离退休	12.03	
居住状态	农村	47.78	

① 部分调查询问了被访者与10年前相比的主观社会流动感,而有的调查是与5年前相比。为此,我们分别对这两类子样本进行了检验,以评估不同测量方法对统计可能产生的影响。结果表明两个子样本之间的回归结果基本一致。

(续表)

变量	百分比	均值(标准误)
	城市	52.22
婚姻	已婚	88.72
	单身	5.25
	离婚/丧偶	6.03
省级人均GDP年增长率		0.167(0.048)
省级年度基尼系数		0.476(0.078)
人均GDP年增长率		0.097(0.013)
年度基尼系数		0.522(0.056)

注:表中报告的结果均经过加权处理。

(三) 分析策略

一方面,我们对连续型阶层地位认同偏差(也即"高估程度")进行最小二乘法(OLS)线性回归。考虑到相同省份被访者可能"嵌入"在行政区划中而无法相互独立,为此我们同时还估算了多层线性模型(HLM)的回归结果。另一方面,由于普通定序逻辑斯蒂模型未能通过平行性检验,我们还对类别型阶层地位认同偏差采用了广义定序逻辑斯蒂回归模型(Williams, 2006),并重点分析"低估型"较之于其他两种类型认同偏差的形成机制。在数据分析中,我们采取交互项来探究城乡差异,以避免城乡人口流动造成的样本选择偏差以及城乡样本规模差异所带来的估算偏误和比较误判。

五、经验发现

(一) 阶层地位认同偏差的描述统计

图3-1报告了客观阶层地位和主观社会地位认同的分布情况。总体而言,共有16.05%的比例属于社会上层和中上层,18.78%的比例为中层,65.17%的比例为中下层或下层。毋庸置疑,该阶层结构和社会地位认同存在明显的差异。为进一步呈现这种差异,我们按照年份对主客观阶层做了对比。其中,横坐标为各阶层占比,纵坐标为阶层类属—年份的组合。结果表明:(1) 客观阶层的中下层最

多,底部较大,顶部次之,整体形状更接近洋葱形。相对而言,主观阶层的上层非常少,而中间更多,更接近于保龄球形;(2) 主观阶层的分布比较稳定,而客观阶层呈现一定的历时波动。(3) 相对于客观阶层,阶层地位认同表现出一定的“趋中”特征。

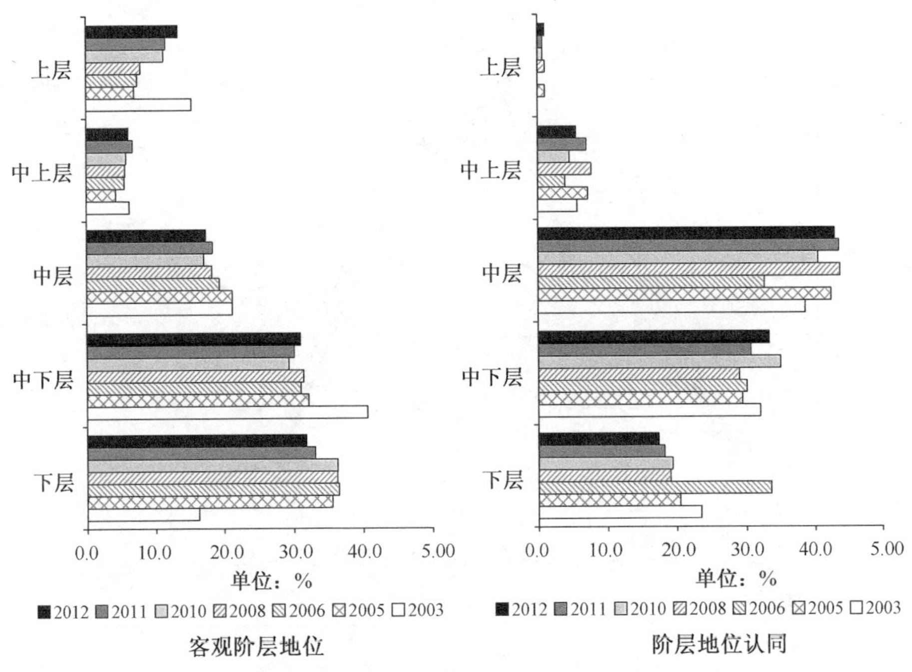

图 3－1　客观阶层地位与阶层地位认同的分布

对连续型阶层地位认同偏差而言,其均值为－0.093,标准差为 1.42。换言之,2003—2012 年间,中国社会总体的阶层地位认同偏差为负,主观阶层低于客观阶层。此外,虽然高估 1 级的人较多(24.43%),但高估 2—4 级的人较少(15.32%),低估 2—4 级的频数略低(14.19%)。除了作为城市样本的 CGSS2003 年低估客观阶层更为明显之外,其他年份的总体态势比较接近(见图 3－2)。

接下来,我们将阶层地位认同偏差操作化为“一致型”“高估型”和“低估型”。结果表明,三者对应的比例分别为 29.14%、39.74%和 31.11%。而在最近的一项美国研究中,索罗德等(Sosnaud, et al., 2013)发现,美国民众的阶层地位认同偏差占比分别为 52%、24%和 24%。换言之,大约有超过半数的美国民众较为准确地识别了自己的阶层地位,其余的人则高估、低估各自参半。比较而言,在估计自身所处的客观阶层的比例方面，中国民众的准确率大幅低于美国民众，中美差距明显。由此可见，假设1得到经验资料的支持。图3-3表明，2003—2012年间，阶层地位认同下偏呈现增长的趋势，而上偏型呈缓慢下降态势。

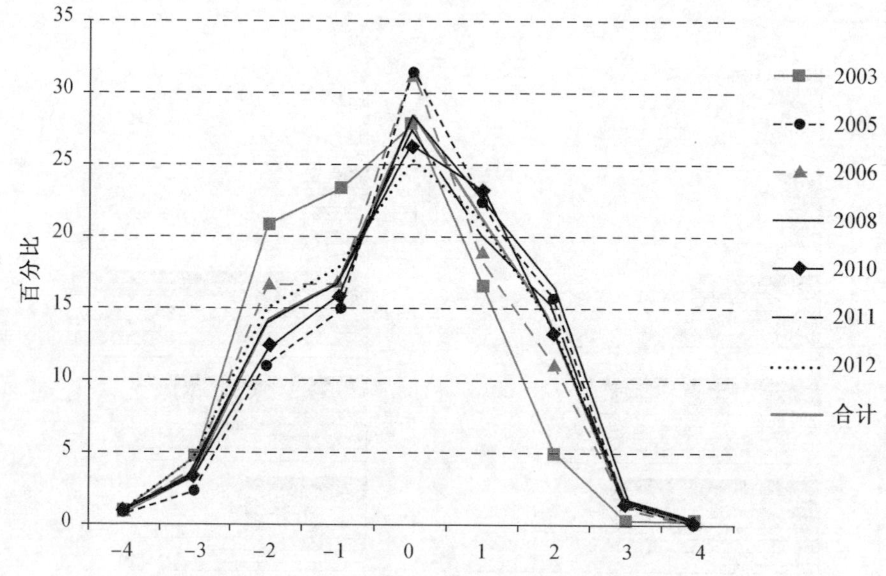

图3-2　阶层地位认同偏差的年度分布比较

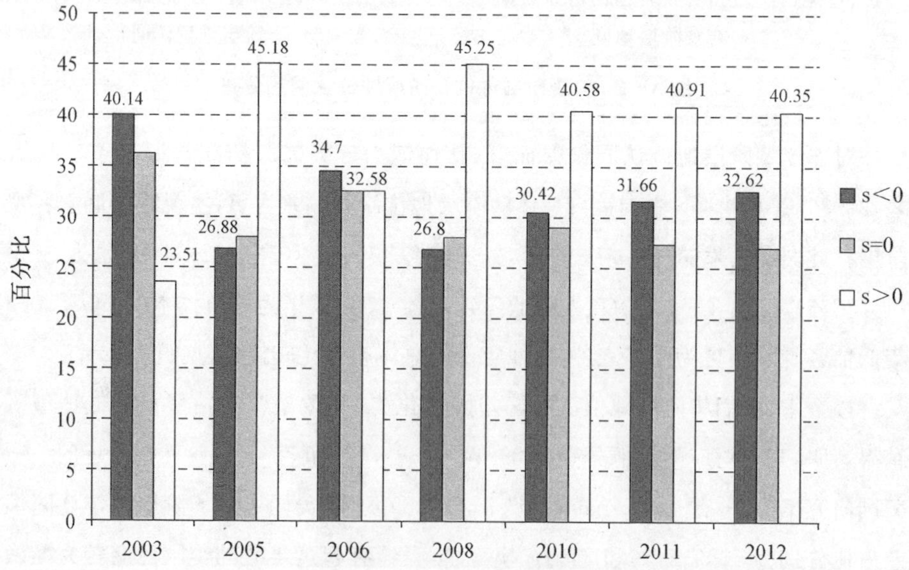

图3-3　阶层地位认同偏差的年度变化趋势

说明：S<O表示下偏型，S=O表示一致型，而S>O为上偏型。

经过比较分析发现，在城市居民中，“一致型”“高估型”和“低估型”的比例分别为 28.74%、20.32%和 50.94%；而在农村居民中，三者的比例分别为 29.54%、58.71%和 11.75%。也就是说，大多数城市居民都低估了自己的真实阶层，而多数农村居民则高估了自身的客观阶层。为进一步检测这种倾向是否稳定，在图 3－4 中，我们呈现了阶层地位认同偏差在城乡居民中的年度频数分布。图中的实线代表城市，虚线代表农村。我们不难发现，城市居民的“低估”和农村居民的“高估”在历时趋势上是较为稳定的：所有实线都是左高右低，所有虚线反之。这提醒我们，在探寻阶层地位认同偏差的机制时，不可忽略城乡二元的作用。

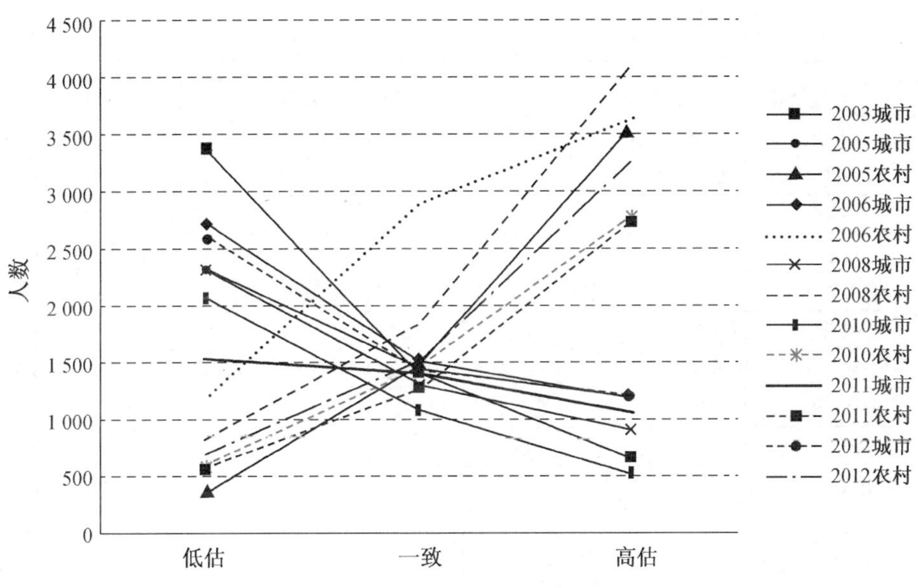

图 3－4　阶地位认同偏差的城乡比较

(二) 阶层地位认同偏差的影响因素分析

1. 线性回归

在表 3－4 中，我们报告了阶层地位认同偏差的最小二乘法(OLS)估计和多层线性模型(HLM)。多层线性模型设置个体和省级两层，我们比较了随机截距模型与随机截距和斜率模型，似然比检验显示，随机系数模型拟合更优(也即，除各省份的随机差异之外，我们还允许收入、教育、职业效应在省级层面上有变化)。总体而言，阶层地位认同偏差的影响因素基本一致。其中，模型 1 除了个体层面的社会人口学变量外，还有客观阶层地位和社会流动感知变量，模型 2 是在模型 1 的基础上将教育、家庭收入、职业声望、社会流动感知与城乡户籍的交互项纳入模型。模型3—4与模型1—2的变量设定基本一致，但前者为多层线性模型。

表3-4　阶层地位认同偏差的OLS和HLM回归模型

	模型1(OLS)		模型2(OLS)		模型3(HLM)		模型4(HLM)	
	系数	标准误	系数	标准误	系数	标准误	系数	标准误
教育程度	−0.110***	(0.005)	−0.068***	(0.005)	−0.116***	(0.006)	−0.072***	(0.005)
家庭收入	−0.035***	(0.008)	−0.010	(0.012)	−0.035***	(0.009)	−0.008	(0.013)
职业声望	−0.019***	(0.001)	−0.029***	(0.001)	−0.019***	(0.001)	−0.028***	(0.001)
向上流动	0.284***	(0.023)	0.317***	(0.025)	0.279***	(0.023)	0.316***	(0.024)
向下流动	−0.193***	(0.022)	−0.226***	(0.026)	−0.197***	(0.022)	−0.227***	(0.025)
年龄	0.005***	(0.001)	0.006***	(0.001)	0.005***	(0.001)	0.006***	(0.001)
男性	−0.072***	(0.011)	−0.097***	(0.011)	−0.077***	(0.011)	−0.098***	(0.010)
党员	−0.061***	(0.020)	−0.034*	(0.019)	−0.057***	(0.019)	−0.034*	(0.018)
离婚/丧偶	−0.118***	(0.024)	−0.123***	(0.024)	−0.121***	(0.023)	−0.125***	(0.023)
单身	−0.159***	(0.024)	−0.124***	(0.023)	−0.148***	(0.023)	−0.123***	(0.022)
被雇佣	0.049***	(0.015)	0.086***	(0.015)	0.061***	(0.015)	0.091***	(0.015)
离退休	0.028	(0.024)	−0.021	(0.022)	0.008	(0.024)	−0.025	(0.023)
城镇	−0.479***	(0.031)	−0.456***	(0.032)	−0.460***	(0.030)	−0.438***	(0.031)
线性年	0.002	(0.005)	0.005	(0.005)	0.003	(0.005)	0.005	(0.004)
CGSS	0.167***	(0.025)	0.180***	(0.025)	0.167***	(0.024)	0.179***	(0.024)
教育程度×城镇			−0.091***	(0.006)			−0.085***	(0.006)
家庭收入×城镇			−0.049***	(0.014)			−0.053***	(0.015)
职业声望×城镇			0.017***	(0.002)			0.015***	(0.001)
向上流动×城镇			−0.073**	(0.034)			−0.079**	(0.033)
向下流动×城镇			0.070***	(0.025)			0.066***	(0.023)
省份固定效应	是	—	是	—	—	—	—	—
常数项	−0.657***	(0.045)	−0.616***	(0.048)	−0.152***	(0.048)	−0.188***	(0.048)
sd教育					0.032***	(0.005)	0.020***	(0.003)
sd家庭收入					0.040***	0.006	0.039***	(0.007)
sd职业声望					0.006***	(0.001)	0.005***	(0.001)
sd截距					0.169***	(0.030)	0.167***	(0.030)
sd残差					1.03***	(0.009)	1.019***	(0.010)
观测值	68 054		68 054		68 054		68 054	

注：(1) 表中报告的为加权回归结果和省份簇稳健、异方差稳健标准误。(2) 参照组：女性、非党员、已婚、被雇佣、未流动感知者、CSS调查、2003年、北京。(3) * $p<0.1$，** $p<0.05$，*** $p<0.01$。

一方面，客观阶层地位的不同维度影响阶层地位认同偏差，且存在显著的城乡差异。在模型1表示的城乡混合样本中，在其他条件保持一致的前提下，教育程度、家庭年收入和职业声望对民众阶层地位认同偏差具有负效应（见模型1）。这表明，就总体平均水平而言，受教育年份越长，中国人高估阶层地位的程度越低；与之相似，家庭年收入和职业声望越高，阶层地位认同上偏的可能性也会随之下降。由此，假设2.1、假设2.2和假设2.3都得到有效支持。

在模型2中，我们分别纳入了阶层地位与户籍的交互项。结果显示，城里人的教育程度对认同偏差的影响更强。在其他条件都相同的情况下，一个高中学历的农民比一个小学文化程度的农民多受6年教育，而前者对自身阶层地位的高估程度会比后者少约0.41个层级（−0.067 5 * 6＝−0.405）①。而城镇居民教育程度的偏回归系数为−0.16（−0.067 5−0.090 7＝−0.158 2）。换言之，同样是6年的教育差异，对城里人而言，所带来的阶层偏差几乎下降了1个层级（−0.16 * 6＝−0.96）。与教育程度相似，家庭年收入对地位认同偏差的影响也存在城乡差异。从模型2可以看出，对农民而言，家庭收入对认同偏差没有显著的影响，而对城镇居民的影响则显著为负。这可能是因为农村地区收入差距较小。此外，总体而言，职业声望抑制阶层认同偏差，且这一点在农民群体中更显著。以上结果在HLM分析（模型3—4）中也得到检验。概言之，假设3得到较好的经验支持。

另一方面，社会流动感知和阶层地位认同偏差高度相关。统计结果显示，社会流动感知和阶层地位认同偏差有显著和重要的关联。在模型1中，相对于主观感觉未经历地位流动的群体，有向上流动感知的民众在阶层高估程度上会高出0.28，也即约1/3层级。如果将向上流动和向下流动的人群相比，前者所关联的高估程度达到0.47个层级，几乎相当于城市居民和农村居民之间的差距。该发现支持假设4。此外，我们还发现，主观流动感知和阶层地位认同偏差的关联程度在城乡之间存在一定差异（模型2）。向上流动感知对认同偏差的影响在城乡之间存在显著差异，而向下流动感知对阶层地位认同偏差程度的负效应在城镇居民中相对较弱，向上流动的正效应在农民中更强。该结果支持假设5。值得注意的是，考虑到社会流动感知与阶层地位认同之间可能互为因果关系，我们在此不做因果推

---

① 表3-4中各变量系数只保留小数点后三位，这与正文中模型解读的核心变量系数不完全一致。下同。

断。以上结果主要基于对模型1—2的解读，但通过与模型3—4比较，我们发现，社会流动感知的影响是稳定的。因此，假设4得到支持。

最后，考虑到处于社会结构两端（上层和下层）的个体，其高估或低估的方向都更多地受到阶层结构“天花板”的影响（也即，客观地位最高的人无法更高估其阶层地位，最底层的人也不可能更加低估其自身地位），本研究对客观阶层处于社会上层和下层之间的样本进行独立分析。在表3-5中，模型5—6分别为OLS和HLM分析。统计结果与模型1—4基本一致。

表3-5　阶层地位认同偏差“天花板效应”的OLS和HLM回归模型

	模型5		模型6	
	系数	标准误	系数	标准误
教育程度	−0.029***	(0.007)	−0.032***	(0.007)
家庭收入	−0.092***	(0.027)	−0.086***	(0.025)
职业声望	−0.013***	(0.001)	−0.013***	(0.001)
向上流动	0.281***	(0.032)	0.278***	(0.032)
向下流动	−0.260***	(0.035)	−0.265***	(0.034)
教育程度*城镇	−0.025***	(0.007)	−0.023***	(0.008)
家庭收入*城镇	0.094***	(0.020)	0.085***	(0.021)
职业声望*城镇	0.013***	(0.001)	0.012***	(0.001)
向上流动*城镇	−0.021	(0.038)	−0.023	(0.038)
向下流动*城镇	0.125***	(0.033)	0.127***	(0.032)
其他控制变量	是	—	是	—
省份固定效应	是	—	—	—
观测值	39 346		39 346	

注：(1) 表中报告的为加权回归结果和省份簇稳健、异方差稳健标准误。(2) 参照组：女性、非党员、已婚、被雇佣、未流动感知者、CSS调查、2003年、北京。(3) *** $p<0.01$，** $p<0.05$，* $p<0.1$。

2. 广义逻辑斯蒂回归

如前所述，厘清阶层地位认同偏差的形成机制，尤其是“低估”的相对风险，其理论和现实意义更大。为此，我们以下重点分析三个类别阶层地位认同偏差的影响因素。在表 3-6 中，模型 7—8 预测"低估"（相对于高估或一致）的概率，而模型 9—10 预测"高估"（相对于低估或一致）的概率。总体来看，Gologit 结果和表 3-4 的线性回归模型得出了相同的结论。

表 3-6　阶层地位认同偏差的 Gologit 模型

	模型 7	模型 8	模型 9	模型 10
教育年限	0.229***	0.180***	−0.130***	−0.093***
家庭收入水平	0.207***	0.218***	−0.021 5	−0.029
职业声望	0.020***	0.034***	−0.042 7***	−0.054***
向上流动	−0.594***	−0.674***	0.594***	0.674***
向下流动	0.291***	0.480***	−0.461***	−0.480***
年龄	−0.010 2***	−0.010***	0.010***	0.010***
男性	0.212***	0.223***	−0.212***	−0.223***
中共党员	0.016 8	−0.020	0.061	0.020
离婚/丧偶	0.157**	0.164**	−0.286***	−0.290***
单身	0.158***	0.144***	−0.158***	−0.144***
被雇佣	−0.174***	−0.220***	0.174***	0.145***
离退休	0.059	0.081	0.162***	0.113***
城镇	0.883***	0.768***	−0.742***	−0.768***
教育*城镇		0.088***		−0.088***
家庭收入*城镇		−0.001		0.001
职业声望*城镇		−0.022***		0.022***
向上流动*城镇		0.155**		−0.155**
向下流动*城镇		−0.212***		0.212***
线性年	−0.032***	−0.035***	0.014	0.016*
CGSS	−0.442***	−0.454***	0.364***	0.382***
截距	0.181**	0.259***	−2.148***	−2.053***
省份固定效应	是	是	是	是
观测值	68 054	68 054	68 054	68 054

注：(1) 本表报告的为加权回归的边际效应系数和省份簇稳健、异方差标准误。(2) 参照组：女性、非党员、已婚、被雇佣、未流动感知者、CSS 调查、2003 年、北京。(3) 模型 6—7 以"一致＋高估"为参照，模型 8—9 以"低估＋一致"为参照。(4) *** $p<0.01$，** $p<0.05$，* $p<0.1$。(5) 限于篇幅，未汇报标准误。

首先，在客观阶层地位上，教育程度、家庭年收入和职业声望在总体上对阶层地位认同低估具有正效应。换言之，在保持其他条件不变的前提下，无论是农村居民还是城镇居民，其所处的阶层地位越高，低估自身阶层的可能性越大。这再次证实假设 2.1、假设 2.2 和假设 2.3 得到较好的支持。其次，客观社会地位的不同维度对于低估阶层的影响存在明显的城乡差异(模型 8)。除了家庭收入与户籍的交互效应不显著外，教育程度和职业声望对阶层地位认同偏差的影响与线性回归模型的结果基本一致。然而，对于交互分析，我们显然应该采纳线性回归的结果。

模型 8 显示，主观流动感知显著影响认同偏差：感觉自己向上流动者更不可能低估自身阶层地位，而感觉经历向下流动者更可能低估其阶层地位。与此同时，社会流动感知对农民的影响更大：向上流动感知对"下偏"的抑制作用更强($e^{-.674}$ vs $e^{-.674+.155}$)，而向下流动感知对"下偏"的正效应则更强。以上结果与先前的线性模型基本一致。这进一步支持了假设 4 和假设 5。

我们同样仅对中间层进行 Gologit 分析，也获得了一致的结果。我们还通过不同的模型设定和核心自变量的操作测量进行敏感度检定。具体包括：(1) 以调查年份为第三层的多层线性模型；(2) 不包括缺乏农村居民的 CGSS2003 的多层线性回归；(3) 根据年度、省份、城乡和不同数据库等不同子样本分别进行回归分析。结果表明，以上的经验发现是稳健和可信的。

六、结论与讨论：兼论阶层地位"一致认同"的实现

按照伦斯基在《权力与特权：社会分层的理论》一书中的经典阐释，"几乎所有在这一领域中的大理论家们，不论他们有什么样的理论或意识形态偏向，都试图回答一个基本的问题：谁得到了什么？为什么会得到？这个问题是所有讨论阶级和阶层，以及它们的结构性联系的基本问题"。自 20 世纪 90 年代初以来，中国社会学界围绕"谁得到了什么"和"为什么得到"这两个经典命题展开了长时间的学术讨论。如今，理论和现实两个层面都对社会分层研究转向"得到了又怎么样"(即社会分层的后果研究)提出了期待(范晓光，2014)。中国历经三十多年的市场转型，人们对自身阶层的认识容易出现偏差，阶层地位认同与客观地位发生"断裂"(李培林等，2005)。对阶层地位认同偏差问题的深入分析，不仅有助于我们回

答“得到了又怎么样”，而且为我们理解社会变迁何以形塑个体的主观阶层地位提供了可能。

本研究整合了CGSS和CSS这两个中国重要调查项目长达十年的数据，利用总体规模近7万的调查资料对近十年中国人的阶层地位认同偏差进行了系统性分析。在十年期大样本的基础上，我们运用潜类分析策略，利用教育、收入和职业三大客观地位指标生成个体的潜在客观阶层变量，与阶层地位认同进行比照分析。潜类分析法(LCA)的运用，确保了客观阶层指标和阶层地位认同指标的科学性和可靠性，使本文的分析结果较过往单独以职业等指标来衡量客观地位的研究更具说服力。在回归模型方面，我们使用了标准最小二乘法模型、多层线性模型和广义定序逻辑斯蒂模型三种基于不同假设的模型对阶层地位认同偏差进行机制分析。多模型分析的策略可以确保我们的结论更为稳妥。

本研究是对阶层地位认同偏差的专门检视，重点关注了客观地位、社会流动感知对阶层地位认同的影响。一方面，描述统计表明，中国民众的阶层地位认同和客观阶层一致的比例低于美国；在2003—2012年间，阶层地位认同的向上偏差呈现下降趋势，而向下偏差则有增长态势；超过半数的城镇居民低估其阶层地位，超过半数的农村居民高估其阶层地位，且这种明显的城乡差异是稳定的。另一方面，阶层地位认同偏差的影响因素分析显示，相较于西方学者所提出的人们主客观社会地位存在不一致可能是收入、教育和职业三者之间的不匹配所致，中国社会的研究发现更为丰富。具体如下：(1) 教育程度、家庭收入水平和职业声望越高，人们越可能低估其阶层地位；教育对阶层地位认同下偏的强化作用在城镇居民中更为明显，而职业声望的效应则在农村居民中更强。(2) 主观社会流动感知和阶层地位认同偏差显著相关，向上流动感知者更倾向于高估其阶层地位。同时，向下流动感知对农村居民阶层地位认同下偏的强化作用更明显，而向上流动感知对其阶层地位认同一致或上偏的强化作用更强。

本研究将三大核心变量(教育、收入和职业声望)扩展至城乡二元，考察了客观地位和城乡户籍对阶层地位认同偏差的交互效应。经验分析显示，“阶层地位认同偏差假设”“地位决定假设”和“地位决定的城乡差异假设”得到支持，以上这些都是对地位决定论的有益拓展。在当下中国社会，阶层地位认同偏差在各阶层普遍存在，并且城乡二元在偏差形成中所扮演的角色值得关注。在地位过程论上，我们发现人们的流动感知对其阶层地位认同偏差的方向具有显著效应（地位过程假设和地位过程的城乡差异假设），这也进一步检验了地位过程理论的解释力。因此，我们认为，“地位结构—地位过程”的理论框架对当前中国社会的阶层地位认同偏差具有较强的解释力。

最后，我们认为，本研究的政策意涵在于，在市场化背景下建立稳定的与客观阶层地位相一致的主观阶层地位认同，不仅要在纵向上不断提高广大民众的收入水平、教育程度和职业声望，提升教育、职业和收入三者的匹配程度，而且要高度重视社会流动感知的作用。另外，在从再分配向市场化转型的过程中，中国的宏观社会经济政策不仅会影响客观社会阶层结构（李强，2008），而且可能通过参照对象的变动而影响人们阶层地位认同偏差的形成。中国的城镇化的直接后果是原有的城乡空间区隔被打破，城乡居民不得不面对日益严峻的利益冲突和观念冲突。周遭的群体异质性越强，个体越无法“准确”地定位自身地位，引致阶层地位认同偏差的扩大。因此，还必须从缩小城乡社会的不平等入手，去除地位流动的藩篱，减小客观阶层地位与主观地位认同之间的“鸿沟”，进而最终优化中国的社会结构。

附　录

我们在附表 1 中报告了教育程度、家庭收入和职业声望在各个潜类上的条件概率（McCutcheon, 1987）。在此基础上，我们可以为每位被访者生成一个客观地位。根据麦古基安（McCutchon, 1987）的看法，将观测值匹配至潜类属于概率性的方法，因此可能带来一定的误差。然而，比较潜类变量间的关联性测试表明这种不确定性完全在可接受的范围内。通过比较发现，C1 层在教育、收入和职业中的概率都是最高的，而 C5 层都是最低的，故我们将其定义为上层和下层。与 C2 层相比，C3 层在教育的第 2—3 分类、收入的第 3—4 分类和职业的第 3—4 分类上的概率偏高，而 C4 层在教育的第 2 分位、收入的第 2—3 分位、职业的 1—2 分位的概率更高，结果表明，C2 高于 C3，C3 高于 C4。由此，我们将 C2—C4 分布命名为中上层、中层和中下层。

附表 1　条件响应概率和潜类分布

	客观阶层(潜类)类型				
	C1	C2	C3	C4	C5
教育程度					
第一分位	0.034	0.200	0.00	0.379	0.755
第二分位	0.024	0.439	0.411	0.510	0.230
第三分位	0.135	0.328	0.517	0.106	0.031
第四分位	0.806	0.033	0.072	0.005	0.001
家庭收入					
第一分位	0.007	0.065	0.034	0.100	0.500
第二分位	0.018	0.054	0.067	0.235	0.222
第三分位	0.057	0.117	0.156	0.293	0.132
第四分位	0.153	0.262	0.267	0.225	0.078
第五分位	0.250	0.269	0.233	0.102	0.040
第六分位	0.515	0.233	0.243	0.044	0.028
职业声望					
第一分位	0.007	0.000	0.052	0.435	0.888
第二分位	0.016	0.350	0.065	0.228	0.047
第三分位	0.083	0.309	0.241	0.171	0.027
第四分位	0.266	0.307	0.328	0.116	0.017
第五分位	0.628	0.035	0.313	0.050	0.021
潜类规模(分配后)	12.28%	6.08%	21.15%	30.59%	29.90%

专题二

自我阶层定位的感知和影响

本专题将介绍三项讨论自我阶层定位的影响的研究。第一项研究考察了公众对于社会流动的感知与其关注“阶层固化”话语之间的关系。众所周知，进入21世纪后，关于中国的阶层结构是否已经“固化”引起了学术界和社会大众的激烈讨论。在社会流动研究领域，学者们主要采用流动表技术分析代际之间的职业传递问题，进而以此测算整个社会结构的封闭或开放程度。但以往的研究忽视了一个重要的问题，即公众自身是如何看待“阶层固化”的呢？由于阶层固化本身是一个具有丰富内涵的概念，这使得通过问卷调查的方法很难获取这一方面的信息，因而学术界很难了解阶层固化的话语在中国社会的地域分布、时间变化以及影响机制。不过，互联网的兴起深刻改变了人们检索信息的方式，这为从事第一项研究的几位作者通过互联网大数据研究公众对“阶层固化”话语的关注度提供了技术条件。他们先构建了一个“阶层固化”话语列表，利用其在百度的被检索热度来生成各省份历年“阶层固化”关注度指数，并将其与中国综合社会调查（2008—2012年）的流动感知数据及统计年鉴资料相匹配。基于省域面板数据的多模型分析，研究揭示了“无关的流动感知”这种重要现象：当代中国公众基于自身经历的代内流动感知和代际流动感知与“阶层固化”关注度均没有负向的统计关联。这一发现意味着“阶层固化”在当代中国更多的是一种预警而非社会现实。

一般而言，社会经济地位高的人拥有更多的财富，他们可以增加在身体方面的投资来改善生理健康，并且由于不需要为生计问题担忧，往往其心态也更加积极。但是,自我阶层定位并不完全是个体客观阶层地位的反映,它还是一种基于情绪、态度和价值观对阶层地位的认知。基于自我阶层定位的这一特点,第二项研究试图回答这一问题:人们对于自身阶层地位的判断是否会影响他对自身的健康状况的评价?这项研究使用了2005—2012年中国社会状况调查(CSS)和中国综合社会调查(CGSS)的9期共6万多份城乡样本,发现自我阶层定位会显著影响城乡居民的自评健康,而社会流动感知仅在城镇居民中对自评健康有显著的正向影响。

第三项研究则聚焦于中国公众的获得感。这项研究基于中国综合社会调查城乡居民十年间近8万人的大样本构建了群众“获得感”指数,并分析了省域“获得感”的宏观影响机制。基本发现如下:第一,在2005－2015年间,中国超过一半的公众具有中高或高度获得感,并且获得感随时间呈现较为一致的平缓上升趋势。第二,收入、健康和安全等民生指标对“获得感”有显著的支撑作用,但GDP增长指标和市场化、城镇化等转型指标,以及部分社会发展指标,尚未起到应有的拉升效用。

总之,与以往仅关注自我阶层定位的影响机制的文献相比,本专题从另一条路径拓展了自我阶层定位的研究,即关注自我阶层定位的影响,这为其他学者进一步探索这方面的议题提供了非常好的研究示范。

第四章　自我阶层定位和阶层固化

一、引　言

社会阶层流动,尤其是阶层的代际流动,一直以来都是社会分层研究中永恒的主题之一,其反映了社会的封闭程度以及社会分层体系的变化和发展状况(李路路、朱斌,2015; Beller, 2009; Breen, 2010; Breen & Jonsson, 2005; Erikson & Goldthorpe, 1993; Featherman et al. , 1975; Ganzeboom et al. , 1991; Grusky & Hauser,1984; Gerber & Hout, 2004; Ishida et al. , 1991; Lipset & Bendix,

1959；Long & Ferrie，2013；Treiman，1970；Xie & Killewald，2013；Yaish & Andersen，2012）。社会阶层流动的重要性不仅仅体现在理论意义上。在社会层面，社会流动也会影响社会公平与公正、社会整合机制的建构（Heath & Zimdars，2011；Payne，2012），以及社会再分配政策的贯彻和实施（Bénabou & Ok，2001）；在个体层面，其还对社会成员的政治态度和行为等方面造成影响（De Graaf et al.，1995）。综合各个层面，以往的研究均表明，机会平等是一个国家的社会和政治体系正常运作不可或缺的推动者。

阶层固化，即阶层流动的对立面，意味着阶层之间缺乏流动，它在一定程度上体现了社会阶梯中持续存在的机会不平等。缺乏流动机会，意味着家庭出身等先赋因素对个体流动机会影响较大，而个人能力和努力等自致因素的影响较小。大量国际文献表明，如果缺乏阶层流动，社会就无法形成行之有效的激励机制，无法令个体成员相信通过自身努力可以实现社会经济地位的改善。长远来看，缺乏阶层流动会阻碍社会的可持续发展（Alon，2009；Ruggera & Barone，2017；Breen & Goldthorpe，1999；Flemmen et al.，2017；Hertel & Groh-Samberg，2014；Savage & Egerton，1997）。因此，在全世界范围内，阶层固化一直是学术界、政府乃至社会关注的话题。尽管有关阶层固化的实证研究不多且时间跨度很大，但它们均发现人们对阶层固化的关注与社会稳定程度密切相关（Acemoglu et al.，2018；Lipset，1960；Moore，1966）。

在过去的四十年里，中国经历了翻天覆地的变化。但在国民经济迅猛增长和产业结构升级的同时，收入不平等的趋势也在加剧（Meisner，1999；Xie & Zhou，2014），对中国的社会转型形成了挑战。不少研究发现，自 20 世纪 90 年代以来，尽管横向社会流动，即由农业向非农部门的流动并未减少（Wu & Treiman，2007），然而纵向流动机会尤其是代际流动机会似乎在降低（Bian，2002；Wu & Treiman，2007；Zhou & Xie，2019）。在 2011 年前后，"阶层固化"一词开始逐渐引发舆论热议（蔡志强，2011；李煜，2011；顾骏，2011；唐昊，2012）。图 4-1 展示了我国从 2011 年到 2016 年以来，"阶层固化"一词在全国各省 2 亿个新浪微博用户、10 万家网站和 BBS 论坛出现的标准化频率曲线图。我们从图中不难发现，虽然微博由于自媒体追逐热点的特征，其热度在 2012—2013 年之后下降企稳（不排除因自媒体发布内容不规范而导致被滤除），但在其他网络平台中，对"阶层固化"现象的报道和讨论的频率在各地均不断提高。而对“阶层固化”的关注，也使得“官二代、富二代、贫二代、穷二代”等网络催生的新鲜词语获得了空前的关注。图 4－2 展示了这四个词于 2010—2016 年间在百度搜索中的月度检索量。在时间趋势上，对这些词汇的百度检索和新浪微博热议的高峰先后出现在 2012 年，似乎也体现出自媒体时代的“文化反授”即自媒体发布引导搜索关注的现象（陈云松、朱灿然、张亮亮，2017）。而 2010—2012 年相关搜索数的快速上升，充分表明了这段时期“阶层固化”获得了公众的高度关注。

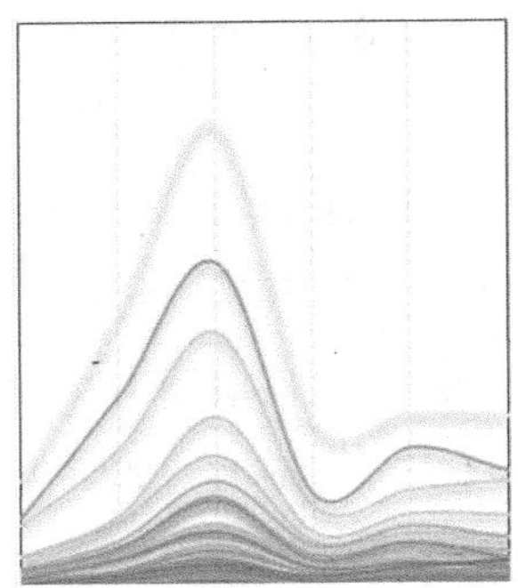
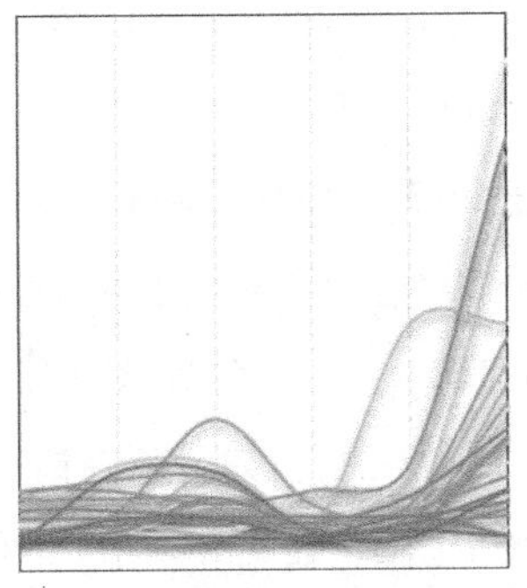
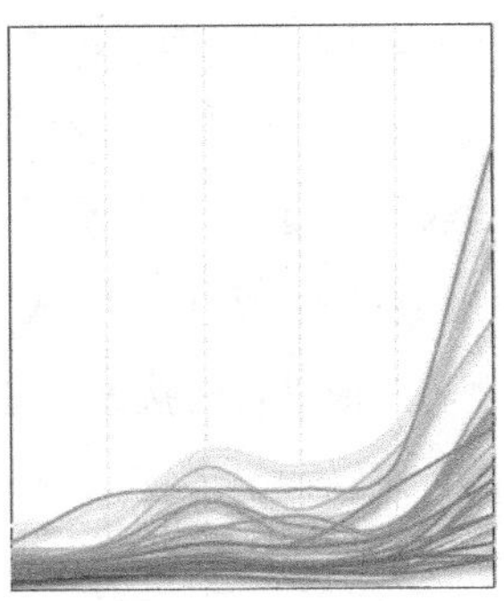

图 4－1　“阶层固化”在各省微博（左）、新闻网页（中）和论坛（右）中出现的频率（2011—2016 年）

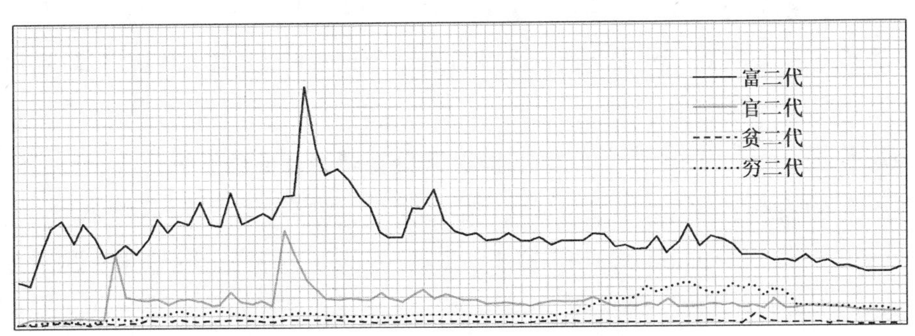

图 4－2　“富二代”“官二代”“贫二代”“穷二代”在百度中的月度检索数（2010—2016 年）

2011 年前后，“阶层固化”引发了社会热议，国内学界也迅速形成了一批理论和实证研究成果。不少学者提出“阶层固化”问题已成为中国社会的现实危险，并将研究目光聚焦于我国固化现象的成因、结构和应对策略（熊志强，2013；杨继绳、张弘，2011；马传松、朱挢，2012；吕效华、吴炜，2013；敖成兵，2014；杨文伟,2015;杨文伟、马宁,2015)。不过,此后也有一些同样严谨的学术声音在表达,“阶层固化”尽管是一种可能的风险,但并非是中国现实社会的客观存在(顾辉,2015;李路路、朱斌,2015;张乐、张翼,2012)。其中周翔和谢宇最新的大样本研究表明(Zhou & Xie, 2019),即便是在“阶层固化”最为中国媒体所热议的2011年、2012年,中国的代际流动也比绝大多数工业化国家高,远超法国,与挪威、瑞典相当。

问题在于,由于“阶层固化”这一概念本身缺乏严格的社会流动率的临界值定义,也由于传统问卷调查数据的时滞和地域差异,社会学家们难以用传统定量研究方式对“阶层固化”是否为中国当代社会的现实存在这一命题做出明晰、有力的检验。不过,从主观阶层定位和舆情传播的视角,我们可以研究在“阶层固化”关注焦点的形成过程中,人们的真实阶层流动感知是否真正扮演了重要角色,以此逻辑推演进行间接的检验:我们认为,公众对“阶层固化”的关注,既可能由真实的、过低的社会流动率所引发,也可能被其他原因诸如社会精英的预警呼声或者其他宏观经济社会文化因素所引导。如果社会流动率真正降低到一定的阈值,使得“阶层固化”已成为社会的总体现实,那么在宏观层面,过低的流动率会使公众总体的自我流动感知恶化,触发人们对“阶层固化”的关注:流动率越低,流动感知越易恶化,固化关注度就越高。反之,如果“阶层固化”并非现实而只是一种被传播甚至放大了的预警,社会流动率并没有降低到危险点,那么公众对“阶层固化”的关注,主要受到外部信息环境或者其他宏观因素的影响,和自身的流动感知就不会存在显著的关联。实际上,社会预警在转型社会确有被公众舆论强化和放大的可能。朱光磊、李晨行就从传播学角度提出著名的“社会放大风险”理论(The Social Amplification of Risk)才是“阶层固化”从舆论界闯入学术界甚至被“污名化”的主要诱因,尽管他们的研究承认我国存在影响阶层正常流动的宏观政策、中观机制和微观差异的障碍因素(朱光磊、李晨行,2017; Lippmann, 1992)。

我们将从宏观群体而非个体的层面去考察一个省份的“阶层固化”关注度,在统计上是否可以被省内公众自身的代内和代际流动感知所解释。具体而言,本研究将聚焦2008—2013年的中国社会(时间框架选取详见下文),通过百度搜索引擎获得各省在六年间“阶层固化”话语的检索数据,以此构建起省域“阶层固化”关注度指数并作为因变量；同时，通过中国综合社会调查（CGSS）中历年社会阶层流动感知的数据来构建省域代内流动感知和代际流动感知指标，作为主要解释变量。我们的静态和动态面板数据分析涵盖了（除海南、西藏之外）29个中国大陆省、自治区和直辖市，数据来源实际覆盖样本超过3万人。我们认为，基于互联网大数据的定量方法，探讨社会公众的"阶层固化"是真正的"关乎"自我流动还是"无关"自我流动，有助于判断当代中国的"阶层固化"是尚处学术界、精英层发声的预警阶段，还是业已步入现实危机阶段。这一历史阶段判别的结果，事关中国社会转型和改革开放的战略定力与发展路径，也有助于我们从社会分层与舆情生成的交叉视野进一步厘清社会现象、舆情热点之间密切而微妙的关联。

二、文献综述

（一）阶层的自我流动感知和固化关注

因对社会资源和机会占有不同，个体或群体间会产生不同的阶层。当阶层间的社会地位发生变化时，阶层流动便得以产生。目前，西方有关阶层流动的研究主要集中在教育、职业、收入的代际流动（Treiman，1970；Featherman et al.，1975；Erikson & Goldthorpe，1993；Long & Ferrie，2013；Xie & Killewald，2013）。在这一过程中，学者们主要关注个体地位获得层面的机会不平等，尤其关注过程中先赋因素（如家庭出身）在不同社会情境下的作用是如何变化的。事实上，任何社会，不论工业化水平的高低，都存在一定程度的结果不平等。不平等是否会对社会和谐造成威胁，在很大程度上取决于那些来自社会底层但有能力的个体是否可以挣脱先赋因素的束缚，通过自身努力流动到上层来。因此，客观存在的阶层流动性成为社会得以正常运作的重要因素。不过，影响公众对于社会层级的理解和所持政治态度的因素，并不仅仅在于客观的阶层地位和客观的阶层流动，公众对自身阶层的主观定位和主观的流动感知也起着非常巨大的作用（陈云松、范晓光，2016）。

在个人层面，阶层自我定位既反映客观的阶层定位（收入、职业声望、教育获得指标），又取决于和参照群体的比照；流动感知则是对自身或家庭对阶层自我定位的主观比较，可能是向上流动、向下流动，也可能是静止不动（Souffer et al.，1949；Weolfel & Haller，1971）。在宏观层面，个体的流动感知汇集起来，成为反映一个阶段一个地域一个群体的总体流动经验，它直接组成并形塑人们的总体社会心态、政治倾向，影响着社会整合与团结，与执政的合法性基础息息相关。从自我流动感知的参照组和时间跨度来看，它有代内的，对自身数年、数十年社会地位变化的评估；也有代际的，对自己父母辈、祖父母辈当时所处的阶层与自身所处的阶层进行历史比对。无论是代内还是代际流动感知，都会直接反映公众对社会流动机会是否平等的最终认可程度。需要注意的是，这种认可具有高度的主观性。大量研究表明，人们自身的客观阶层地位和主观阶层定位之间存在一定的偏差（范晓光、陈云松，2015）。有的人明明向上流动，但因为参照系选取的不同产生了向下流动或者固化的感觉；也有的人实际向下流动了，但仍会产生没有变化甚至向上流动的印象。

无论是代内流动感知还是代际流动感知，只要这种感知是向下的、变差的，人们就会“不平则鸣”。因此，流动感知与对社会流动的关注之间，存在一种受直觉影响的理论预期，这就是“关乎流动”：越经历向下流动或无法向上流动的群体，或者越感知、认定自己向下流动或无法向上流动的群体，就越会关注流动率降低的现象。因为这部分群体切身感受到固化所带来的人往高处走的机会的减少和利益的受损。这意味着，当社会流动率降低到一个阈值之下，“阶层固化”成为社会现实之际，真正为“固化”所伤害的社会公众就势必对“阶层固化”话语给予特别的关注。也即真正的固化，会使越过某个阈值的过低的社会流动率触发公众对“固化现象”的关注。那么，在真正固化的年代，流动率越低，人们的流动感知就越恶化，进而带来更多的对“阶层固化”现象的分析、讨论和对相关信息的关注与搜求。这实际意味着，凡是进入了固化阶段的社会，公众的代内或者代际流动感知，至少有其中之一会和“阶层固化”关注度负向相关。

不过，正因为“阶层固化”话语本身事关执政合法性，它也必然成为任何一个社会公共场域的核心话语之一。而这种公共场域，本身是各种社会精英力量展示社会责任和进行社会监督的舞台。无论是出于为民请命的冲动还是舆论监督的需求，一旦社会的垂直流动率出现了明显的变化（特别是流动率降低），知识精英和新闻界就势必会对这一变化所可能触发的危险图景进行讨论分析，“阶层固化”的话题应运而生，并开始进入大众传播。甚至，精英层会把下降的流动率和固化本身等同起来，而不去分析所在社会的流动率与他国、其他社会之间的对比。既然当代社会公众的信息渠道往往处在大众传播形成的拟态环境之中，那么我们完全有理由认为，人们对“阶层固化”的关注，除了可能由真实的固化所引发之外，确有其他来源的可能：社会精英对社会变迁和波动异常敏锐，并且具有能力通过书籍、期刊、新闻媒体、影视作品和课堂讲堂等渠道去发声和预警，即使某种社会现象并未降临，自身和公众都没有在其所批评和担忧的社会过程中受到伤害。实际上，精英阶层出于社会信念和使命感为底层弱势群体或他人请命和发声，古往今来从不鲜见：支持黑奴解放运动的白人，他们并没有从中获得经济利益；在国际共产主义运动中，无论是马克思、恩格斯等无产阶级革命导师，还是毛泽东、周恩来、邓小平等领导人，均并非出生于赤贫的无产阶级家庭。

其实，除了出于社会使命感而最先发出“阶层固化”的预警，精英者的发声或许还有更为微妙的可能：这些精英们最先感受到了社会“局部”的“固化”，尤其是他们自身所处阶层的社会流动率较之以往快速下降的“固化”。但问题在于，任何社会的垂直流动都具有天然的瓶颈：在努力奋斗到达精英层次之后，进一步通往社会顶层的空间势必非常逼仄。换句话说，在社会流动的过程中，最快向上流动到较高层级的人群也最快到达任何社会都无法避免的上升天花板。起码，对于当代中国的精英们来说，向上流动的年代永远是短暂的，而停滞则是更为长久和枯燥的。面对自身和同侪的流动停滞，抱着20世纪八九十年代社会总体高速向上流动的记忆，中国的知识精英、舆论领袖的确把自身阶层上升停滞的现实与为民请命的责任感夹杂在一起对“阶层固化”率先敲响社会的警钟。

因此，在获得数据的实证之前，我们审慎地提出：在当代中国，“阶层固化”这一概念被提出和热议，既可能因为它本身已经是社会的真实存在，也可能是它仅仅作为预警的声音被提出甚至放大。但重要的是，在开始逐步进入“固化”的社会里，公众对“阶层固化”的关注，其核心来源应该是“关乎自身”的主观流动感知，而这一感知体现的是被降低到了危险程度的社会流动率；而在“阶层固化”现象并没有深入渗透到社会肌理中时，公众对作为社会现象的“阶层固化”的关注，则往往始于“无关自身”的预警式的多来源、多渠道的社会话语，受到宏观层面的外部经济社会文化综合因素的影响，但和流动感知无关。

（二）中国学界的“阶层固化”之争

改革至今，我国的社会阶层结构出现了根本性的变化。尤其是随着20世纪90年代以来市场经济地位的确立，中国社会流动的开放性程度较改革以前有所提高。Bian(2002)指出，“1978年以后的市场改革和劳动力市场的兴起侵蚀了这些制度分歧，使得社会流动几乎成为每个人的生活体验”。然而近10年以来，尽管社会开放程度有所提高，但是这种流动性主要表现为由农业向非农部门的横向流动，尤指农民阶层向工人阶层转化(Wu & Treiman, 2007)，而纵向流动却呈现出下降的趋势。基于1996年“当代中国生活史和社会变迁数据”，Wu & Treiman (2007)指出，由于中国独特的户籍制度，职业的代际流动主要由农村出身的群体主导，也即，城市居民的代际流动性很低，而农民的代际流动性相当高。张翼(2011)利用2008年中国综合社会调查(CGSS)数据发现，自改革以来，中国社会的结构性变化，尤其是快速的工业化和城镇化打开了中国人口由农民阶层进入工人阶层的通道，然而在非农职业中，从蓝领流向白领的通道仍待开放。随后，Zhou & Xie(2019)利用1996年到2012年的6期不同但可兼容的数据(LHSCCC 1996; CGSS2005、CGSS2006、CGSS2008、CGSS2010、CGSS2012，合计超过3万样本)也得出了类似的结论。总之，垂直流动减速，水平流动增速，基本是社会分层研究领域学者的基本共识。

不过，随着“阶层固化”这一话语在2011年前后从舆论界转向学术界，不少学者基于对20世纪90年代以来我国纵向流动速度快速下降的严峻现实，得出了中国已面临“阶层固化”危机的学术判断(蔡志强，2011；顾骏，2011；李煜，2011；唐昊，2012)。还有研究尽管并未直接指出这一命题，但也为“阶层固化”论者提供了间接性的依据。比如，陈怡和考埃尔通过分析1989—2009年我国收入流动情况发现，在过去的20年中，基于收入的分化在增加。也即，“穷人愈穷，富人愈富”的两极分化模式越发明显(Chen & Cowell, 2017)。总体来看，这批研究以更悲观和警醒的思路分析中国出现阶层固化的根源、结构特征和政策应对。当然，无论是从学术观点的角度，还是对现实公共政治的预警和建言角度，这类研究都值得重视。

同时期也有学者对“阶层固化”已威胁中国社会结构的判断表示了异议。例如，张乐、张翼基于武汉和杭州的近三千人的青年样本数据，提出高学历、中高职称与高行政级别在很大程度上并不具有“精英再生产”的代际特性(张乐、张翼,2012)。李路路、朱斌基于2005年、2006年、2008年的3期中国综合社会调查(CGSS)数据,提出我国总体社会流动率逐步提升,社会开放性呈波浪式变化,特定阶层的代际继承优势逐渐下降(李路路、朱斌,2015)。顾辉基于中国妇女社会地位调查第一、二、三期调查近七万样本,也提出没有足够证据表明当前社会阶层已经固化(顾辉,2015)。新近的基于更广泛代表性数据和更长时间跨度的精细分析也支持了这类观点。例如,周翔和谢宇发现中国的代际流动性较20世纪八九十年代确实在降低,但即便如此,中国当代的代际流动仍然比11个具有成熟市场机制的发达工业化国家要高(英国、德国、法国、匈牙利、爱尔兰、以色列、意大利、荷兰、挪威、波兰和瑞典)(Zhou & Xie,2019)。实际上,就在“阶层固化”被热议的2011年至2012年,周翔和谢宇的研究表明,中国的代际流动率和挪威、瑞典等国相当,几乎是法国的两倍。他们由此得出结论:尽管有快速扩大的收入不平等和较之过往30年明显下降的垂直社会流动,今日的中国仍然比绝大多数发达资本主义国家具有更大的流动性。

社会纵向流动率在20世纪90年代以后有所下降,有着深刻的历史原因。首先,教育不平等仍然是影响社会流动的主要障碍之一。20世纪80年代后期,中国开始实施从九年制义务教育到高等教育扩张的教育普及政策,其一是为了满足市场转型对高质量劳动力的需求,其二是促进全社会教育机会的平等(闵维方,2007; Tsui, 1997)。然而,教育政策的实施仅仅改善了较低教育水平(小学、初中)上的机会平等,对于高中以上的教育,教育机会的分布却愈发不均匀。从我国目前的情境来看,不平等的教育机会成为影响流动性的重要因素(Wu, 2010)。其次,在市场改革的过程中,无论中外,再分配权力都可能继续对社会资源的分配起重要作用,这使得传统体制精英在转型过程中仍具有优势(Bian & Logan, 1996; Cheung & Dai, 1995; Gerber & Hout, 2004; Meisner, 1999; Wu, 2006)。再次,在收入不平等急剧上升的时期,专业技术人员以及普通工人之间、不同技能的工人之间的差距会快速拉大(Xie & Zhou, 2014; Zhou, 2000)。当收入层级之间的差距过大时,跨越的难度自然也会加大。有学者将各类原因归纳为宏观的制度与政策因素(资源配置方式、单位制、户籍制、高考制、公务员制度、税收制度、社会保障制度)、中观的制度外“间隙”行为机制(如官僚主义、门当户对思想等“惯性思维”和投机寻租等“间或行为”)以及微观的差异化的个体能动性(朱光磊、李晨行,2017)。

从学界的争论中,我们不难发现:第一,对“阶层固化”的话语,既有焦虑的判断,也有预警式的讨论。第二,数据有力地表明,中国当代社会垂直流动率并不低,甚至高于西方诸国。如果说中国的流动率已经降低到了固化的阈值,难以获得实证支持。第三,中国当代社会垂直流动的速度,的确较以往特别是20世纪八九十年代有所下降。这三个方面似乎印证了我们前文的另外一种揣测:社会精英层面对总体下降的流动率,面对自身向上流动的瓶颈,未雨绸缪地提出了“阶层固化”的担忧。而社会转型过程中的大众传播过程则放大了这种恐惧,让它在舆论和学术界被进一步热议。如果这种揣测为真,我们应该发现,在宏观层面上,当代中国大众的代内流动感知也好,代际流动感知也好,和他们被大众传播所触发出来的“固化”关注度之间不会有真正的关联。我们在这篇研究中的使命,是就这个命题构建变量、进行实证检验。

三、数据、模型和方法

(一) 阶层固化关注度的测量

对“阶层固化”的关注,目前社会科学领域的调查问卷没有相关问题设计,缺乏数据。不过,近年来越来越多的研究开始借助互联网大数据来建构各种传统调查研究难以测量的宏观社会指标(Bentley et al., 2014; Chen & Yan, 2016, 2018)。在一项新近的研究中,学者尝试使用公众在百度上对“阶层固化”相关语汇的搜索热度作为“阶层固化”关注度的测量指标构建基础(Li et al., 2019)。在本文中,我们亦采取类似方法。之所以不考虑使用新闻媒体、微博微信、网页或者论坛等经过审阅发布的阶层固化信息,主要是因为媒体和自媒体中出现的“阶层固化”信息内容和发布者均具有较高的选择性,而百度作为中国最大和使用最为普遍的搜索引擎,其检索数据记录了公众在公开或私密场合的所有检索行为,涵盖了个人电脑和手机等不同搜索终端,具有更好的代表性,也能更真实地反映社会公众而不是政府或者媒体的关注焦点。在此,我们充分考虑到设备使用差异可能引致的测量偏差(device-using bias)。我们的数据为综合指数,既包含了基于个人电脑的搜索,也包含了基于移动设备的搜索。

我们选取2008—2013年的数据进行分析。由于数据可得性的限制，最近一期同时含有被访者代内、代际流动感知信息的中国综合社会调查（CGSS）问卷是2012年的（CGSS2013年的有代内无代际流动感知问题，CGSS2015年的有代际无代内流动感知问题），因此我们设定所有解释变量为上一期（年）相关指标，这样既考虑了数据的可得性，又能解决潜在的双向因果问题。利用2008—2013年间的五期资料，我们可以构建起大N小T的面板数据（N为省份数，T为期/年数），尝试静态甚至动态面板分析。更重要的是，对于本研究，该时段具有两个非常独特的优势。第一，“阶层固化”的舆论热议开始于2011年前后，数年后由于社会对相关话语的熟悉和接受，公众对固化词汇的检索和关注度会趋于平稳（参见图4-3）。也因此，用在线检索来表示关注度的最优时间窗口，应该是从检索开始出现直到检索量出现稳定下行之间，而2008—2013年恰好是这一时间段。第二，针对“阶层固化”被热议前后三年的区间进行分析，可以让本研究的推理逻辑更加有力：如果中国社会化真的刚刚步入“阶层固化”危机，那么此阶段公众的固化关注度和自我流动感知之间的关联应该是最为强烈的，人们刚刚发现流动的阻力，还未能调试自己的心态以适应这种现象。如果在这个时间段内都无法检测出相关数据，那么我们就更能得出结论，“阶层固化”是一种预警的话语，而非现实危机。

具体而言，我们首先依据阶层固化的相关书籍、学术期刊文章以及近年来的网络热词，找出75个最常用的“阶层固化”语汇列表（完整列表参见附录）（廉思，2010；梁晨等，2013；吴晓刚，2016；陈云松、朱灿然、张亮亮，2017）。为避免搜索结果仅仅反映学术界对相关词汇的关注，相关词既包括了社会分层流动的专业话语，也包括了大量的日常话语。这些词汇或短语，尽管在学者们看来很容易理解，似乎无须检索，但对社会公众总体而言，无论是出于对这类概念本身的好奇，还是为了进一步获取更多的相关信息和观点，相关的搜索频数都会被完整、真实地记录在百度的后台大数据中。因此，搜索数据本身就足以在一定的“比例尺”上捕捉和映射中国社会对“阶层固化”真实关注度的时间趋势和空间结构。在技术方面，我们利用Python 2.7.11版本编程，分省提取出2008年至2013年所有68个阶层固化语汇的百度搜索综合指数（涵盖电脑和手机等移动终端数据，在75个词汇中，有7个词汇，百度未提供搜索数据）。接下来，我们将这68个“阶层固化”词汇搜索指数除以网民人口规模，以解决各省互联网发展水平和普及率差异的问题。在此基础上，再取标准化Z值并求和，让每个词汇获得相同的权重，以抵消检索量过大和过小的词汇对指数产生的量纲差异偏差，从而计算出每个省份历年的关注度指数（*IIC*，也即 Index of Immobility Concerns）。计算公式如下。

$$IIC_{i\_t}=\sum_{n=1}^{68}\frac{Search_{n\_i\_t}-Min\ (Search_n)}{[Max(Search_n)-Min(Search_n)]} \tag{1}$$

在公式(1)中，IIC_{i_t}表示省份 i 在年 t 的阶层固化关注度指数。$Search_{n_i_t}$表示省 i 在第 t 年的对第 n 词的百度搜索指数除以网民规模。$Min\ (Search_n)$表示第 n 词在各省份年中的最小搜索指数，而 $Max\ (Search_n)$则是最大搜索指数。

为确保测量的稳健性，我们还尝试了其他两种构建方法：第一，利用主成分分析法，将 68 个词汇降维，取第一个主成分也即具有最大特征根值（=44.55，解释了 63.64%的差异）预测计算出得分，以此作为固化关注度的指标（*IIC_1*）。第二，直接将检索词频相加，除以各省、自治区和直辖市历年网民人口规模，从而得到 31 个省、自治区和直辖市的历年阶层固化关注度指数（*IIC_2*）。该方法未对 68 个词汇赋予相同的权重，但考虑了因各省、自治区和直辖市网民数量差异和历年网民的规模变化可能引起的结果偏差。在模型分析部分，我们将以这三种不同测算方法生成的“阶层固化”关注度指数为因变量，分别进行模型拟合。实际上，基于三种方法所得的模型结果非常接近。此外，我们还针对阶层固化特别是代际固化和不平等含义最为明晰的 20 个词汇（富二代、逆袭、知识改变命运、阶层固化、基尼系数、贫富分化、收入差距、两极分化、同一起跑线等），利用上文的方法进行指数构建，也得出了非常相似的结果，限于篇幅不再展示。

我们在图 4 - 3 中展示了 2008 年至 2013 年各省、自治区和直辖市的阶层固化关注度指数 *IIC* 的时间趋势和空间分布情况。我们可以发现，自 2008 年以来，在线搜索阶层固化相关词的数量急剧增加。该指数在 2009 年之后稳步上升，并在 2012 年达到顶峰；2012 年之后，指数开始出现缓慢但轻微的下降。其中，北京、广东、浙江、江苏、山东和上海等省市的阶层固化关注水平最高，而甘肃、海南、宁夏、青海和西藏等欠发达地区的关注水平最低。

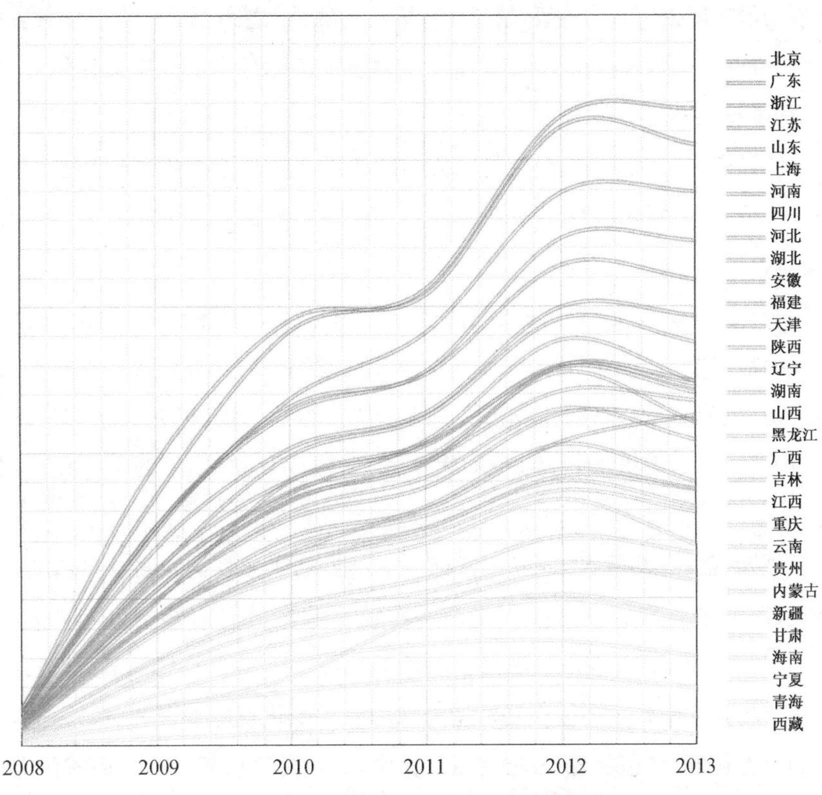

图 4－3　我国 31 省、自治区和直辖市“阶层固化”
关注度指数(*IIC*)时间趋势图(2008—2013 年)

(二) 自我流动感知及控制变量

我们利用传统问卷调查中的个体样本数据,生成省级历年的加总数据,以匹配前文中生成的“阶层固化”省级指数。在我们的模型分析中,主解释变量是上一年的代内和代际自我流动感知。其测量来自中国社会综合调查 CGSS2008、CGSS2010、CGSS2011 和 CGSS2012 的四期数据,覆盖人群样本总数分别为 6 000 人、11 730 人、5 597 人和11 712 人,合计 35 039 人。其中,代内流动自我感知的具体问题为:“与三年前相比,您的社会经济地位是:1—下降了,2—差不多,3—上升了。”代际流动自我感知的数据来自被访者当前和青少年时期家庭的经济社会地位的变化情况。具体而言,CGSS 问卷用 1—10 代表由低到高的经济社会地位,分别让被访者回答“您认为您目前在哪个等级上”和“您认为在您 14 岁时,您的家庭处在哪个等级上”。我们将前者的等级减去后者的等级，就得到代际流动的个人感知数值。在每年各省的层面，我们可以把各自样本的代内和代际流动感知指标分别求样本加权均值（根据CGSS样本特征进行入户、城乡和年度人口三重加权），最终获得历年省均代内和代际流动感知变量。生成的两个变量均为连续变量，分值越高，表示向上流动感知越强。我们分别用 *Mob* 和 *G-Mob* 来表示。前者原始数据均值为2.27，后者均值为0.39。

要验证流动感知对阶层固化关注度的影响，我们还需要根据文献，在分析中进一步控制可能与阶层固化关注度和个体流动感知同时相关的两大类指标，也即宏观经济发展和宏观社会发展水平（和流动感知指标一致，相关年份分别为2008年、2010年、2011年和2012年，也即因变量“阶层固化关注度”的上一期）。具体如下：

区域宏观经济发展水平（五个指标）。首先，以往文献均表明，区域综合发展指标、收入不平等和就业三大因素会对阶层自我定位具有影响（Chen & Yan，2016；Curtis，2013；Evans & Kelley，2004；Yaish & Andersen，2012）。其次，城镇化和市场化水平作为中国市场转型以来的重要变化也应加以考虑。因此，我们会控制以上这五个宏观经济发展变量。其中，综合发展水平（*GDP*）用省份人均国内生产总值（CPI校正）测量，城镇化水平（*Urb*）用省份人口城镇化率表示，这两项指标均来自相关年份的全国统计年鉴。市场化指数（*Mkt*）从相关文献中获取（樊纲、王小鲁、朱恒鹏，2011；王小鲁、樊纲、余静文，2016）。收入不平等（*Gini*）则使用CGSS相应年份问卷中的家庭收入部分进行计算以获得省级基尼系数。为确保结果的稳健性，我们还使用其他数据来源的基尼系数来衡量省份内的收入不平等（田卫民，2012）。关于失业率水平，我们则从四期CGSS数据中为每个省、自治区和直辖市构建失业率指标（*Uem*），其数值为省内样本的就业状态（失业1，就业0，退休、未成年人和务农者不计算在内）的平均值。

区域宏观社会发展水平（三个指标）。首先，大量有关阶层流动的文献表明，教育是社会流动的核心，是个体获得向上流动机会的关键（Blau & Duncan，1967；Shavit & Blossfeld，1993；Jencks et al.，1983；Sewell & Hauser，1975）。同时，教育具有启蒙性质，是培养社会觉悟的第一步（Reis & Moore，2005），接受过高等教育的个体往往对社会公平、公正有更高的要求，他们的政治参与率更高（McCall，

2013)，主观阶层定位也较高(陈云松、范晓光，2016)。省域层面上，我们用省份里每10万人中的大学生数量作为省份教育水平(*Edu*)的测量数据。除教育之外，我们还充分考虑了代表政治发展和社会发展的民众维权意识与社团发展水平。其中，我们用各省、自治区和直辖市每10万人的行政诉讼案件数量来反映维权意识(*Lig*)，以各省、自治区和直辖市每10万人的非政府组织数量来代表社团发展水平(*NGO*)。这三大指标，均来自相应年份的统计年鉴。

由于我们的解释变量均为因变量的上一期(年)指标，阶层固化关注度和解释变量之间可能存在的双向因果关系都可以得到解决(详见下文模型)。同时，所有解释变量、控制变量指标在分析时均取对数，以期尽量接近正态分布(表4-1中控制变量均为对数值)。由于有关省份在CGSS中并非每一年均有抽样，在排除缺失值之后，我们的主分析样本为112个省年观测，覆盖除海南和西藏外的全部29个大陆省、市、自治区(其中，内蒙古、宁夏、新疆和青海为3期面板，其他省份为4期面板)。最终用于模型分析的样本的主要变量统计指标请见表4-1。

表4-1　模型分析主要变量的统计量

变　量	操作化定义	简写	均值	标准误
因变量				
阶层固化关注度	固化语汇搜索Z值之和	*IIC*	36.369	45.040
阶层固化关注度1	固化语汇搜索PCA预测值	*IIC_1*	5.373	2.075
阶层固化关注度2	固化语汇搜索和网民规模	*IIC_2*	−0.426	0.506
解释变量(上年对数)				
代内流动感知	省内样本自我流动感知均值 (较之3年前的自己)	*Mob*	0.702	0.192
代际流动感知	省内样本自我流动感知均值 (较之自己14岁时的家庭)	*G-Mob*	−0.635	0.566
控制变量(上年对数)				
经济发展水平	人均GDP(可比价)	*GDP*	9.445	0.487
市场化水平	市场化指数	*Mkt*	1.738	0.291
城镇化水平	人口城镇化率	*Urb*	−0.680	0.252

(续表)

变　量	操作化定义	简写	均值	标准误
失业率水平	人口失业率	*Uem*	−2.517	0.515
收入不平等	家庭收入基尼系数	*Gini*	−0.757	0.145
教育水平	十万人大学生比例	*Edu*	7.710	0.365
维权意识水平	十万人行政诉讼案件	*Lig*	7.322	1.026
社团发展水平	十万人社团组织数量	*NGO*	1.220	0.307

(三) 面板模型

因为分析所用的省面板数据时间跨度较小,我们不使用面板矢量自回归(VAR)模型(即纳入IIC和其他控制变量的各阶滞后项),而直接拟合静态面板模型,用动态面板作为稳健性检验。首先,经过豪斯曼检验(结果见表4-2底部),我们采取固定效应模型对面板数据进行估算。使用固定效应模型意味着我们直接排除不随时间变化的省级干扰项。同时,如前文提及,考虑到数据的可得性实际,避免双向因果问题,我们的主解释变量和控制变量均为上一期(年)省级指标。省份固定效应静态面板模型如下。

$$IIC_{i\_t}=\beta_1 Mob_{i\_(t-1)}+\beta_2 G\_Mob_{i\_(t-1)}+\beta_3 GDP_{i\_(t-1)}+\beta_4 Mkt_{i\_(t-1)}+\beta_5 Urb_{i\_(t-1)}+\beta_6 Gini_{i\_(t-1)}+\beta_7 Uem_{i\_(t-1)}+\beta_8 Edu_{i\_(t-1)}+\beta_9 Lig_{i\_(t-1)}+\beta_{10} NGO_{i\_(t-1)}+c_i+\mu_{it}$$

在上式中,IIC_{it}为因变量,表示i省t年的阶层固化关注度指数。c_i为不随时间变化的省份固定效应,μ_{it}为方程的随机误差项。该模型假设每一年的"阶层固化"关注度不受上一年关注度的影响,即不存在路径依赖。模型估算时,我们会计算异方差稳健标准误。

基于稳健性的考虑,我们还会放松不存在路径依赖的假设,赋予因变量动态结构,即把IIC的滞后项(上一年的IIC)纳入模型右侧。因为因变量滞后项必然与误差项相关,所以用传统的固定效应模型仍然会产生不一致的估计。对此我们还将采用广义矩方法(GMM)进行估计(Arellano & Bond, 1991; Holtz-Eakin et al., 1988)。相关动态面板模型如下。

$$IIC_{i\_t}=\alpha IIC_{i\_(t-1)}+\beta_1 Mob_{i\_(t-1)}+\beta_2 G\_Mob_{i\_(t-1)}+\beta_3 GDP_{i\_(t-1)}+\beta_4 Mkt_{i\_(t-1)}+\beta_5 Urb_{i\_(t-1)}+\beta_6 Gini_{i\_(t-1)}+\beta_7 Uem_{i\_(t-1)}+\beta_8 Edu_{i\_(t-1)}+\beta_9 Lig_{i\_(t-1)}+\beta_{10} NGO_{i\_(t-1)}+$$

$c_i + T + \mu_{it}$

其中，$IIC_{i\_(t-1)}$ 即为因变量的上一年数值。进行广义矩估计时，必须进行两大检验，包括：AR(2)检验，用以观察 μ_{it} 是否存在自相关；Hansen/Sargan 过度识别检验，用以验证工具变量的有效性。相关检验结果将与模型回归结果同时在表 4－2 中展示。为尽量减少自相关的可能，我们在动态模型中进一步引入了年份虚拟变量 T(Roodman，2009)。换句话说，我们的动态面板估计量，实际是基于双向固定效应模型的 GMM 估计量。

四、模型结果

表 4－2 报告了以 *IIC* 为因变量的多种模型拟合结果，并分别考察在模型中仅纳入代内流动感知和同时纳入代际代内流动感知两者的情况。具体而言，我们分别拟合了混合 OLS 模型(模型 1、模型 2)、随机效应 RE 模型(模型 3、模型 4)以及固定效应 FE 模型(模型 5、模型 6)。表 4－2 底部的豪斯曼(Hausman)检验结果表明，相较 RE 模型，应该选取 FE 模型估计量。实际上，从表 4－2 可以看到，无论是使用 P-OLS 模型、RE 模型还是 FE 模型，代内流动感知和代际流动感知均没有和阶层固化关注度 IIC 呈现显著的统计关联。在控制变量方面，固定效应模型结果(模型 5 和模型 6)显示，失业率、人均 GDP、城镇化、市场化均和固化关注度正向相关。原因可能在于，在失业率、经济发展、城镇化和市场化高的地区，社会利益分化更为明显，分配性冲突更为频繁，阶层间矛盾更容易激化，从而引发公众对阶层固化相关问题的关注。这在一定程度上与我们的预期非常吻合，同时也意味着除了大众传播，社会不平等的结构化因素也在影响着当代中国公众的固化关注度。而教育水平负向相关则出乎我们的意料，不过，这可能是因为教育程度越高，公众对阶层固化本身就越了解，反而不需要通过互联网搜索来了解和掌握信息；也可能是因为教育程度越高，向上流动的概率越高，公众所感知的流动阻力越小，从而对阶层固化不那么关注了。其他因素如不平等、维权意识和社团组织等的系数均不显著。

表 4-2　多模型回归结果(因变量=阶层固化关注度 IIC)

	模型 1 P-OLS	模型 2 P-OLS	模型 3 RE	模型 4 RE	模型 5 FE	模型 6 FE
代内流动感知	−0.038 (0.111)	−0.057 (0.111)	0.082 (0.111)	0.072 (0.116)	0.056 (0.119)	0.051 (0.126)
代际流动感知	— —	0.037 (0.044)	— —	0.019 (0.030)	— —	0.007 (0.028)
失业率水平	0.027 (0.063)	0.037 (0.061)	0.069+ (0.041)	0.073+ (0.041)	0.054* (0.026)	0.055+ (0.027)
经济发展水平	0.344 (0.242)	0.353 (0.245)	0.538*** (0.128)	0.548*** (0.131)	0.622*** (0.144)	0.625*** (0.147)
收入不平等	0.152 (0.230)	0.142 (0.226)	0.006 (0.137)	−0.001 (0.136)	−0.007 (0.113)	−0.009 (0.112)
城镇化水平	−0.387 (0.551)	−0.364 (0.563)	−0.254 (0.341)	−0.231 (0.342)	1.635** (0.552)	1.637** (0.556)
市场化水平	0.770*** (0.156)	0.747*** (0.167)	0.911*** (0.153)	0.892*** (0.156)	0.420* (0.186)	0.415* (0.189)
文化教育水平	0.114 (0.232)	0.108 (0.234)	−0.244 (0.211)	−0.256 (0.213)	−1.673*** (0.333)	−1.667*** (0.333)
维权意识水平	0.114* (0.043)	0.113* (0.042)	0.045+ (0.025)	0.045+ (0.025)	−0.010 (0.023)	−0.010 (0.024)
社团发展水平	−0.051 (0.130)	−0.054 (0.132)	−0.136 (0.121)	−0.139 (0.123)	0.022 (0.242)	0.019 (0.241)
省份固定效应	YES	YES	YES	YES	YES	YES
截　距	−5.923+ (3.262)	−5.845+ (3.304)	−4.644** (1.787)	−4.565* (1.800)	7.901** (2.635)	7.857** (2.663)
Hausman 检验 P 值					0.003 4	0.008 8
N	112	112	112	112	112	112

注:(1) 双括弧内为经过省份簇稳健调整的标准误。(2) $+p<0.1$, $^{*}p<0.05$, $^{**}p<0.01$, $^{***}p<0.001$。

我们的"阶层固化"关注度指标是通过对从互联网大数据中提取出的信息进行加工计算得来的。为确保分析的稳健性和结论的可靠性,我们还尝试了用另外两种测量方式生成的固化关注度（*IIC_1* 和 *IIC_2*）作为因变量来拟合固定效应模型。由表 4－3（模型 7 到模型 10）的结果可见，无论是以 *IIC_1* 为因变量，还是以 *IIC_2* 为因变量，固定效应模型的结果均表明，代内流动感知及代际流动感知和固化关注度都没有任何显著的关联。这意味着，无论是采取对“阶层固化”关键词搜索量进行标准化值加总，还是进行主成分分析降维，抑或直接相加并除以网民数量，三种方法构建的“阶层固化”关注度指数均和自我流动感知无关。这个“无关流动”的结论具有高度的稳健性。

表 4－3　稳健性检验模型：基于不同的固化关注因变量测量和动态面板模型

因变量	模型 7 IIC FE	模型 8 IIC_1 FE	模型 9 IIC_1 FE	模型 10 IIC_2 FE	模型 11 IIC_2 DGMM	模型 12 IIC SGMM
上年阶层固化关注度	— —	— —	— —	— —	0.290*** (0.040)	0.269*** (0.032)
代内自我流动感知	1.021 (1.550)	0.696 (1.616)	0.120 (0.140)	0.107 (0.146)	−0.002 (0.038)	−0.022 (0.041)
代际自我流动感知	— —	0.532 (0.589)	— —	0.022 (0.037)	— —	0.005 (0.011)
就业水平	0.766* (0.367)	0.870* (0.403)	0.074* (0.027)	0.078* (0.029)	−0.012 (0.011)	−0.013 (0.015)
经济发展水平	9.223*** (1.848)	9.392*** (1.787)	0.953*** (0.152)	0.960*** (0.155)	0.384* (0.182)	0.137 (0.191)
收入不平等	−0.957 (1.792)	−1.135 (1.723)	−0.172 (0.121)	−0.180 (0.121)	0.025 (0.049)	0.099* (0.046)
城镇化水平	1.982 (6.023)	2.173 (6.480)	0.522 (0.543)	0.530 (0.560)	0.762+ (0.426)	1.605*** (0.378)
市场化水平	−4.224 (3.657)	−4.578 (3.567)	−0.204 (0.251)	−0.219 (0.254)	0.591*** (0.086)	0.580*** (0.085)
文化教育水平	−10.625* (4.084)	−10.206* (4.172)	−1.072** (0.292)	−1.054** (0.294)	−0.240* (0.113)	−0.344*** (0.085)
维权意识水平	0.006 (0.317)	0.035 (0.338)	−0.027 (0.022)	−0.026 (0.024)	0.050* (0.020)	0.025+ (0.015)
社团发展水平	0.478 (3.172)	0.241 (3.125)	0.007 (0.198)	−0.003 (0.197)	−0.482*** (0.112)	−0.442*** (0.110)
省份固定效应	YES	YES	YES	YES	YES	YES

（续表）

因变量	模型 7 IIC FE	模型 8 IIC_1 FE	模型 9 IIC_1 FE	模型 10 IIC_2 FE	模型 11 IIC_2 DGMM	模型 12 IIC SGMM
年份固定效应	—	—	—	—	YES**	YES**
截距	8.733 (40.497)	5.413 (42.259)	−0.295 (3.018)	−0.435 (3.096)	−1.612 (2.250)	2.290 (2.185)
AR(2)检验 P 值	—	—	—	—	0.881 1	0.103 9
Hansen Sargon 检验 P 值	—	—	—	—	0.069	0.094
N	112	112	112	112	112	112

注：(1) 双括弧内为经过省份簇稳健调整的标准误。(2) $^{+}p<0.1$ *，$p<0.05$，$^{**}p<0.01$，$^{***}p<0.001$。(3) AR(2)为 Arellano-Bond 二阶误差自相关检验(H0：无自相关)，Hansen 检验为工具变量过度识别检验(H0：过度识别合法)。

模型 11 和模型 12 依然以最初的 *IIC* 作为因变量，但使用动态面板模型获取广义矩估计量。为解决内生性问题，我们取因变量以及全体解释变量的一年滞后项作为工具变量帮助识别模型。需提及的是，对于基于 *IIC* 的动态面板分析，尽管未在表 4-3 中报告，我们实际还进行了混合 OLS、标准固定效应 FE、差分广义矩(DGMM)和系统广义矩(SGMM)估计①。经检验，DGMM 和 SGMM 估计的因变量滞后项的系数落在混合 OLS 和 FE 模型的对应系数之间，且均通过了 AR(2)检验与 Sargan 检验。因此，我们最终采纳系统广义矩，也即 SGMM 的分析结果。回归结果显示，省份上年固化关注度对当年关注度有正影响，表明阶层固化关注确实存在路径依赖。有关流动感知的发现与之前静态面板模型所得结论一致：代际代内流动感知和“阶层固化”关注度之间仍然不存在显著的统计关联。

最后，我们还进行了一些其他的稳健性测试。比如，对于基尼系数，我们采用

① 广义矩估计主要包含两种方法，差分 GMM(简称“DGMM”)和系统 GMM(简称“SGMM”)。具体而言，差分 GMM，即对上式进行一阶差分，为了避免滞后项与误差存在相关，通常使用自变量和因变量的滞后阶作为“内部”工具变量来解决模型内生性问题。但是差分 GMM 估计有两个潜在问题：(1) 用滞后项作为因变量差分的工具变量可能存在弱工具变量问题，这一点在自变量随时间变化较小时尤为明显(Griliches & Hausman, 1986)；(2) 一阶差分可能加重测量误差对因变量的影响。系统 GMM 正好可以克服差分 GMM 的这些缺陷，其相当于联立了差分方程和原水平方程，用变量水平滞后项作为一阶差项的工具变量，同时一阶差分又作为水平变量的工具变量以提高估计精度(Arellano & Bover, 1995; Blundell & Bond, 1998)。

田卫民计算的基尼系数以及源自互联网的相关基尼系数资料分别替代我们基于CGSS调查数据计算所得的基尼系数,所得结果与正文中的分析均非常接近(田卫民,2012)。① 再有,通过表4-3可以发现,阶层固化相关词汇在2010年、2013年的小高峰,恰与这两个年份发生的热点舆情——"李刚事件"和"李天一事件"重合。这意味着舆情事件在这两个年份有可能直接导致了"阶层固化"概念的传播,从而有可能使得这两年"阶层固化"搜索与实际阶层感知之间的关联被消弭了,进而导致整个分析时段中的关联被削弱。为此,我们将这两个年份的数据删除,然后进行同样的模型分析以解决这一顾虑。我们发现,排除了舆情事件干扰的可能之后,"阶层固化"关注度和流动感知之间,还是没有统计显著的关联。

五、结 语

自市场转型以来,有关社会分层和流动模式方面的研究取得了很大进展。研究显示,人口由农业向非农部门的流动并未减少,纵向流动尤其是代际流动性呈现下降趋势。舆论界和学界均提出了"阶层固化"这一概念并加以热议。一方面,对于"阶层固化"的讨论有助于我们提高预警意识;另一方面,关于"阶层固化"的热议也让我们思考,是否中国社会已经步入了流动停滞的危险陷阱。对固化的关注度在很大程度上反映了公众对由于缺乏社会流动所致的不平等的关注程度,是非制度化政治参与的潜在诱因,事关人心向背。而在宏观层面,群体的固化关注度的高低,对维持该地域的政治稳定至关重要。

对于"阶层固化"的热议,既可能由预警的公共话语导致,也可能是因为社会确实步入了危机。社会学家有义务用实证数据加以分析判断。厘清人们真实的代内、代际流动感知是否真正影响其对"阶层固化"的关注,是我们解决这一问题的核心方法。这一方法的逻辑是,当"阶层固化"是一种社会现实,在宏观层面上,公众基于自身真实历史的总体流动感知,就必然和固化关注度负向相关,反之则不然。那么,如果我们在模型分析中发现流动感知和"阶层固化"关注息息相关,那么中国当下就很可能已处于危机之中;相反,如果"阶层固化"关注本身不是被公众的自我流动感知所触发和影响,那就表明目前我国社会的流动性仍然较好,

① 为节省空间,该分析结果未显示。感兴趣的读者可以向作者索取。

"阶层固化"不是社会现实，而更多的是一种精英层的预警信息。为进行实证检验，本文采用宏观定量社会学的分析视野和省级面板的计量方法，分析中国省域"阶层固化"关注度是否受到省内公众的代内、代际流动印象的影响。

在分析中，我们用百度分省搜索大数据构建了区域"阶层固化关注度"指标（2008—2013 年）。较之媒体数据，搜索引擎数据更能反映公众的真实心态。同时，我们提取了 CGSS2008 至 CGSS2012 年 4 期数据中有关流动感知的数据，生成各省平均代内、代际流动感知测量，并将之与省级社会、经济、政治、文化统计数据相匹配。面板模型的结果表明，中国公众的真实流动感知，无论是代内还是代际，显然都和固化关注度没有直接的关联；显著影响关注度的，是市场化、城镇化、失业率和教育水平等综合经济社会指标。"无关的流动感知"意味着，随着改革和市场转型的深化，随着社会垂直流动性较 20 世纪 90 年代有所下降，中国公众特别是一些精英阶层产生了基于历史比较的相对停滞感。这种相对停滞感促使他们提出和讨论未来的危险。而相关的"阶层固化"话语，在媒体的传播和渲染下，进一步放大成为热议话题，引发了"阶层固化"被全社会关注以及学界的进一步跟进。

在政策层面，本研究的实证数据检验进一步支持了以往文献所表达的观点，即垂直流动性虽然降低，但仍然高于绝大多数发达国家的特殊国情。我们的基本判断是，"阶层固化"并非现实中国的社会结构特征，而只是基于各种历史比对所产生的相对停滞感所导致的社会性焦虑。当然，这种焦虑并非没有益处：未雨绸缪的预警对于转型期的中国尤其重要。在理论层面，我们关于阶层固化关注度无关流动的直接发现有多重的意义：我们的发现不但验证和强调了"拟态环境"理论的重要性，而且对社会分层流动的主观维度有了深度的探索。通过公共话语体系，其也可能建构出某些"话语性现实"，进而对大众的价值判断产生影响，在不断的话语实践反馈中重塑个体的身份边界、社会意识，改变着社会组织关系，甚至对社会运作秩序造成影响。而阶层固化关注度"无关流动"的逻辑，还可能反映了在互联网普及的今天，个体在现实生活中原有的稳定身份边界在网络空间开始解体和模糊。

当然，本研究还存在一些局限。首先，我们仍有可能忽略了一些与阶层固化相关的词句，或者误纳入了和阶层固化具有不尽相同内涵的词句。不过，由于词句来源主流且权威，我们认为目前 68 个阶层固化词句已经囊括了绝大多数案例。

更重要的是，主成分分析法表明它们之间具有高度的关联性，KMO值达0.97，因此，进一步增加个别词句或删除个别词句，在统计上并不会改变模型分析的结果。其次，关注阶层固化词的互联网搜索者，可能是一个非随机样本，理论上不能覆盖全体公众。不过，基于百度的海量搜索数据和中国越来越高的互联网普及率，我们认为基于搜索引擎的分析已经是利用大数据进行全局、全景分析的良好起步。从我们提取的搜索者的性别、年龄结构来看，其已经越来越接近成年就业人口的分布。再次，CGSS数据的省份代表性没有抽样设计上的严格保证。不过，对于大规模历时性调查数据而言，"不保证"区域层面样本代表性，并不意味着历年积累的区域数据确实没有代表性。我们对CGSS、CSS和CFPS样本进行了同期对比分析，对CGSS两个不同样本框时期的数据也进行了对比分析。我们发现尽管调查项目不同、样本框不同，但历年省份层面的样本人口学指标（如年龄、性别、教育、户口等）均比较接近。这意味着CGSS省份数据代表性的问题比我们所担心的情况要好得多。当然，在后续研究中，我们将整合更多的数据以彻底地解决这一顾虑。最后，从传媒的角度来看，阶层固化的相关话语和词汇也许并不完全反映网民真正关注的情况。比如一些具体搜索可能是出于其他的目的（例如前文提及的舆情事件）。那么，搜索行为实际混合了对于某些搜索者的特定动机、事件的关注与一般的阶层固化关注。不过，主成分分析展示的高KMO值仍然可以让我们的结论经受检验。

第五章　自我阶层定位的健康效应

一、引　言

早在20世纪80年代,社会学就开始关注阶层与健康的关系。布莱克健康报告(Black Report)从社会经济结构的视角指出:不同社会经济地位的人在客观健康状况方面存在着显著差异,处于社会上层的人,其健康状况明显优于处于社会下层的人(Black et al., 1980)。后续大量实证研究也发现,社会结构中的不平等地位会影响人们的健康状况,甚至形成一种健康梯度结构。

本研究关注的是中国人的主观阶层与自评健康的关系,即主观阶层如何影响自评健康。在数据方面,我们整合了2005—2012年共8年的中国综合社会状况调查(CGSS)和中国社会状况综合调查(CSS)的数据,获得了规模超过6万人的城乡综合大样本。基于这样一份代表性更强、时间跨度更长的纵贯资料,我们得以对近年来中国人自评健康状况进行详细描述。随后,我们利用多种回归模型,系统评估了个体层面的经济、社会和心理因素如何影响自评健康,重点关注了主观阶层以及与主观阶层密切相关的流动感知对健康的影响。

二、文献回溯

(一) 自评健康

自评健康是被访者对自身健康状况做出的诸如"非常好、好、一般、较差、差"的序列性选择(刘广彬,2009),是与参照群体或者自认的理想健康状态进行比较的结果(齐亚强,2014)。由于这种主观认知数据极易获得且允许个人自主决定关于健康多维因素的权重,通常认为它可以全面反映个人的综合健康状况,能够有效地测量健康状况(周靖,2013)。Murray & Chen(1992)的研究表明:个人对疾病负担的主观评价与认知对个体生活质量的影响甚至比一些客观的健康指标更为关键。

在国际文献中,对自评健康的研究主要围绕三个议题进行。其一是探讨自评健康与客观健康的关系,该议题认为,自评健康与其他客观健康指标高度相关,是客观健康指标的必要补充(Allison & Foster, 2003)。其二是分析社会心理因素对自评健康的影响,该议题认为,自评健康是理解社会心理因素对健康影响的关键数据(Kaplan & Cama-cho, 1983),自评健康差可能是负向心理社会状况(如离群、负性生活事件、沮丧、工作压力)的共同特征。其三是以异质性群体为研究对象,探索不同群体自评健康的影响因素,该议题认为:性别(Deeg & Kriegsman, 2003)、工作满意度(Brunner et al., 2007)、健康生活习惯(Kouvonen et al., 2011)、收入(Franzini et al., 2006)以及经济社会地位不平等(Wilkinson & Pickett, 2006)等都对自评健康有显著影响。

在为数不多的社会学相关研究中,景军和孙薇薇(2013)基于7个城市共2万多名公务员的样本数据,验证了年龄、性别、工作满意度和生活习惯对自评健康的影响;刘晓婷(2014)报告了社会医疗保险对老年人自评健康的正向效应;胡安宁(2014)基于CGSS2010的全国数据比较了义务教育阶段和高中教育阶段城乡间教育健康回报的差异,验证了教育对健康的正向影响,并报告了不同教育阶段所体现出的健康回报城乡差异。除了个体层面的因素,周斌和齐亚强(2012)在利用CGSS2005数据与县级社会统计资料分析时发现:县级收入不平等程度对个体自评健康有显著的负面影响。在新近的研究中,齐亚强(2014)关注了自评健康的信度和效度,发现其具有较好的信度,在效度上更能反映被访者自我感知的健康状态和个体既有的关于自身健康的知识,却无法反映集体变化等健康问题。这批社会学研究为该领域的理论和方法研究奠定了重要基础。

(二) 主观阶层

Jackman & Jackman(1973)把主观阶层定义为“个人对自己在社会阶层结构中所占据位置的感知”。对主观阶层的研究主要围绕三个视角展开。其一是结构视角。该视角认为个体的主观阶层是其客观阶层位置的镜像,它要么因资本主义的经济发展特征不断加深两极分化的程度,要么因社会经济发展总体水平的提升而呈现出中间阶层认同的状态。其二是环境视角。该视角认为主观阶层受制于个体周遭的社会环境,人们是通过与参照群体的比照来对自身地位进行评估,如果选择同质性群体进行参照,个体容易产生“趋中”倾向,认为自己处于社会的中间位置,如果选择异质性群体的经济社会地位做横向对比,个体容易产生“相对剥夺”的倾向(刘欣,2002)。其三是混合视角,也就是“对中心化的社会心理动力和离散化的社会经济动力的整合”(Kelley & Evans, 1995)。其中,“中心化”即阶层认同的趋中倾向,而“离散化”为社会分层的极化趋势。通常,我们把混合视角看作对前两种视角的折中。

在国际文献中,主观阶层总体表现出“中层认同”的趋势(Evans et al., 1992; Adair, 2001; Hout, 2008)。除了受到教育、收入和职业三大客观地位变量的影响,主观阶层还受到其他个体因素以及社会经济发展宏观指标的影响(Hout, 2008; Andersen & Curtis, 2012; Curtis, 2013; Evans & Kelley, 2004)。在国内的城市研究中,学者发现,中国人主观阶层的水平从横向看低于其他国家,从纵向看可能存在下降趋势,客观地位变量对主观阶层的解释力不高(刘欣,2001;高勇,2013;李培林等,2005)。在城乡综合分析中,学者对中国社会主观阶层的变化趋势结论不一。冯仕政(2011)发现下层认同有强化的趋势,而张翼(2011)则发现在2006—2008年间,中国人的中层及以上层次的认同比例都在增加。

(三) 主观阶层与自评健康

主观阶层和自评健康的关系如何？尽管这一领域的研究比较有限,但现有文献仍然提供了不少重要的线索。例如,研究发现,个人对自己社会地位的主观评价直接影响其自评健康结果(Singh-Manoux et al., 2005; Genevieve, 2009; Karvonen & Rahkonen, 2011; Goodman et al., 2007),它甚至是预测健康总体状况的可靠工具(Operario et al., 2004)。而且,与客观社会地位指标相比,主观社会地位是决定健康的更重要的因素(Macleod et al., 2005),其与自评健康、心跳率、体脂分布和抗压皮质醇等健康要素间的相关更加连贯与稳定(Adler et al., 2000)。除了主观地位指标本身,和主观地位密切关联的“阶层流动感知”也能显著影响自评健康。比如,Jin & Tam(2013)通过检验主观社会阶层、阶层流动感知与健康之间的关系,发现那些经历过或即将经历向下流动的人更可能报告更糟的健康结果。

主观阶层何以能影响健康？Singh-Manoux等(2005)进行了综述。他们认为：个体的经济社会地位既通过影响人的生理过程、神经结构直接增加或减少疾病产生的可能,又能通过日常行为模式来间接地影响个人健康。而主观阶层作为个人对自己在社会层级中相对位置的认知,不仅体现了个人对自己当前所处经济阶层和文化环境的主观评价,还涵盖了个人对过往经济状况、教育背景和家庭出身的全面考量,以及对未来前景和风险的综合预期。因此,主观阶层是综合了多个维度的全面测量尺度，往往比教育、收入和职业等客观地位更能显著地影响健康。

通过上述分析，我们发现：学界对客观经济社会地位指标与健康的关系进行了大量研究，也积累了大量关于主客观阶层关系和主观阶层的文献，但对主观阶层与健康之间关系的研究仍然不够多。特别是，对当代中国人的主观阶层如何影响自评健康的分析尚未充分开展，也缺乏一个对中国人自评健康的全景和纵贯描述。因此，我们试图用跨度多年、较大样本的全国城乡数据来回答以下四个方面的问题：第一，中国人的当代自评健康结构究竟呈现怎样的图景？第二，主观阶层对中国人的自评健康是否存在正向影响？第三，考虑到中国的幅员辽阔和巨大的城乡经济社会发展差异，主观阶层对自评健康的影响是否也存在明显的城乡分野？第四，和主观阶层密切相关的主观流动感知是否对自评健康有独立的影响力？尽管我们的分析也会涉及对年龄、性别、教育、收入、职业等传统人口学变量和客观阶层变量的分析，但我们把本研究的重点聚焦在主观阶层与主观流动感知等方面。

三、数据与描述

（一）数据处理

本研究通过将 2005—2012 年共 8 年的中国综合社会调查(CGSS)和中国社会状况综合调查(CSS)共 9 期的数据进行合并，获得了总计 62 000 人的描述样本。与国内其他对主观阶层及自评健康的实证研究所选取的样本相比，该样本是迄今为止样本量最大、覆盖面最广的调查资料。由于该样本的组成数据来源于两家不同的研究机构，且跨度长达 8 年，因此，在对数据进行正式分析之前，我们首先需要对数据进行预处理，包括数据的加权、转换和选取。由于总样本中城市居民和乡村居民的量比约为 59∶41，为规避这种对城市居民的过度抽样，降低城乡两组居民样本量方面的组间不均衡，我们对每期调查均参照当年的中国人口统计年鉴进行了基于城乡的加权处理。此外，考虑到入户抽样设计和各年份之间的样本比例，我们还基于每户人口数和年度人口数的权重对样本进行了重新分配①。在数

① 关于加权方法，我们参照并扩展了 Wu & Treiman(2007)的方法。具体是，以 2010 年为例：首先，家庭户权重(HWT)等于家庭人口数(成人)与平均家庭人口数(由城乡样本分别计算所得)，它用于对城乡样本的独立分析。其次，当年中国总人口(13.39 亿)的 49.68%为城市居民，人口权重(PWT)根据城乡单独计算。对城市样人口而言，PWT=[13.39 亿 * 0.496 8/城市样本量] * HWT；对(转下页)

据转换方面，我们对 9 份调查问卷中测度主观阶层和自评健康的变量及其赋值标准进行了统一：通过将这 10 期问卷中唯一的一份 10 级阶梯式量表进行重新编码并转化为 5 级量表，我们使所有数据在赋值标准上保持了一致。

(二) 主观阶层、自评健康状况的历年变化

为考察历时性变化，我们考察了 2005—2012 年间的 6 个年度调查(9 期)的主观阶层和自评健康状况分布。首先，我们基于五分量表的测度，对主观阶层和自评健康数据进行描述性统计分析，得到两个变量的均值和标准差：当代中国人的主观阶层平均值约为 2.30，标准差为 0.91，自评健康平均值为 3.3，标准差为 1.13。接着，我们以年为单位绘制了近年来中国人主观阶层和自评健康变化的时间趋势图。如图 5-1 所示，近年来国人的"低层认同"也即中下层和下层的两大主观阶层的比例，每年都超过"中层认同"，基本保持在 50%左右。在自评健康方面，自评"一般"的比重每年都稳定在 20%左右。但其他选项的数据并不稳定。例如，2006 年和 2001 年样本中的"比较健康"和"很健康"比例偏低，仅在 20%～30%，而

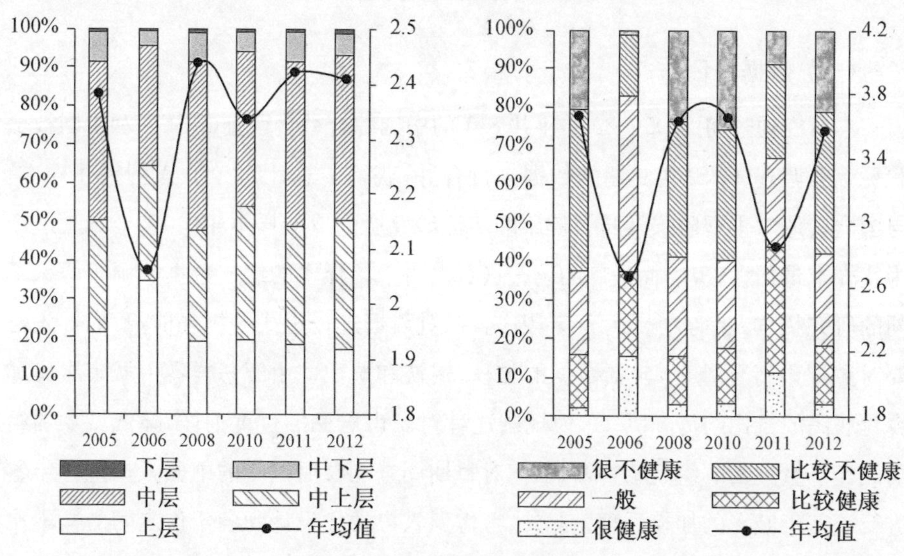

图 5-1 主观阶层、自评健康的历年变化(2005—2012 年)

(接上页)农村人口而言，PWT=[13.39 亿 * 0.503 2/农村样本量] * HWT。然后，对权重进行标准化 WEIGHT1=PWT/mean(PWT)。最后，考虑到 2010 年人口为 13.39 亿，而我们的样本数量为 11 730，因此我们进一步计算年度人口权 WEIGHT2=WEIGHT1 * 1.339/11 730。最后，我们再次在 8 年总样本中进行标准化：WEIGHT=WEIGHT2/mean(WEIGHT2)。

其他年份则稳定在60%左右。尽管从上图中我们无法直接感受两者之间的关联，但基于前人的研究，我们进一步采取回归分析以控制其他变量。

四、回归分析

我们建立回归方程以系统评估主观阶层对自评健康的影响。一般说来，教育、职业和家庭收入水平是衡量个人客观社会地位的三项最重要指标，性别、年龄、婚姻状况、工作状况、政治面貌、居住状态、主观流动感知这七项也是个体层面较为重要的影响因素。同时，我们考虑对省份、调查年份和不同调查项目的固定效应的控制。考虑到样本可能“簇”合在地域中从而不独立，我们进行了基于省份的簇稳健标准误计算。考虑到中国的巨大城乡差异，我们会同时展示城镇居民和农村的子样本回归结果。

在模型选取方面，我们在此展示两类模型回归结果。第一类，将自评健康作为连续变量，利用最小二乘法模型(OLS)进行拟合。这主要是考虑诠释的简便以及交互项分析①。第二类，在通过平行线检验的基础上，我们将自评健康作为多分类定序变量，采用多元定序逻辑斯蒂模型(Ologit)进行拟合。

(一) 回归变量描述

尽管我们有62 000个自评健康的描述样本，但由于样本在其他控制量上的缺失，我们最终得到的工作样本为56 365个(缺失率9%)。因此，我们再次进行了加权计算，并将主要变量描述结果在表5-1中展示。

表5-1　主要回归变量描述(已加权 N=51 580)

	变量	百分比	均值(标准误)
自评健康	很健康	16.64%	3.335(1.142)
	比较健康	31.47%	
	一般	26.76%	
	比较不健康	18.82%	
	很不健康	6.20%	

① 非线性模型中交互项系数显著与否不能直接证明有关的效应差异，参见张爽(2006)的介绍。

(续表)

	变量	百分比	均值(标准误)
主观阶层	上层	1.04%	2.358(0.910)
	中上层	6.10%	
	中层	41.22%	
	中下层	30.91%	
	下层	20.73%	
主观流动感知	向上	42.40%	
	向下	23.63%	
	不变	33.96%	
工作状态	未被雇佣	12.81%	
	被雇佣	75.72%	
	未工作/离退休	11.67%	
居住状态	农村人	46.90%	
	城里人	53.10%	
婚姻	已婚	88.82%	
	离异(鳏寡)	5.15%	
	未婚	6.04%	
政治面貌	党员	10.29%	
	非党员	89.71%	
年龄			45.59(14.11)
职业地位(ISEI)			33.49(15.32)
家庭年收入			41 539(112 165)
教育年数			8.26(4.22)

(二) 多元回归

表5-2展示了OLS回归结果。模型1是不含其他主要控制变量的基准模型,仅仅考虑省份、调查项目和调查年份的固定效应。在该模型中,主观阶层对自评健康的影响力非常显著:主观阶层越高,自评越健康。例如,与认同下层的人相比,主观阶层为上层的人的自我健康评价高0.55。

表 5－2　自评健康的 OLS 模型(2005—2012 年)

	模型 1	模型 2	模型 3	模型 4
			城镇居民	农村居民
主观阶层				
中下层	0.186 (0.016)***	0.115 (0.017)***	0.134 (0.025)***	0.100 (0.026)***
中层	0.378 (0.019)***	0.267 (0.020)***	0.287 (0.024)***	0.246 (0.029)***
中上层	0.453 (0.035)***	0.322 (0.032)***	0.334 (0.037)***	0.305 (0.051)***
上层	0.551 (0.084)***	0.515 (0.081)***	0.343 (0.084)***	0.600 (0.092)***
个体变量				
家庭年收入对数		0.067 (0.008)***	0.044 (0.009)***	0.080 (0.009)***
教育年数	0.008 (0.002)***	0.000 5 (0.003)	0.013 (0.003)***	
职业声望	0.000 2 (0.000 6)	0.000 7 (0.000 6)	−0.000 1 (0.000 9)	
年龄	−0.020 (0.001)***	−0.018 (0.001)***	−0.020 (0.001)***	
男性	0.151 (0.017)***	0.097 (0.015)***	0.186 (0.023)***	
党员	−0.004 (0.015)	−0.004 (0.018)	0.034 (0.038)	
城里人	0.061 (0.023)*			
婚姻				
已婚		0.049 (0.027)	0.030 (0.034)	0.058 (0.033)
离婚/丧偶		0.035 (0.024)	−0.037 (0.024)	−0.004 (0.046)

(续表)

	模型 1	模型 2	模型 3	模型 4
			城镇居民	农村居民
工作状态				
被雇佣		0.192 (0.022)***	0.203 (0.020)***	0.229 (0.038)***
未工作/离退休		0.141 (0.029)***	0.089 (0.021)***	0.254 (0.075)***
主观流动感知				
向上		0.005 (0.016)	0.062 (0.024)*	−0.023 (0.024)
不变		0.018 (0.019)	0.046 (0.016)*	0.002 (0.026)
调查项目	YES	YES	YES	YES
年份固定效应	YES	YES	YES	YES
省份固定效应	YES	YES	YES	YES
截距	2.694 (0.098)***	3.369 (0.874)***	3.226 (0.066)***	3.414 (0.065)***
R 平方	17.06%	25.38%	28.42%	23.65%
样本量	51.580	51.580	29.569	22.011

注:(1) 表中报告的为加权回归结果,标准误进行了省份簇稳健、异方差稳健调整。(2) 参照群体:主观阶层下层、女性、非党员、单身、未被雇佣、农村人、主观向下流动、CSS 调查、2005 年、北京市。(3) *** $p<0.001$, ** $p<0.01$, * $p<0.05$。

模型 2 进一步控制了性别、婚姻状况、工作状况、居住状态、年龄、教育年份、家庭收入等重要的个体层面因素。在这些因素都相同的情况下,尽管主观阶层对自评健康的影响力略微下降,但仍然有非常显著的影响(0.52)。而且,这一影响力甚至大于客观阶层指标的效应。例如,教育年份多 10 年(约为无教育和义务教育的差异),仅带来 0.08 的独立自评健康优势;家庭收入多 10 万元,也仅带来0.33 的独立自评健康优势。

考虑到教育、收入和职业紧密联系,客观阶层的总体效应仍然可能大于主观阶层。但使用我们的子样本(CGSS2010 年数据)的教育健康回报研究(胡安宁,

2014)发现,在未控制收入和职业地位的情况下,客观阶层总体指标对自评健康的拉动系数在农村和城市仅分别为0.1和0.3左右[①],仍然远远小于0.52。因此,我们认为与客观社会地位相比,主观阶层可能是影响健康的更重要的因素。这个现象也在国外的文献中也得到证实(Macleod et al.,2005)。

在其他控制变量方面,年龄对健康有反作用。从总体来看,男性城镇居民似乎比女性、农村居民对自己的健康更有信心。婚姻、工作状况等也有作用,但职业声望、政治面貌对自评健康状况没有统计显著的影响。尽管没有在表格中展示,我们还进行了基于线性年的时间趋势分析。我们发现,主观阶层对于自评健康的影响并没有随时间发生显著的增长或者下降。也就是说,主观阶层对于自评健康的影响力是持续稳定的。值得关注的是,模型2表明,主观流动感知对于自评健康没有统计显著的影响。这个发现与Jin & Tam(2013)基于2010年度东亚调查的研究截然不同:后者分析了3 405个中国样本,发现向上流动感和自评健康正向相关。不过,我们注意到在Jin & Tam(2013)的数据中,城镇户籍人口占样本比例高达47%。而真实的中国城镇户籍人口占比仅仅在35%左右。换句话说,在Jin & Tam(2012)的数据中,城里人的比例过大,因此不具代表性。不过,这也提醒我们,主观阶层对健康的影响,可能在农村和城镇地区存在差异。因此,我们接下来进行子样本分析。

模型3和模型4分别展示了城镇居民与农民样本的回归结果。我们发现,主观阶层对健康的效应似乎并没有显著的城乡差异,但主观流动感知对健康的影响则有明显的城乡差别。具体而言,根据模型3,在城里人中,和自我感知向下流动的人群相比,有向上流动感知的人群约高出0.1的自评健康数值。显然,这个影响力小于主观阶层本身的效应。在农村,根据模型4,主观流动感知则不会对自评健康产生统计显著的影响。为进一步验证,我们还进行了相关解释变量与城乡虚拟变量的交互项分析,发现结果和子样本分析是一致的:交互项回归结果表明主观阶层对健康的影响不存在显著的城乡差异,但主观流动感知仅仅在城镇居民中发挥作用。考虑到篇幅,我们未在表5-2中展示。最后,与流动感知异曲同工的是教育:模型3和4清楚地表明,在控制了其他因素的情况下,教育对于健康的独

---

① 在胡安宁(2014)的研究中,高等教育较之于无教育(也即16年教育)所代理的总体客观贡献峰值也不过在0.5左右。

立影响,仅仅在农村居民中体现出来。这个发现与胡安宁(2014)报告的城乡教育对于健康的差异化影响在大体上是吻合的。

考虑到自评健康分为五级,而五级之间的差距未必是相同的,因此我们在通过了平行线检验的基础上,进一步用 Ologit 模型来进行同样的分析,并将结果展示在表 5-3 中。注意,我们在表格中报告了预测“很健康”(=5)的平均边际效应而非原始系数。总体上,Ologit 模型结果与 OLS 模型基本一致。比如,根据模型2,和自我认同下层的人相比,自我认同上层者认为自己的身体“很健康”的概率要高 12.7%。在农村,这一概率高 14.1%。而在主观流动感知方面,城乡混合样本(模型 2)表明在控制了主观阶层的情况下,流动感知对于自评健康并没有显著的作用。但一旦区分了城镇和农村,则流动感的统计显著效应就得到了显现:在城镇居民中,在其他因素一致的情况下,自感向上流动与向下流动者在健康方面的差异是 1.5%。不过,这个效应本身的大小并不引人注意。此外,教育对于自评健康的效应,也仅仅体现在农村居民之中。

表 5-3 自评健康的 Ologit 模型(2005—2012 年)

	模型 1	模型 2	模型 3	模型 4
			城镇居民	农民
主观阶层				
中下层	0.040 (0.004)***	0.024 (0.004)***	0.032 (0.006)***	0.020 (0.006)***
中层	0.084 (0.005)***	0.059 (0.005)***	0.070 (0.006)***	0.051 (0.006)***
中上层	0.101 (0.008)***	0.072 (0.008)***	0.081 (0.010)***	0.064 (0.012)***
上层	0.133 (0.022)***	0.127 (0.020)***	0.091 (0.022)***	0.141 (0.023)***
个体变量				
家庭年收入对数		0.015 (0.002)***	0.011 (0.002)***	0.017 (0.002)***
教育年数		0.002 (0.000 6)*	−0.000 2 (0.000 6)	0.002 (0.000 6)***

（续表）

	模型 1	模型 2	模型 3	模型 4
			城镇居民	农民
职业声望		−0. 000 2 (0. 006) ***	−0. 000 2 (0. 000 2)	−0. 000 1 (0. 000 2) ***
年龄	−0. 005 (0. 000 2) ***	−0. 005 (0. 000 2) ***	−0. 0004 (0. 000 2) ***	
男性	0. 035 (0. 004) ***	0. 026 (0. 004) ***	0. 040 (0. 005) ***	
党员	0. 002 (0. 003) ***	−0. 000 7 (0. 005) ***	0. 009 (0. 008)	
城里人	0. 013 (0. 005) *			
婚姻				
已婚		0. 011 (0. 006) ***	0. 008 (0. 008)	0. 010 (0. 007)
离婚/丧偶		−0. 005 (0. 006)	−0. 004 (0. 007)	−0. 001 (0. 010 7)
工作状态				
被雇佣		0. 042 (0. 005) ***	0. 048 (0. 005) ***	0. 048 (0. 008) ***
未工作/离退休		0. 033 (0. 007) ***	0. 022 (0. 005) ***	0. 054 (0. 017) ***
主观流动感知				
向上		−0. 000 2 (0. 004)	0. 015 (0. 006) *	−0. 007 (0. 005)
不变		0. 004 (0. 005)	0. 013 (0. 006) *	−0. 000 2 (0. 006)
调查项目	YES	YES	YES	YES
年份固定效应	YES	YES	YES	YES
省份固定效应	YES	YES	YES	YES
分割点 Culeff Point 1	−1. 839 (0. 207) ***	−3. 154 (0. 204) ***	−3. 150 (0. 173) ***	−3. 036 (0. 138) ***

(续表)

	模型 1	模型 2	模型 3	模型 4
			城镇居民	农民
分割点 Culeff Point 2	−0.069 (0.192)***	−1.309 (0.189)***	−1.136 (0.168)***	−1.270 (0.144)***
分割点 Culeff Point 3	1.270 (0.182)***	0.128 (0.181)***	0.466 (0.158)***	0.062 (0.153)
分割点 Culeff Point 4	2.969 (0.180)***	1.952 (0.179)***	2.377 (0.156)***	1.826 (0.153)***
伪 R 平方	6.00%	9.47%	10.96%	8.70%
样本量	51.590	51.580	29.569	22.011

注:(1) 表中报告的系数为观测"很健康"的平均边际效应,标准误为簇稳健、异方差稳健标准误,所有结果均为加权回归结果。(2) 参照群体:主观阶层下层、女性、非党员、单身、未被雇佣、农村人、主观向下流动、CSS、2005 年、北京市。(3) *** $p<0.001$,** $p<0.01$,* $p<0.05$。

五、诠释与结论

本研究利用纵贯数据和全国城乡大样本对当代中国的主观阶层与自评健康状况进行全景分析。大规模数据和长达八年的调查跨度拓宽了我们研究的视野和深度。在描述部分,我们发现历年来超半数的国人持有低层认同,而自评健康的结构并不稳定。在多元回归部分,我们使用了两种模型对主观阶层对自评健康的作用机制进行剖析,并得出如下结论。(1) 主观阶层对自评健康状况的影响力显著,高主观阶层人群的自评健康状况更高,低主观阶层人群的自评健康状况更低。(2) 在客观地位影响因素中,收入水平和教育年份都对自评健康状况有显著的正向影响,但客观地位指标的总体影响力远小于主观阶层。(3) 在一般影响因素中,性别、婚姻状况、雇佣状况、居住状态等都对自评健康状况有显著的正向影响,年龄对自评健康状况的影响是负向的,政治面貌和线性年份对自评健康状况没有影响。(4) 从城乡差异的角度看,主观阶层对自评健康的效应没有显著的城乡差异,但主观流动感知对自评健康的影响则有明显的城乡差别:主观流动感知只对城市居民的自评健康状况发挥作用,对农村居民无效。我们不难理解主观阶层对自评健康的重要影响力,即主观地位的差异决定了人们的社会态度或行为,并通过再社会化的过程习得新的社会规范，从而做出行为或态度的改变（王甫勤，2011）。在健康方面，这意味着主观阶层的差异决定了健康意识、行为或态度改变的差异，从而进一步决定了自评健康的等级。尽管高主观地位和高客观地位是密切联系的，但在控制职业、教育和收入等决定医疗保障条件的因素的情况下，主观阶层的作用是显著和强大的，甚至超过了客观指标总体贡献的份额。这一点，无论在城市还是农村，都非常明显。

我们的研究还发现，主观流动感知的健康效应仅在城市地区得以体现。这是因为，城市是当代社会流动速度最快、现代化特征最显著的地域，虽然它给流动者带来了更好的生活条件、更优厚的福利待遇和更多的工作机会，但由于城市精英生活与现实生活的差距，扩大了流动者的参照场域，很容易激发他们的"相对剥夺感"，进而使他们对自己现有社会经济地位和生活状态产生不满。但这种个体流动之后，在城市中对于公平与否、排斥与否、日常生活环境和城市整体适应情况的主观判断（刘玉兰，2011）在参照群体相对有限、社会流动相对较小的农村，对心理的影响要小得多。不过，我们再次强调，在控制了主观地位的情况下，即使在城镇地区，流动感知在统计上对健康状况的影响也是非常有限的。这与流动感知对城里人幸福的强有力作用形成巨大反差（Wang & Xie, 2015）。这可能是因为幸福感的测度往往更多地依赖近期、短期的生活总体满意度评价（Lim & Putnam, 2010），而健康则更多地取决于真实的身体状况和对社会阶层等相对长久的度量，而不是短暂的变化。

最后，从反事实因果的角度分析，尽管理论上自评健康也能影响主观阶层，但我们认为这一反向因果的途径并不十分清晰。而主观阶层对于自评健康的影响机制，则得到大量文献的支持。因此，尽管我们囿于数据无法进行严格的因果推断，但我们的研究至少表明，在控制了客观社会地位的情况下，主观阶层与自评健康之间存在非常显著的关联。也因此，本项研究的政策意义在揭示：如果希望提高全社会的健康水平，那么既要从提升主观阶层入手，也要从城镇和农村地区不同的健康自评机制入手。从发达国家的经验看来，现代社会必然是一个中间阶层占据主导的社会，同时，高度现代化的社会，其成员通常都具有较高的自评健康水平。未来，我们将持续关注与发现提升主观阶层水平的路径，为社会造就更大、更稳定的中间阶层、健康阶层提供更多的理论和实证思考。

第六章　自我阶层定位与获得感

一、引　言

“获得感”是以习近平同志为核心的党中央精准把握民众需要的时代变化与诉求,及时提出的新时代改革发展的价值目标,是新时代国家治理的良政基准和善治标尺。尽管“获得感”这一词汇本身近年来迅速普及,成为全社会耳熟能详的概念,学界也围绕这一概念进行了大量的理论探讨和质性分析,但针对“获得感”的科学量化研究、综合机制探讨和时空变化分析还非常稀缺。重要的是,“获得感”作为衡量社会治理有效度指标的提出,是习近平新时代中国特色社会主义思想的组成部分,体现了国家建设和社会治理价值理念的跃迁,也是公共政策领域和主观社会福利(以下简称 SWB)领域的重大理论创新。无论是从思想角度、政策解读还是学科角度,都呼唤围绕这一概念的量化分析和社会科学研究。

本研究利用 2005—2015 年间中国综合社会调查(CGSS)的 7 万多城乡居民样本数据,以幸福感、阶层自我定位、阶层流动感的 SWB 三大经典指标,用潜类分析方法构建生成群众个体“获得感”的分级测度模型。考虑到“获得感”是国家治理能力现代化有效度的重要指标内涵,我们在对个体“获得感”进行初步数据描述之后,集中在省域宏观层面分析“获得感”的主要影响因素和时空演变模式。进行省域分析,不但可以为省级治理提供决策依据和政策参考,在社会科学意义上,还能形成面板数据进行具有因果内涵的分析判断,较个体层面的截面数据分析更有价值。

二、获得感的概念和理论

(一) 获得感的提出

2015 年 2 月 27 日,习近平总书记在中央全面深化改革领导小组第十次会议上指出:“要科学统筹各项改革任务,推出一批能叫得响、立得住、群众认可的硬招实招,把改革方案的含金量充分展示出来,让人民群众有更多获得感。”在 2017 年的十九大报告中，共有三处使用了“获得感”的概念。第一处位于回顾“过去五年的工作和历史性变革”的关于“人民生活不断改善”的段落中。原文为：“深入贯彻以人民为中心的发展思想，一大批惠民举措落地实施，人民获得感显著增强。”第二处位于“新时代中国特色社会主义思想和基本方略”的第八点“坚持在发展中保障和改善民生”。该处原文为：“必须多谋民生之利、多解民生之忧，在发展中补齐民生短板、促进社会公平正义，在幼有所育、学有所教、劳有所得、病有所医、老有所养、住有所居、弱有所扶上不断取得新进展，深入开展脱贫攻坚，保证全体人民在共建共享发展中有更多获得感，不断促进人的全面发展、全体人民共同富裕。”第三处在“提高保障和改善民生水平，加强和创新社会治理”中，强调要“不断满足人民日益增长的美好生活需要，不断促进社会公平正义，形成有效的社会治理、良好的社会秩序，使人民获得感、幸福感、安全感更加充实、更有保障、更可持续”。

（二）获得感的学术内涵：SWB 新指标

从语义字面角度，“获得感”表示获取一定的资源后所产生的主观愉悦，属于经典的社会心理学概念主观心理福利的范畴。王浦劬和季程远（2018）强调，获得感与“相对剥夺感”密切相关，针对时空维度提出了横向和纵向获得感的重要区分，并进行了初步的量化分析。王俊秀（2018）通过“民众获得感调查”发现，获得感与幸福感、生活状况、成就收获、医疗服务等诸多方面息息相关。特别是，他们基于 4 000 人次自由联想实验发现，讨论“获得感”这一概念时，人们提到的高频词汇主要包括“满足”“幸福”“获得”“开心”“成就”等等。基于这些研究，我们不难发现，“获得感”很明显和主观心理福利（SWB）领域中最常见的幸福感、满意度、阶层自我定位等存在紧密的内在逻辑关联。

结合相关文献，我们进一步将“获得感”定义为：在一定时段内，群众从国家治理和社会治理过程中有效获得物质、健康或精神福利之后，进一步产生的主观心理福利增量。这样，“获得感”的内涵包括三个维度。

第一，“获得感”是一种具有高度经济社会属性的主观心理福利。本研究中的获得感，作为主观心理福利的一个维度，主要来自宏观社会经济政治过程，而不是单纯的个体生理、心理过程。比如，强劲的经济增长带来的收入增长、高效的社会治理所带来的优质服务，都可以构成“获得感”的源泉；而恋爱、运动、看一本书、听一首歌等微观过程所带来的愉悦和满足，则不在我们的关注范围之内。尽管在理论上,宏观过程对于任何个体的生理和心理过程都可能产生潜在和微妙的影响,但我们仍然把国家建设和社会治理直接带来的相对福利增量、宏观经济社会过程所带来的直接愉悦和满足作为“获得感”生成的源泉。

第二,“获得感”是一种具有高度比较属性的主观心理福利。总体获得感,必然是一种总体经济社会地位的综合比较。这是因为,阶层化和社会网络化是当代社会的重要特征(陆学艺,2002;张翼,2011;郑杭生,刘精明,2004)。当代社会个体既处在不同的经济社会文化层级和团体之中,具有不完全相同的利益结构,又彼此连接、互动和影响。因此,国家治理和社会治理体系现代化的过程,或者改革的过程,必然会给不同的人群带来不同的福利增量分布。这种福利增量的分布,也势必体现社会阶层和社会网络的高度结构化的特征。这种结构化特征对于“获得感”的生成和积累,可以从时间和空间两个维度来概括:体现在时间维度上,就是自己的当下较之过去,如果在经济社会总体地位上获取了福利增量,则可以带来“获得感”;体现在空间维度上,如果自己较他人在经济社会总体地位上得到了相对福利增量,也会带来“获得感”。这样,获得感自然具有阶层自我定位的比较属性。

第三,“获得感”是一种具有高度动态特征的主观心理福利。对于每一个个体,总体福利增量本身会有起伏变化,甚至降低为负。这是因为,“获得感”的产生,依赖于对福利的“获取”和“得到”。在中国转型期社会再分配系统和改革探索的大背景下,无论是宏观政策还是个体微观要素,都可能有巨大的调整和变化,从而影响获得感的变化(陆学艺,2004;张翼,2011;郑杭生,刘精明,2004;边燕杰,2002;高勇,2013;李培林等,2004;Easterlin et al., 2012)。因此,在时间维度上,个体也好,地域也好,总体“获得感”在较长时段中未必是稳定的。对于个体而言,这就是一种对总体经济社会地位的流动感知(陈云松、范晓光,2016)。而在空间维度上,考虑到中国区域之间的巨大经济社会发展差异,我们可以预见各省份、各市之间的群众总体获得感也会存在一定的地域差异。

(三) 获得感的指标构建:基于 HMS 的潜类模型

我们知道,幸福感是人类主观心理福利最重要和基础的维度(Inglehart, 2010; Brooks, 2008; Frey & Stutzer 2002)。而阶层则是对个体总体经济社会相对地位最重要也最集中的表征(Goldthorpe, 1987;Grusky, 2007;Waston, 1984)。

因此,基于前文提及的“获得感”内涵的三大维度,我们不难推论,“获得感”作为一种宏观社会经济过程结果的个体主观心理福利,以幸福感为心理基础,特征化地体现个体对自身所在经济社会总体地位的判定(自我阶层定位)和相对变化的判断(自我流动感知)。因此,从变量指标的角度分析,“获得感”具有两大重要特征。

第一,潜在性。“获得感”概念本身具有高度的抽象性和概括性,是一种不容易从个体直接精确测量,需要通过其他方法加以综合测算获得的指标。在社会调查问卷中,被访者一般可以直接对诸如“您对他人的总体信任程度如何”“您对去年的生活总体满意度如何”等提问做出清楚的回答或选择(如:非常信任、信任,不信任;非常满意、比较满意、一般、不太满意、很不满意)。但面对“您去年的获得感如何”这样的提问时,由于概念本身的高度抽象性,个体要么难以直接准确回答,要么会在潜意识中将其转换为接近的显性指标诸如“幸福感”“满意度”等加以回答。实际上,在结构方程模型的语言中,“获得感”是一种典型的潜变量(Latent Variable)。相较之下,幸福感、信任等则更可能被作为显变量(Manifest Variable)。

第二,多维性。一个“潜变量”往往对应着多个“显变量”(Manifest Variable)。也即,潜变量是其对应的一组显变量的抽象和概括,显变量则可视为潜变量在一组不同维度上但又有内在关联的反应指标,或者说,显变量是被潜变量所概括的一组内在相关、可被直接测量的表征。既然如此,在指标模型的层面,我们顺理成章可以将群众“获得感”理解为一种由个体幸福感、个体自我阶层定位、个体阶层流动变化感知三个显变量所对应的潜变量。其中,幸福感(H)是“获得感”在心理基础维度上的表征,自我阶层定位(S)是其在经济社会基准(静态)维度的表征,而流动感知(M)则是其在经济社会维度相对(动态)维度的表征。此外,幸福感、阶层自我定位和流动感知之间本身有着紧密的关联(陈云松、范晓光,2016;Chen & Williams, 2018)。这恰恰符合“获得感”作为外显变量的要求:既代表不同维度,却又彼此相关。

基于“获得感”指标的潜在性和综合性,从数理统计的角度,我们可以通过标准的社会综合调查数据(如CGSS或者CSS)获得大量的个体幸福感、阶层自我定位和阶层流动感知数据,然后利用经典的潜类分析方法生成“获得感”这一“潜变量”的量化指标。潜类分析方法由拉扎斯菲尔德等提出(Lazarsfeld & Henry,

1968)，其基本思路是通过潜在类别变量(如“获得感”)来解释外显指标间的关联(也即 H-M-S 之间的关联)，使外显指标间的关联通过潜在类别变量来估计，进而维持其局部独立性的统计方法。其基本假设是，外显变量各种反应的概率分布(不同个体对幸福感、自我阶层、流动感知的不同选择)可以由少数互斥的潜在类别变量(也即“获得感”的不同等级)来解释。取三大显变量的关键词英文首字母，我们可以把这个潜类模型称为“获得感”指标构建的 H-M-S 模型。

基于幸福感、阶层自我定位和阶层流动感知的 H-M-S 模型，是否能够体现权威文本中“获得感”提出的初衷？我们发现，H-M-S 三个维度能够很好地涵盖相关文本中提升“获得感”路径的诸多工作维度：教育、就业、收入、养老、社保、医疗、住房、脱贫及稳定。实际上，这些工作所涉及的个体经济社会结果，诸如经济收入、教育获得、职业状况和社会保障等等，正是决定个体的阶层地位和自我阶层定位的最核心要素。这一点，国际、国内经典文献已经有相当多的积累(陈云松、范晓光，2016；范晓光、陈云松，2015；刘欣，2001；刘欣，2007；Andersen & Curtis, 2012；Blau & Duncan, 1967；Curtis, 2015；Cutright, 1968；Evans et al. , 1992；Fox & Miller, 1965；Goldthorpe et al. , 1969；Guest, 1974；Hodge & Treiman, 1968；Jackman & Jackman, 1983；Jencks et al. , 1983；Sewell & Hauser, 1975)。

三、数据、变量和分析策略

利用 H-M-S 模型来构建“获得感”指标，并进行描述和机制分析，需要调查样本的幸福感、阶层自我定位和阶层流动感知数据。本研究所涉中国社会状况综合调查(CGSS)2005 年、2006 年、2008 年、2010 年、2011 年、2012 年、2013 年、2015 年共 8 期数据近 8 万人的大样本(各年份样本数据参见附录表 1)，尽管数据跨度达 10 年，但各期中关于幸福感、阶层自我定位、阶层流动感知的问题均一致或兼容，可以进行统一编码，这确保了合并数据的可信度。由于在原始样本中，城市居民被过度抽样，且各年份样本量结构和十年中人口变化情况不一致，因此我们对每一期数据均参照当年中国人口统计年鉴，进行了基于年份人口、当年城乡人口结构和家庭户比例的三重加权处理(加权方法参见附录)。

我们提出用 H-M-S 模型来构建“获得感”指标，也即，利用 SWB 三大指标的多元虚拟变量(多级量表)特征，以潜类分析方法(LCA)生成一个“获得感”的多元虚拟变量。潜类分析是识别类型学和对观测对象类别化的理想选择，根据潜类分析模型的逻辑，当显变量的应答者归入某一潜类后，彼此间相互独立，那么我们就可以依据给定的显著性水平对潜类数进行分组。譬如，如果潜类分析接受 $\alpha=0.05$ 显著水平上的 4 分类模型，那么“获得感”强度就可以据此分为 4 级。基于潜类分析 LCA 对关系强度进行分类测量以科学统计量为基础，我们可以进行探索性潜类分析(Exploratory LCA)以判断和拟合最好的分级模型。

10 年共 8 期 CGSS 的原始样本合计 78 099 人，其中同时回答了幸福感、流动感知和主观阶层的合计 71 025 人(损耗率 9%)。在运用 LCA 方法为每个样本生成“获得感”变量之后，我们进行基于全国和分省的基本“获得感”总体描述。考虑到“获得感”是党的十九大报告中习近平总书记多次强调的社会治理总目标，是国家治理体系现代化的重要衡量标尺，我们进行基于行政区划宏观层面的省域分析。除了政策意涵之外，进行省域宏观分析的另外一个优势在于，我们可以通过计算省域的个人经济社会指标均值，和来自统计年鉴的省级指标相匹配，从而获得面板数据，进行宏观定量社会学分析。面板数据无论是在回归效力还是因果推断方面，显然都更具优势。在基于省级面板数据的模型回归中，我们以省级人均“获得感”作为被解释变量，以来自中国统计年鉴的相应年份省份经济社会数据为解释变量，生成一个 8 期面板数据进行分析。

四、群众“获得感”总览

根据我们提出的 H-M-S 模型，决定了“获得感”的三大 SWB 观测指标(显变量)。其中，幸福感和阶层自我定位均为五级虚拟变量(分别是：很不幸福，不幸福，一般，幸福，非常幸福；下层，中下层，中层，中上层，上层)，而阶层流动感知则为三级虚拟变量(向下流动，不变，向上流动)四级量表。因此，显变量分布在 75(5×5×3)个单元格组成的交互表中(参见附录表 2)。通过潜类分析考察三个变量的收敛程度，对“获得感”进行分层并逐级测试相关模型拟合的统计量，就可以获得样本最合适的“获得感”分级体系。在进行 LCA 分析时，我们使用了三重权重和基于省份簇的稳健标准误。在附录表 2 中，我们采用 LCA 方法，对基于 H-M-S 模型也即幸福感、阶层自我定位和阶层流动感知生成的“获得感”，获得了“五级量表”的最佳分级分类方案。

我们在表 6 - 1 中报告了“获得感”各个潜类的条件概率和相对规模。其中，条件概率大于 30%的用灰色网格标注。基于此，我们为每位被访者“分配”生成一个“获得感”强度属性值。如表 6 - 1 所示，潜类分析得到的“获得感”分层为 5 层。其中，约有 55%的样本落在了潜类 5 和潜类 4 中。这两个类型的概率特征是人们的幸福感较高（如对于潜类 5，感觉非常幸福的概率达到约 69%），自我定位为中层的较多，向上流动或者地位不变的较多，因此可以分别定义为高度获得感、中高获得感。约有 11%的样本落在潜类 3，从概率特征角度，人们有一定的幸福感，但以中下层自我定位居多，大多觉得未曾获得流动，相对而言，可以定位为中度获得感。而潜类 2 和潜类 1 合计约有 33%。其特点是幸福感不高，而自我定位则以下层和中下为主，他们更多地感到自己经历了向下流动，其获得感是中低和低度获得感。这样，总体上中国公众的获得感呈“沙漏”状分布，既不同于自我阶层定位的保龄球状，也不同于幸福感的倒置保龄球状。

表 6 - 1　潜变量“获得感”条件概率及潜类规模（$N=71\ 025$）

三大 SWB 显变量		被访者的“获得感”类型				
		潜类 1	潜类 2	潜类 3	潜类 4	潜类 5
幸福感	非常幸福	0. 074 373 1	0. 057 628 51	0. 000 879 34	0. 093 432 47	0. 690 169 63
	幸福	0. 291 128 57	0. 416 475 01	0. 489 001 59	0. 790 829 94	0. 206 635 21
	一般	0. 315 729 89	0. 451 420 78	0. 358 271 63	0. 113 013 37	0. 062 715 34
	不幸福	0. 231 814 35	0. 071 357 09	0. 145 568 94	0. 000 245 08	0. 024 341 27
	很不幸福	0. 086 954 09	0. 003 118 61	0. 006 278 5	0. 002 479 15	0. 016 138 56
阶层定位	上层	0. 004 844 17	0. 000 636 2	0. 000 026 43	0. 008 123 89	0. 040 532 56
	中上层	0. 001 461 92	0. 009 121 97	0. 026 366 31	0. 085 746 44	0. 154 529 57
	中层	0. 002 551 85	0. 249 386 2	0. 309 879 61	0. 614 437 79	0. 616 793 79
	中下层	0. 103 238 32	0. 401 095 29	0. 572 427 95	0. 260 217 25	0. 162 938 11
	下层	0. 887 903 73	0. 339 760 34	0. 091 299 7	0. 031 474 64	0. 025 205 98
流动感知	向上流动	0. 025 865 17	0. 127 590 68	0. 241 487 28	0. 344 645 53	0. 325 881 66
	不流动	0. 485 216 4	0. 016 046 63	0. 703 202 44	0. 491 581 18	0. 556 147 66
	向下流动	0. 488 918 43	0. 856 362 69	0. 055 310 28	0. 163 773 29	0. 117 970 68
结构规模		0. 111 2	0. 218 6	0. 114 3	0. 429 3	0. 126 5

基于以上分类，我们把 7 万样本中的 SWB 三大指标以及由此生成的获得感按照五级结构展示在图 6－1 中。总体上，中高和高度获得感的人群超过二分之一，中低和低度获得感的人群约占三分之一。考虑到时间跨度长达十年，我们将十年间平均幸福感、自我阶层定位、自我流动感知和幸福感的全国均值标准化之后进行平滑曲线展示(图 6－2)。总体上，获得感从 2005 年到 2006 年出现了下滑，但很快回升企稳。十年间，获得感呈波浪式前进并平缓上升。

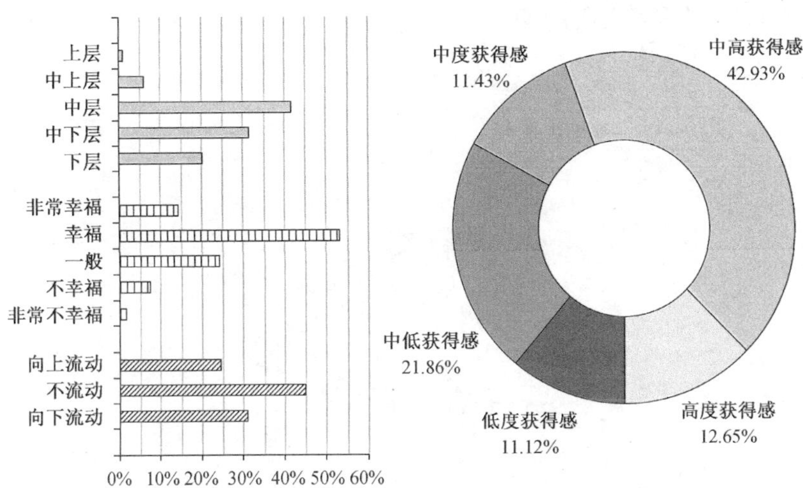

图 6－1　中国公众 SWB 三大指标和获得感结构(2005—2015 年)N＝71 025

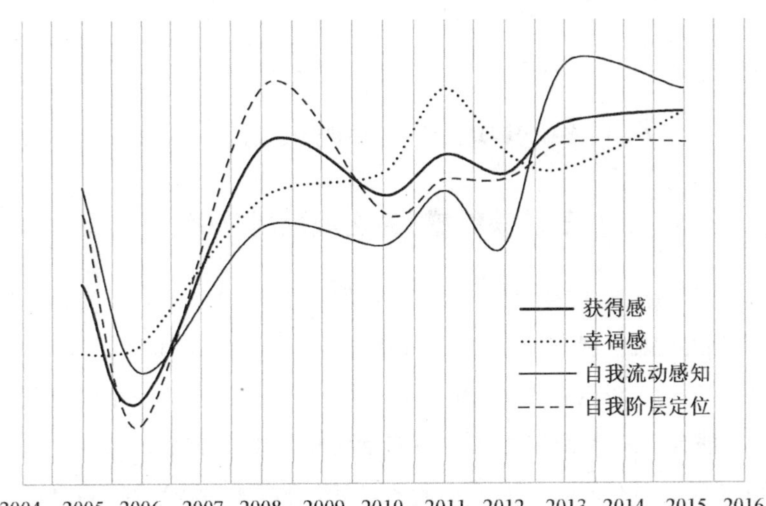

图 6－2　中国公众 SWB 三大指标和获得感十年趋势(2005—2015 年)

图 6-3 利用雷达图进一步将 25 个省份的十年获得感趋势进行对比。总体上,各省份呈现出高度一致的时间趋势,也即雷达线呈同心状态。其中,2006 年、2010 年和 2012 年为获得感的低点。2012 年之后,其逐步开始平缓回升。值得注意的是,北京、天津、上海的平均获得感较低,处于雷达图内缘。而云南、甘肃、浙江、福建等地的获得感较高,处于雷达图外缘。这意味着,省级层面的群众"获得感"并非简单地与经济发达程度相关。只有通过回归分析,我们才能进一步厘清影响"获得感"的因素究竟有哪些。

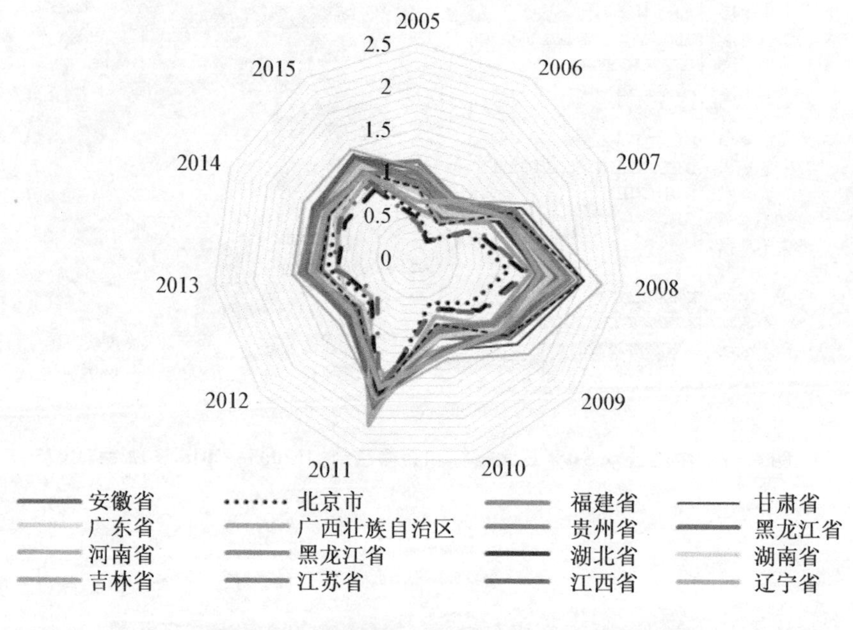

图 6-3 各省份群众获得感十年趋势比较(2005—2015 年)

五、"获得感"的宏观机制分析

我们使用的描述性样本来自 8 期 31 个省级行政区域(直辖市、自治区)。为对省级获得感的宏观机制进行分析,我们使用历年省均群众"获得感"作为因变量,使用对应年份的省级经济社会文化等主要指标作为自变量。由于内蒙古自治区、海南省、西藏自治区、青海省、宁夏回族自治区和新疆维吾尔自治区六个地区有部分年份的 CGSS 调查未涵盖,故我们的 8 期面板数据实际涵盖 25 个省份。在稳健性测试里,我们还会进一步把中国综合社会调查数据(CGSS)和中国社会调查数据(CSS)结合起来,并采用插值法对年份缺少不多的省份数据(即,内蒙古自治区、青海省、宁夏回族自治区和新疆维吾尔自治区)进行补充(海南省和西藏自治区仅有一期数据),然后对 29 个省的面板数据进行分析,以验证分析结论的可靠性。

(一) 主要解释变量

我们的"获得感"指标,由 SWB 三大经典指标——幸福感、阶层自我定位、阶层流动感知生成。因此,理论上,对这三者在微观或宏观层面存在影响的各类因素都可以被考虑在内。结合三大经典指标的相关文献(李培林等,2004; Frey & Stutzer, 2002; Blau & Duncan, 1967; Cutright, 1968; Evans et al., 1992; Fox & Miller, 1965; Goldthorpe et al., 1969; Guest, 1974; Hodge & Treiman, 1968; Jackman & Jackman, 1983; Jencks et al., 1983; Sewell & Hauser, 1975; Argyle, 2001; Easterlin, 1974; Easterlin, 1995; Easterlin, 2001; Hochschild, 1995; McCall, 2013; McCall et al., 2017; Savage, 2005; Wu & Li, 2017),我们将自变量分为如下几个大类,相关统计量参见表 6-2。

宏观经济指标。(1) 省份人均 GDP 增加值(以 2005 年可比价计算实际 GDP)。(2) 省份人均 GDP 年增幅,相关数据来自对应年份的《中国经济统计年鉴》。(3) 省份家庭收入基尼系数,由 CGSS 个体家庭收入数据计算生成(均值为 0.46,和国家统计局官方数据较为接近,在敏感性测试中,我们还利用其他来源的基尼险系数进行分析比对以确保回归结果的可靠性)。

个体加总指标。(1) 省份人均家庭年收入。(2) 省份人均教育年限。(3) 省份人均自评健康情况(样本个体自评健康为五级指标)。相关指标均通过对 CGSS 的 8 期数据的个体加总求均值计算得出。

社会转型指标。(1) 各省的市场化指数。(2) 各省城镇化率(城镇居民人口与总人口之比)。相关数据来自 2011 和 2016 年的各地区市场化相对进程报告(樊纲等,2011;王小鲁,2016)和 2006—2016 年的《中国经济统计年鉴》。

社会发展指标。(1) 教育:每十万人大学生占比。(2) 医疗:省份人均病床床位数。(3) 安全:每万人年灾害事故数量。(4) 社团:每万人非政府社团组织数量。(5) 文化:每万人文化场所密度。相关数据来自对应年份的《中国经济统计年鉴》。

其他指标。(1) 滞后因变量。考虑到获得感可能具有路径依赖效应,也即上年的获得感对下年的获得感具有重要影响,我们在自变量中加入上个年度的省份群众获得感,构成面板数据。(2) 年份固定效应,用以消除当年的政策或者特殊时间效应。(3) 省份固定效应。

考虑到指标较多,我们进行了膨胀系统检验,确保不出现共线性从而影响估算结果。为方便显示,部分指标乘以或除以万、千等单位后取自然对数。限于篇幅,这里不一一赘述。表 6-2 报告了变量的描述统计结果。

表 6-2 中国省份"获得感"和相关经济社会文化指标对数(2005—2015 年)

	缩写	均值	标准误	最小值	最大值
因变量					
省均"获得感"	*SoG*	1.154	0.419	0.205	2.252
自变量					
滞后因变量					
上年省均"获得感"	*l. SoG*	1.141	0.444	0.205	2.252
宏观经济指标					
省份人均 GDP	*GDP*	0.172	0.585	−1.383	1.325
省份人均 GDP 增幅	*d. GDP*	0.133	0.055	−0.010	0.254
省内收入基尼系数	*Gini*	−0.782	0.181	−1.577	−0.358
个体加总指标					
省内人均家庭收入	*Inc*	10.296	0.802	8.567	13.766
省内人均自评健康	*Hlth*	1.259	0.298	0.617	2.146
省内人均教育年份	*Edu*	2.158	0.318	1.546	3.015
社会转型指标					
省份市场化指数	*Mkt*	1.850	0.245	1.218	2.339
省份城镇化率	*Urb*	0.417	0.1644	0.152	0.969
社会发展指标					
省内大学生人口占比	*Col*	3.844	0.396	2.339	4.595
省份人均病床床位数	*Bed*	−5.61	0.283	−6.406	−5.10
省份人均文化场所数	*Cul*	6.811	1.38	2.652	9.792
省份人均灾害事故数	*Dis*	8.889	0.773	6.942	11.124
省份人均社团组织数	*Ngo*	1.104	0.456	−0.241	2.310

（二）动态面板模型

对于一般的静态面板数据，我们可以利用差分或者消去均值的方式，从模型里消除不随时间变化的干扰项即省份固定效应，以增加模型的识别效力。不过，当我们在面板数据中引入滞后因变量即进行动态面板分析时，原有的静态固定效应估算方法就会有偏误。在动态面板结构下，一般使用广义矩方法（GMM, Generalized Method of Moments）来解决估算偏误问题（Arellano & Bond, 1991; Holtz-Eakin et al., 1988）。具体而言，GMM 有两种实现形式。一是差分 GMM 方法（DGMM），即对面板数据通过差分方式排除省份和年份固定效应，然后用因变量和有关自变量的滞后量作为内部工具变量来解决估算偏误问题。二是系统 GMM 方法（SGMM），该方法在 DGMM 的基础上进一步发展而成，在差分方程的基础上引入原水平值方程构成方程系统，并以相关变量的一阶差分作为原水平值方程的工具变量，以解决可能的弱工具变量和测量误差放大问题（Arellano & Bover, 1995; Griliches & Hausman, 1986; Blundell & Bond, 1998）。

我们的研究同时使用 DGMM 和 SGMM 方法，并和混合 OLS 模型、静态固定效应模型的结果进行对比。在此前，尽管数据期数不长，但我们还是对所有变量进行面板数据单位根检验（即费雪式检验和 LLC 检验，检验结果显示，去除时间趋势后所有变量均为平稳序列）。同时还进行二阶自回归检查，检测相关干扰下是否序列相关。最后我们还进行 Sargan 过度识别检验，以分析工具变量的合法性，相关检测统计量见表 6－3。水平方程如下。

$$SoG_{i\_t} = \alpha SoG_{i\_(t-1)} + \beta_1 GDP_{i\_t} + \beta_2 d.\ GDP_{i\_t} + \beta_3 Gini_{i\_t} + \beta_4 Inc_{i\_t} + \beta_5 Hlth_{i\_t} + \beta_6 Edu_{i\_t} + \beta_7 Urb_{i\_t} + \beta_8 Mkt_{i\_t} + \beta_9 Col_{i\_t} + \beta_1 0 Bed_{i\_t} + \beta_{11} Cul_{i\_t} + \beta_{12} Dis_{i\_t} + \beta_{13} NGO_{i\_t} + T_i + c_i + \mu_{it}$$

其中，c_i 表示省份固定效应，T_i 是年份固定效应，μ_{it}是误差项。

（三）回归结果

对 8 期 25 个省份的短面板数据，我们分别采用混合最小二乘法、静态双向固定效应法、差分广义矩法和系统广义矩法分别进行模型拟合。其中，DGMM 和 SGMM 的内部工具变量设置取滞后因变量 2 阶。从表 6－3 来看，四个拟合模型基于不同的假设和方法，所获得的结论是比较一致的。根据 Bond(2002)的研究，在动态面板模型中,混合 OLS 方法会高估滞后因变量(也即上年的获得感)的影响效应,而静态固定效应 FE 模型会低估,因此设置合理的 GMM 动态面板模型所获得的滞后因变量系数应该落在 OLS 和 FE 模型的滞后因变量系数之间(也即在−0.081 到−0.072 之间)。显然,系统广义矩模型 SGMM 的结果应该更加可靠。

表 6-3 省份"获得感"的宏观影响因素模型回归

	混合 OLS 模型 OLS	固定效应模型 FE	差分广义矩模型 D-GMM	系统广义矩模型 S-GMM
省份上年获得感	−0.081* (0.030)	−0.072* (0.032)	−0.085* (0.042)	−0.077* (0.038)
省份人均 GDP	−0.104** (0.035)	−0.072 (0.082)	−0.205 (0.807)	−0.250 (0.224)
省份人均 GDP 增幅	−0.122 (0.154)	−0.140 (0.170)	−0.683 (0.983)	−1.187 (1.823)
省份基尼系数	−0.009 (0.019)	−0.016 (0.022)	−0.016 (0.029)	−0.022 (0.051)
省份市场化指数	0.006 (0.047)	−0.037 (0.089)	−0.022 (0.124)	0.205 (0.368)
省份城镇化率	−0.338*** (0.061)	−0.327*** (0.060)	−0.327*** (0.065)	−0.308** (0.095)
省人均家庭收入	0.038* (0.015)	0.025* (0.011)	0.052** (0.017)	0.050* (0.023)
省人均自评健康	0.756*** (0.058)	0.804*** (0.064)	0.736*** (0.063)	0.795*** (0.071)
省人均教育水平	−0.009 (0.054)	0.011 (0.059)	−0.020 (0.068)	−0.067 (0.087)
省内大学生占比	0.014 (0.028)	−0.135* (0.058)	−0.004 (0.191)	−0.025 (0.281)
省人均病床床位	−0.115** (0.033)	−0.017 (0.064)	−0.217 (0.357)	−0.059 (0.274)
省人均灾害事故	−0.032** (0.010)	−0.033* (0.012)	−0.110* (0.049)	−0.081* (0.038)

(续表)

	混合 OLS 模型 OLS	固定效应模型 FE	差分广义矩模型 D-GMM	系统广义矩模型 S-GMM
省人均社团组织	0.056* (0.027)	0.044 (0.040)	0.393 (0.326)	0.164 (0.631)
省人均文化场所	0.010+ (0.005)	0.008 (0.009)	0.012 (0.037)	0.009 (0.018)
年份固定效应	YES*	YES*	YES*	YES*
省份固定效应	—	YES*	YES*	YES*
截　距	−0.457* (0.180)	0.388 (0.427)	−1.026 (1.221)	−0.376 (1.305)
二阶 AR 检验 p 值	—	—	0.331	0.336
Sargen 检验 P 值	—	—	0.872	0.851
R 平方	0.985	0.978	—	—
N	175	175	150	175

注:(1) 标准误均为基于省份的簇稳健计算获得。(2) $p<0.1$, + $p<0.05$, * $p<0.01$, ** $p<0.001$, *** $p<0.0001$。(3) 参照组为 2005 年、北京市。(4) AR(2)为 Arellano-Bond 二阶误差项的自回归检验,Hansen Sargen 为过度识别检验。

从表 6-3 我们可以得到如下几个方面的结论。

第一,省份“获得感”具有重要的路径依赖特征。当年的人均获得感和上年的人均获得感之间在统计上呈现显著负相关。由于时间序列均取了对数,因此,−0.08 的系数意味着在其他条件相同的情况下,上年获得感每提高 1%,下年的获得感则会降低 0.08%。这充分体现了获得感的动态和纵向比较特征:在上年获得感较高的情况下,后一年的获得感会因相对比较而有下降。该结果实际上是之前描述部分的直观印证。当获得感的变化趋势存在波动性时,必然存在负向的滞后效应。不过,波动所带来的负效应是暂时的。从长期来看,2005 年至今的群众获得感呈现平缓上升趋势(见图 6-2)。

第二,收入、健康和安全等民生指标能有效拉动省份“获得感”。省份人均家庭收入显然可以起到提高“获得感”的作用。同样有拉动作用的有省份的人均自评健康。而省份灾害事故指标则和“获得感”存在负向关联。结果显示,省域平均家庭收入越高，自评越健康，该省的平均获得感也越高。而灾难事故的出现程度与获得感呈负相关。这些统计结果意味着，家庭收入、个人健康和安全感对“获得感”的形成和提升具有不可忽视的重要意义。可见，家庭收入、健康和安全感作为社会发展的客观实践结果和个体收益的最直接考量，最真切地反映了利益实现对群体主观感受的直观影响。

第三，传统GDP增长指标无法对“获得感”形成拉升效应。从2005年到2015年的十年间，无论是人均GDP还是人均GDP增幅，在控制了其他经济社会发展因素之后，其效应方向均是负数，且在$\alpha=0.05$显著性水平上并不显著。这似乎意味着，这十年来，省域GDP的增长过程形成了名义增长、数据增长的现象，但对群众获得感并没有形成有效的支撑。不过，导致GDP指标和市场化指标未呈现出预期的正向统计显著性的原因，也可能是由于中介效应的存在。比如，一些个体加总指标和社会发展指标的提高本身也是GDP增长的产物，换言之，传统GDP增长指标对于获得感的拉动，有可能被这些指标所中介或传递了。

为了验证是否因存在中介效应而掩盖了GDP与市场化对于获得感的正向效应，我们细化了分析，发现：在不控制社会转型指标、个体加总指标和社会发展指标时，GDP增幅和人均GDP均与获得感呈现显著负向相关（限于篇幅，这里不加展示）。结合表6-3的结果，这意味着，传统的GDP增长指标是获得感的双刃剑：GDP的简单增长，或者说低质量的粗放发展，非但不能拉升获得感，甚至还降低了公众的获得感水平。只不过，增长并非一无是处，毕竟也带动了收入、教育等个体经济社会指标和一些社会发展指标。因此，纳入这些指标中和了粗放式发展的负面效应，使得GDP类指标的负向系数不再显著。

第四，市场化和城镇化等转型指标，和“获得感”之间缺乏正向关联。我们发现，体现市场化水平的市场化指数、体现城镇化水平的人口城镇化率和获得感之间都缺乏统计显著的关联。为谨慎起见，我们同样测试了市场化的中介效应。在不控制宏观经济指标、个体加总指标和社会发展指标时，我们发现市场化指数与获得感之间仍然不存在显著关联，且系数为负。结合表6-3的结果，我们可以推测，和粗放式的GDP增长一样，市场化进程确实没有对获得感的提升提供支撑和拉动作用。

而对于城镇化，无论是基于表6-3的结果，还是在单独控制转型指标的情况下，其对于获得感都呈现高度显著的负向效应。这隐含着两种可能。第一，城乡居民的获得感存在重大差异，且城镇居民获得感明显低于农村居民。第二，城镇化进程本身给公众获得感带来了负向影响。为进一步分析，我们分别对 43 134 位城镇居民和 27 891 位农村居民的获得感进行了比较。我们发现，两者之间非但没有大的差异，而且城镇居民的获得感略高于农村居民：前者的获得感均值为 3.267，标准差为 1.239；后者的获得感均值为 3.224，标准差为 1.240。这意味着，第一种诠释并不成立。换句话说，粗放式城镇化进程本身给观众获得感的提高带来了负面作用(陈云松、张翼，2015)。

此外，我们发现部分社会发展指标尚未形成对“获得感”的提拉作用。除了传统经济增长指标和转型指标之外，我们还发现，高等教育、文化设施、医疗卫生设施和社会组织建设等方面的民生指标也都和“获得感”缺乏关联，有的甚至呈负向相关。这意味着，2005—2015 年，社会民生的硬件设施建设和社会组织建设尚未发挥出提升群众获得感的功能。最后，省域收入不平指标未对“获得感”带来负面影响。收入不平等可能是引发获得感降低的重要因素。但在省域层面，我们发现家庭收入基尼系数和获得感之间不存在统计显著的正向关联。不过需要注意的是，国际上通用的基尼系数通常是基于收入测量的。然而在中国，更重要的问题可能在于资产差距的日益扩大。考虑到金融资产和房地产资产具有隐秘性，在实际评估中存在困难，因此文中基尼系数的效应仅仅是对分配不平等状况的保守估计。

(四) 稳健性检验

为确保上文进行的分析不会因为数据覆盖范围以及对获得感指标生成过程的具体设置不同而出现大的差异，我们进行了以下几个方面的稳健性检验(见表6－4)。

表 6－4　稳健性检验：省份“获得感”的宏观影响因素模型(SGMM)

覆盖省份	29 省	25 省	25 省	25 省
数据来源	CGSS＋CSS	CGSS＋CSS	CGSS	CGSS
LCA 分析	五级加权重	五级加权重	五级无权重	四级加权重
省份上年获得感	−0.121* (0.054)	−0.097* (0.030)	−0.100* (0.044)	−0.056*** (0.007)

（续表）

覆盖省份	29 省	25 省	25 省	25 省
数据来源	CGSS＋CSS	CGSS＋CSS	CGSS	CGSS
LCA 分析	五级加权重	五级加权重	五级无权重	四级加权重
省份人均 GDP	−0.047 (0.119)	0.151 (0.364)	−0.097 (0.093)	−0.088 (0.170)
省份人均 GDP 增幅	−0.855 (1.285)	−0.784 (2.653)	−0.942 (0.588)	−0.269 (1.895)
省份基尼系数	0.004 (0.161)	0.076 (0.125)	0.030 (0.034)	−0.009 (0.029)
省份市场化指数	−0.128 (0.153)	−0.820*** (0.157)	−0.039 (0.142)	0.120 (0.165)
省份城镇化率	−0.472*** (0.117)	−0.729*** (0.176)	−0.309*** (0.054)	−0.347*** (0.089)
省人均家庭收入	0.103*** (0.017)	0.195*** (0.036)	0.051** (0.016)	0.055** (0.020)
省人均自评健康	0.206** (0.079)	0.457** (0.134)	0.719*** (0.073)	0.745*** (0.073)
省人均教育水平	0.555*** (0.084)	0.242* (0.097)	−0.040 (0.057)	−0.015 (0.061)
省内大学生占比	0.174 (0.302)	−0.218 (0.200)	−0.030 (0.307)	−0.081 (0.185)
省人均病床床位	−0.310 (0.347)	−0.079 (0.552)	−0.237 (0.395)	−0.093 (0.394)
省人均灾害事故	−0.075* (0.033)	−0.072* (0.034)	−0.124** (0.048)	−0.096* (0.040)
省人均社团组织	0.072 (0.079)	0.136 (0.431)	0.190 (0.191)	−0.084 (0.275)
省人均文化场所	−0.035 (0.031)	−0.033 (0.056)	0.000 (0.020)	−0.007 (0.033)
年份固定效应	YES*	YES*	YES*	YES*
省份固定效应	YES*	YES*	YES*	YES*

（续表）

覆盖省份	29 省	25 省	25 省	25 省
数据来源	CGSS+CSS	CGSS+CSS	CGSS	CGSS
LCA 分析	五级加权重	五级加权重	五级无权重	四级加权重
截　距	−0.035 (0.031)	−0.544 (3.419)	−0.235 (3.056)	0.289 (3.029)
二阶 AR 检验 p 值	0.066	0.081	0.361	0.339
Sargen 检验 P 值	0.914	0.678	0.798	0.829
N	203	175	175	175

注：(1) 标准误均为基于省份的簇稳健计算获得。(2) $p<0.1$，$^{+}p<0.05$，$^{*}p<0.01$，$^{**}p<0.001$，$^{***}p<0.0001$。(3) 参照组为 2005 年、北京市。(4) AR(2)为 Arellano-Bond 二阶误差项的自回归检验，Hansen Sargen 为过度识别检验。

第一，我们将中国社会状况综合调查（CSS）2006 年、2008 年、2011 年、2013 年和 2015 年的 5 期41 225 个样本与上文使用的 8 期 CGSS 数据合并，对宁夏回族自治区和青海省的缺失一期数据进行插值计算，获得了 29 个省份的 8 期数据，省份覆盖面更广。CGSS 和 CSS 是不同的调查，样本框设计不同，但它们在 SWB 三大指标以及相关变量的问题上基本一致或兼容，为稳健性检验提供了可能。第二，在 CGSS 和 CSS 合并数据的基础上，我们仍然仅对 25 省进行分析，和表 6－3 的结果进行比对。第三，我们仍然使用上文 CGSS 调查的 25 省数据，但在利用 LCA 方法生成获得感指标时，不考虑样本的权重。也即，生成新的五级获得感指标。第四，仍然使用 CGSS 调查的 25 省数据，采用 LCA 方法生成的四级获得感指标。我们将以上四个稳健性检验的 SGMM 模型的分析结果展示在表 6－4 中。我们不难看出，尽管样本容量不同，获得感生成的方法不同，但模型结果基本和表 6－3 中的结果保持一致。这意味着，我们的分析是稳健可靠的。

六、讨论和结语

改革开放四十年来，中国发生了翻天覆地的变化，基本实现了从贫穷到温饱，再到整体小康的跨越式转变。我国社会的主要矛盾也由人民日益增长的物质文化需要同落后的社会生产之间的矛盾，转化为人民日益增长的美好生活需要和不平衡不充分的发展之间的矛盾。而这种美好生活本身所体现的不仅仅是群众身处的客观生活条件,更是一种主观评价与建构,反映了一种在物质生活丰裕之后所呈现的对生活质量、自身权益等方面的追求,其大部分经由主观社会心态而呈现。近年来,尽管与社会心态相关的学术论文不断增多,"获得感"作为与美好生活直接相关的心态维度,作为国家治理体系现代化的民生标尺,有关其发展趋势、形成机制的研究却十分稀缺。

"获得感"尤指群众从国家治理和社会治理过程中有效获得物质、健康或精神福利之后,进一步产生的主观心理福利增量,恰好映现了群众物质精神生活需求与社会发展间的这种相对状态。在发展中增进群众获得感有助于形成有效的社会治理,维持良好的社会秩序。鉴于获得感的现实意义,本研究从宏观省域层面考察了获得感的影响因素。依据获得感的提出背景和使用情境,本研究以幸福感、阶层自我定位、阶层流动感 SWB 三大经典指标通过潜类分析构建了获得感的 HMS 模型,提出"获得感"的社会科学工作定义,并利用 2005—2015 年省级面板数据对"获得感"的影响机制进行了探讨分析。这是首次利用中国社会的大规模调查数据进行的"获得感"的综合量化图谱分析。

研究结果发现,在 2005—2015 年间,我国具有中高或高度获得感的民众已经超过一半,但获得感为中低或低度的群体也不占少数,约占总人口的三分之一。各省群众"获得感"均值差异较大,但总体上均呈现逐年平缓上升的趋势。基于动态面板模型,我们进一步发现,在省域层面,家庭收入、健康、教育等指标对获得感有明显的支撑作用,而灾难事故对获得感具有显著的削弱作用。"获得感"是社会发展中民众需求变化的直接映射,而收入、健康、教育、安全感作为社会发展中群众现实利益的最直接体现,其对群体主观感受的影响不容忽视。此外,我们还发现传统增长指标(人均 GDP、GDP 增幅)和转型指标(市场化指数、城镇化率)并未起到应有的拉升效用。而社会发展指标诸如文化设施、医疗设施和社会建设等一些指标和获得感也缺乏直接正向联系。这意味着,善治的道路任重而道远。

四十年经济社会的快速发展催生了群众对美好生活的新需要。"在一个剧烈变动的社会中,社会心态既是社会变迁的表达和展示,也是社会建构的一个无法忽视的社会心理资源与条件。"(王俊秀,2011)正因为如此,在现阶段研究获得感与民生密切相关,兼具物质层面和精神层面的感知极具实践意义。一方面,其有助于我们了解民生的变化趋势，直面民生发展短板；另一方面，其可以帮助广大学者、政策研究者认识和发掘提升民生的建设动力。从政策角度，本研究的主要发现有三个方面的意涵。

第一，从2005—2015年这十年的经验来看，增加老百姓的收入是有效拉动"获得感"的重要途径。特别是，对农村地区居民的获得感总体低于城镇居民的现象要引起足够重视。此外，我们要注意到，城乡居民收入的提高并不仅仅意味着绝对数量意义上的增收：钱袋子鼓起来固然是一个方面，但同时还必须考虑到公众在基本生活消费、住房、教育等方面的刚性开支的增幅。因此，要在坚持和完善社会主义基本分配制度方面进行有益探索，特别是在推动居民收入和经济同步增长、劳动报酬和劳动生产率同步提高的同时，在新的全球经济和大国博弈的格局下，让中国公众的收入增长跑赢CPI、跑赢基本生活刚性开支的投入增幅。

第二，从2005—2015年这十年的经验来看，提高健康水平和社会安全保障对于提升"获得感"也具有重要的影响。人们随着的年龄增长，进入中老年后会出现自然规律性的衰老。而随着中国社会的进一步老龄化，可以预期在未来相当长的时段内，健康水平对于中国公众获得感的影响会愈来愈大。一方面，健康水平可以直接影响人的主观感受；另一方面，对疾病和保健的投入，特别是对大病治疗的投入，往往会造成病患家庭相对收入的大幅下降，间接影响获得感。因此，我们既要提高医疗卫生行业的专业防治水准，让群众获得更高质量的精准医疗服务，又要进一步加大对医疗行业过度市场化、医疗广告混乱等现象的打击力度。要让公立医院明确其首要宗旨是服务群众、让群众获得更实惠的医疗条件。在公共安全建设方面，应该把运用大数据和人工智能等高新安全技术与提升公共安全工作者队伍的能力和影响力结合起来，从生产安全、治安安全、交通安全等方方面面的细节入手，实现无空隙的全覆盖服务，以此不断提升群众的获得感。

第三，从2005—2015年的经验来看，简单粗放的GDP增长，不计代价和后果的市场化与城镇化，要么无助于提高群众的获得感，要么对于获得感提高存在负面的影响。实际上，只着眼于GDP数据的粗放型增长，已经不止一次地被证明和幸福感、生活满意度等传统SWB指标无关，甚至有负向作用。"金山银山不如绿水青山"，这句话在本研究对获得感的分析中已经得到充分印证。此外，如何推进富有新时代中国特色的市场化和城镇化进程，解决以往市场化和城镇化进程中存在的一系列问题，都需要社会治理主体加以思考和决策。我们认为，对于基层政府的业绩考核，要全面加大城乡居民可支配收入的权重；对于不应推向市场的国有教育、医疗等部门，应该坚决把稳方向；对以往市场化进程中过于激进的措施以及所带来的问题，要及时进行有效调整和解决；对以往粗放式人口城镇化进程所带来的社会融合问题、农村空心化问题，要花时间、花力气来化解；对逆城镇化现象更要未雨绸缪，适应新常态下国内劳动力流动的格局变化，迎接其对社会治理和城镇化所带来的新机遇与挑战。

附录　数据结构和加权方法

在家庭内抽样中，这些被调查者都是按照严格的Kish法选取而来。由于样本对城市住户过度抽样，我们进行了加权处理。首先，家庭户权重（HWT）等于家庭人口数（成人）与平均家庭人口数（由城乡样本分别计算所得）之比，它用于对城乡样本的独立分析。其次，根据当年中国总人口（13.39亿）中的城乡结构单独计算城乡人口权重（PWT）。以2010年为例，该年有49.68%的人口为城市居民。对城市样本人口而言，PWT=[13.39亿＊0.496 8/城市样本量]＊HWT；对农村人口而言，PWT=[13.39亿＊0.50.32/农村样本量]＊HWT。然后，对权重进行标准化，WEIGHT1=PWT/mean(PWT)。第三，十年中各年份样本数量与真实的十年人口数量不同，因此继续进行年份加权。以2010年为例，当年人口为13.39亿，其在十年总样本中权重为：WEIGHT2=WEIGHT1＊1.339/2010样本。最后在十年总样本中进行标准化：WEIGHT=WEIGHT2/mean(WEIGHT2)。

附表1　CGSS的8期调查原始数据和获得感分析工作样本（2005—2015年）

CGSS	2005	2006	2008	2010	2011	2012	2013	2015	合计
原始样本	10 372	10 151	6 000	11 785	5 620	11 765	11 438	10 968	78 099
工作样本	10 045	9 337	5 520	11 141	5 210	11 273	9 104	9 395	71 025
加权后样本	8 658	8 703	8 792	8 878	8 920	8 964	9 009	9 101	71 025

附表 2　潜类分析模型的选择:拟合度统计

模型		G-sqd	AIC	BIC	ABIC	Entropy Raw	Entropy R-sqd	自由度 DF
1	三潜类	768.061	832.061	1 125.526	1 023.830	39 171.775	0.498	42
2	四潜类	263.231	349.231	743.575	606.920	51 481.481	0.477	31
3	五潜类	93.559	201.559	696.781	525.168	53 402.874	0.533	20
4	六潜类	57.340	187.340	783.442	576.870	56 442.398	0.556	9

专题三

社会治理视角下的阶层流动和心理福利

以往多数文献主要从个体对自己在社会结构中所处的位置来定义自我阶层定位，典型的做法是将主观阶层分为上层、中上层、中层、中下层和下层。然而，不少研究者认为上述意义窄化了自我阶层定位概念所包含的丰富内涵，强调应补充经济范畴之外的要素，从而更好地识别人们对于阶层地位的认知。一种批评是，在已有文献中，做出自我阶层定位的人群是高度同质化的，人群内部的异质性被严重忽视了，因而需要关注特定人群的自我阶层定位。

基于上述问题意识，结合中国城镇化进程的现实背景，国内一些学者将研究对象聚焦于流动人口。流动人口是中国城市政府最关注的治理对象之一，该群体的社会融入问题深刻影响着当地经济社会发展的质量。因此，较近的研究开始关注该群体的社会融入状况以及由此产生的心理态度，将其视为主观阶层定位的一种动态指标。本专题介绍的两个研究深入讨论了流动人口融入城市的影响机制和心理效果。第一项研究利用中国社会状况综合调查(CSS2011)和相关城市统计资料考察了城镇化率对进城农民在经济收入、文化生活、心理态度、身份认同四个方面的融合情况，发现传统的粗放型城镇化仅会缩小进城农民与城里人的收入差距，但进城农民在其他三个方面仍然弱于城里人，从而证实了城镇化的不平等效应是确实存在的。

第二项研究也使用了中国社会状况综合调查(CSS2011)数据，但讨论的问题是完全不同的，即社会融入对不同户籍群体评价政府绩效的效应是否存在差别。该项研究对此的回答是，社会融入对进城农民积极评价政府绩效有着比市民更强的提升效应，具体表现为：经济、文化、心理这三方面的深度融入能够显著增强进城农民对政府解决社会不平等、提供公共服务以及优化行政能力等工作的积极评价，但身份融入会降低对政府行政能力的评价。

上述研究不仅补充了既有的流动人口研究和自我阶层定位研究的诸多不足，而且有助于政府部门和社会大众重新认识流动人口的行为和心理，这对于推动流动人口市民化进程和提高新型城镇化的发展质量具有现实意义。

第七章 城镇化与社会融入

一、问题的提出

改革开放以来，中国的城镇化进程不断推进，到 2014 年底，城镇化率已达 54.8%左右，按目前的增长速度，这一比率到 2020 年预计将超过 60%。人口向城镇的集聚和城市空间的更新扩大，在一定程度上推进了城镇地区的产业升级，提升、整合了城市和农村地区的经济社会发展(李强等，2012；戴均良等，2010；顾朝林，2004；施建刚、王哲，2012)，但也造成了粗放式发展问题(陆铭等，2011；王放，2005)。原来存在的城乡二元结构正在转化为城镇内部户籍居民与流动人口的新二元分割(张翼，2011)。研究表明，进城农民特别是农民工，未能通过“同步市民化”真正融入城市社会，有学者据此提出了“半融入”“半城市化”概念(王春光，2006；郑功成，2007；郑秉文，2008；白南生、李靖，2008；李强，2011；杨菊华，2013)。2015 年伊始，国家发改委联合另外十一个部委发布了《国家新型城镇化综合试点方案》，拟通过对大、中、小城市的试点，推广农业转移人口市民化的成本分担机制等，这无疑是有意义的。但农村转移人口的市民化，不仅仅是成本问题，还是一个更为深远的经济、行为、心理和身份认同等的社会融合问题。即使农村转移人口取得了“市民”资格，若不能较好地融入城市，新矛盾仍然会产生，从而影响社会的良性运行与健康协调发展。

需要看到，城镇化是农村人口进入城市并与城市人口发生双向互动的过程，所以，这一过程会对农村人口（以下简称“进城农民”）和城镇户籍人口（以下简称“城里人”）同时产生深远影响。① 因此，在城镇地区实现“社会融合”的必要条件，不仅是进城农民作为流入者在经济社会地位和心理感知上的纵向“提升”过程，更是这两大群体之间的横向“靠拢”过程：只有“相对距离”缩小，才能促进真正的融合。但长期以来，中国的城镇化进程始终未能完全打破城市内部在户籍、社会保险和就业等方面的制度分割，这有可能使城镇化带来的发展红利难以被进城农民与城里人公平分享，甚至让两者之间的差距进一步拉大，进而阻滞社会融合的顺利进行。

面对上述现实，我们拟分析当前城镇化过程中存在的“不平等效应”。从文献角度看，尽管经济学家对城镇化与地方宏观经济指标之间的关系进行过探讨，社会学家也对影响流动人口社会融合的个体因素进行过研究，但学界对城镇化本身与社会融合之间的关联及差异化效应并无专论。本文的分析结果有助于我们理解传统粗放城镇化模式下城市社会隔膜的成因，为“新型城镇化”特别是农业转移人口的市民化提供理论和实证参考。

二、文献分析与理论假设

（一）文献分析

国内学界对社会融合及维度的界定已有初步共识。比如，张文宏和雷开春（2009）探讨了城市新移民文化、心理、身份和经济四方面融合的影响因素；李培林和田丰（2012）关注了农民工在经济、社交、心理和身份四个层面的融入情况和代际差异；崔岩（2012）讨论了流动人口的社会融入与身份认同；谢桂华（2012）集中分析了经济融合；杨菊华等（2013）对流动人口身份认同进行了比较系统的剖析。不过，该领域研究尚能扩展到更宏大的视野。第一，现有研究集中揭示了个体层面要素对流动人口社会融合的影响，还未关注宏观层次变量的社会融合效应。第二，现有研究往往集中关注流动人口、外来户，未能兼顾分析原住民——城里人的城镇化效应。实际上，大多数现有研究的模型拟合样本均直接针对流动人口或农

① “进城农民”概念和严格意义上的农民工之间有一定的差别。“进城农民”的主体是农民工，但也包括一部分生活在城镇但未工作或无工作的农业人口。

民工群体。

在城镇化的推进模式上，李强等(2012)发现，改革开放以来的城镇化，主要是通过开发区建设、新区新城建设、城市扩展、旧城改造、中央商务区建设、乡镇产业化和村庄产业化七种方式进行。在这种情况下，伴随中国人口城镇化进程的是城镇地区社会融合的严重滞后。2014年的《国家新型城镇化规划》将以往的城镇化进程通称为“传统粗放的城镇化”。尽管这一概念在学界并无严格定义，但该规划明确列举了20世纪90年代以来城镇化进程中存在的突出矛盾和问题(用以区别“传统粗放的城镇化”与“新型城镇化”)，而首当其冲的就是“大量农业转移人口难以融入城市社会，市民化进程滞后”。显然，在“传统粗放的城镇化”进程中，虽然人口得以向城市集中，城镇空间得以快速扩大，但人口城镇化率(城镇常住人口与全体人口之比)却不能反映一个地区城镇化的质量(方创琳、王德利，2012；魏后凯等，2013)，也即城镇化率指标与社会融合指标之间可能无关、甚至存在背离现象。

尽管学界以往对此并无专论，经济学家在宏观层面对城镇化收入效应的分析却可以提供一些启示。① 例如，沈坤荣、余吉祥(2011)基于省级数据，发现城市中外来劳动力相对数量的提升可拉动城镇本地劳动力的收入；而刘学军和赵耀辉(2009)基于地市一级数据的分析发现，外来劳动力相对数量会降低本地劳动力的就业率和收入。这表明，人口城镇化率除影响进城农民外，还同时对城里人——本地人群体产生复杂的影响。如果城镇化对城里人带来的好处长期多于进城农民，或城里人与进城农民之间的收益差距日益扩大，则这两大群体之间的隔膜只会扩大，反而不利于经济社会融合的进行。

(二) 研究假设

社会学经典理论提醒我们：农民在向城市的迁移过程中，既会遇到城市生活的适应问题，也会遭遇城市市民的社会排斥问题，且流入者越多，这种矛盾就越突出。但随着流入人口的进一步增加以及城镇化的不断深入，特别是超过了一定人数之后，社会排斥问题会逐渐缓解，人们心理会逐渐适应。但是，中国快速的城镇化进程已超过三十年，全国一半以上人口已居住并生活在城镇地区，但农业转移

---

① 较早的研究虽关注了城镇化背景下的城乡收入差距，但未直接使用城镇化指标作为分析变量。

人口的市民化进程发展却并不如预期乐观，这主要表现在以下几个方面。

首先，中国进城农民的主体是农民工，而农民工基本集中在城市的从属劳动力市场，工资收入低、工作时间长、工作环境差、更换工作的频次高、一直徘徊在声望较低的职业、难以提升自己的社会阶层地位。① 其次，进城农民被排除在与城镇户籍相关联的社会福利和住房保障体系之外。对这种城镇内部的二元分割，经济学界和社会学界早有关注。例如，蔡昉(2001)分析了影响农民在迁入地定居的制度障碍，提出中国城乡劳动力迁移实际只完成了"走出来"的第一步。也就是说，虽然居住证制度的实施增加了进城农民的社会保险缴纳机会，扩大了其子女的受教育权，但户口本与居住证之间的差别还是十分明显的。

鉴于此，我们认为，如果"底层流动"的格局不变，那么城镇化红利就很难让"进城农民"和"城里人"平等分享。在"传统粗放的城镇化"模式下，进城农民人口的相对增长，虽然可以为城市提供富足的劳动力并带来某种程度的内需拉动效应，但差异化的城镇化红利会扩大"城里人"和"进城农民"经济地位的差距，强化原有的心理、文化隔膜。因此，本研究的核心假说如下。

在传统粗放式城镇化模式下，人口城镇化率对社会融合相关维度的影响，在农业户籍流动人口和城镇户籍人口之间存在显著差异，不利于社会融合。

综合参照学界提出的社会融合维度，并结合可资利用的数据，本研究提出"经济""行为""心理"和"身份"四个具体融合维度的理论假设。②

假设1：粗放式城镇化对经济收入的提升效应，在城里人群体中高于(或等于)进城农民群体，导致两个群体在经济上的差距继续保持甚至扩大，不利于经济融合。

假设2：粗放式城镇化对文化行为的提升效应，在城里人群体中高于(或等于)进城农民群体，导致两个群体之间在文化行为上的差距继续保持或者扩大，不利

---

① 皮奥罗等人认为，劳动力市场被分割为主要劳动力市场和从属劳动力市场，前者的特征是工资收入高、工作稳定且条件优越，而从属劳动力市场的特征则是收入低、劳动环境差、工作时间长、职位升迁机会稀缺且不稳定(Piore, 1983;Cain, 1976)。

② 张文宏和雷开春(2009)提出经济、心理、身份和文化四大融合因子。杨菊华(2012)提出经济、行为、文化和身份四个融合维度。李培林和田丰(2012)分析了经济、心理、身份和社交四个层面的融入。这些融合维度尽管指称有差异，但基本内容接近并互有交叠。本文中"文化行为"主要指具有城市特征的文化活动和行为。

于行为融合。

如果假设1和假设2得到证实，我们可以进一步提出以下假设。

假设3：粗放式城镇化难以提升进城农民与城里人的交往意愿，不利于心理融合。

假设4：粗放式城镇化难以提升进城农民的城市认同、本地认同，不利于身份融合。

为检验“不平等城镇化效应”的影响，我们聚焦问题：以往的城镇化效应在两大群体间存在何种程度的差异，其对社会融合会产生多大的影响。文献检索显示，过去相关研究较少，原因主要有两个方面：一方面，长期以来，我们对传统粗放式城镇化的社会功能认识得还不全面，特别是对其局限性关注不足；另一方面，城镇化数据来自省、市等行政区划的宏观层面，多由统计机构采集，可供跨层次分析的数据较少。因此，本研究拟通过对相关数据的合并匹配，分析宏观层面的城镇化率对个体层面的社会融合诸指标的影响。

三、分析策略、操作性变量与模型

（一）分析策略

为分析城镇化效应在进城农民和城里人这两个群体之间是否存在差异，我们将全体城镇居民作为样本，在回归模型中引入户籍二分变量（区分进城农民与城里人）以及它与城镇化率的交互项，然后观察交互项的系数是否具有统计显著性。需要说明的是，我们没有以户籍二分变量直接对进城农民和城里人子样本进行分组回归并直接加以比较。原因有两点：第一，子样本回归会损失自由度，让样本差异变小，使得估计效度受损；第二，进城农民群体本身就是各种社会因素多年选择之后的既定存在——可能有着某种共性因观测不到而被模型遗漏（陈云松，2012）。采用全样本交互项分析则能回避这些问题。①

此外，类似人口城镇化率这样的宏观指标，对于居民个人层面的经济社会心理影响，其作用往往表现为渐进的过程。施建刚和王哲（2012）运用分布滞后模型研究城市化与经济发展水平的长期关系，发现以城市化解释经济增长的自变量滞

① 这里未将“城—城流动人口”单列一类，因为本文关注的是城镇化而非广义的流动。

后期为 3 年；宁俊飞和马林靖(2010)运用向量自回归模型分析城镇化水平和天津地区农民收入的关系，发现滞后期取值为 6 较为合适；肖卫东和陈小远(2005)运用类似方法，发现滞后 4 期的人口城镇化率可以较好地预测农民收入；吴先华(2011)对山东的面板数据研究发现，城镇化率作为城乡收入差距格兰杰原因的时滞也是 4 期。显然，上述研究表明，人口城镇化率对城市经济发展、农民收入和城乡收入差距的影响具有 3—6 年的时滞。

基于此，我们在初步分析中采用了 2 年跨度的模式，从数据调查年(2011 年)的前 1 年、前 3 年等等依次测试。我们在测试中发现，直到调查年前 5 年也即 2006 年，该年份的城镇化率(及其相关交互项)才开始对四项融合指标产生显著影响。① 5 年的时滞与计量经济学的实证结果吻合得较好。我们还对更早两期即 2004 年和 2002 年有关城市的城镇化率及相关融合指标进行了分析，发现后两期的城镇化率仍然对社会融合存在影响。一旦控制 2006 年城镇化率，2002 年城镇化率原有的显著效应就消失了(限于篇幅，这里未展示回归结果)。

(二) 数据和变量

本研究使用的个人层面数据来自中国社会科学院社会学研究所 2011 年 7 月至 11 月开展的第三次“中国社会状况综合调查”(CSS2011 年)。该调查覆盖 28 个省级行政区域的 100 个县(市、区)的 480 个村居，入户访问了 7036 位 18 周岁及以上的城乡居民，被多次用于流动人口社会融合等方面的分析。本研究所使用的常住人口城镇化率采集自相关市政府的 2006 年统计公报，而人均 GDP 和固定资产投资等城市数据则从匹配年《全国城市统计年鉴》中获得。通过对城市的匹配，我们把个人和城市层面的数据合并起来以实现跨层次分析。②

本研究将“进城农民”界定为具有农业户口的、目前工作或居住所在地为城市的 18 岁及以上人口。剔除缺失数据的样本，本文所使用的城镇常住人口样本总数为3 695 人，其中进城农民为 1 008 人，城里人为 2 687 人。考虑到这一比例和 2011 年全国城镇常住人口结构有出入(进城农民样本偏少)，我们对数据按照当年全国真实人口结构进行了加权处理。加权后进城农民样本为 1 196 人，城里人样

---

① 2010 年的城镇化率和所有融合指标均不相关；2008 年的城镇化率仅和绝对收入有关。

② 由于 CSS2011 年统计的是 2010 年的收入，故此对于收入分析而言，城镇化率是 4 年前的。但对于心理、身份和文化等的融合而言，城镇化率则是 5 年前的。

本为2 499人。

相关主要变量描述参见表7-1。总体上，进城农民的平均年龄、教育程度以及收入和社会保险、身份感、文化行为等指标均低于城里人，而男性比例、在职比例、与城里人交往愿望则相对较高。

自变量和因变量：本研究主要解释变量为2006年市级人口城镇化率（含直辖市），计算方式为当年全市城镇常住人口除以辖区总人口。在涉及的82个城市中，城镇化率最高接近100%，最低为17%左右。在实际模型分析中，考虑到交互项的使用，我们对城镇化率采取了“对中处理”。

表7-1　主要变量描述

变量	全体样本 N=3 695	城里人 N=2 499	进城农民 N=1 196
女性	51.8%	52.9%	49.5%
在职	66.7%	63.2%	74.1%
单身	7.25%	8.51%	4.62%
离婚或丧偶	18.64%	16.47%	23.17%
已婚	74.11%	75.03%	72.21%
年龄	41.8(15.8)	44.18(16.08)	36.86(13.98)
教育年数	10.8(3.98)	11.86(3.87)	8.99(3.59)
经济融合指标			
绝对收入	35 219(195 194)	35 969(122 463)	33 652(293 978)
相对收入	0.921(0.301)	0.951(0.265)	0.858(0.357)
社会保险	−0.056(1.059)	0.153(1.076)	−0.494(0.875)
心理融合指标			
愿与农民交往	0.139(1.048)	0.300(1.128)	−0.197(0.757)
愿与城里人交往	−0.210(0.858)	−0.291(0.775)	−0.042(0.991)
身份融合指标			
认同为城里人	0.596(0.490)	0.791(0.406)	0.187(0.396)
认同为本地人	0.844(0.362)	0.893(0.308)	0.744(0.438)

(续表)

变量	全体样本 N=3 695	城里人 N=2 499	进城农民 N=1 196
行为融合指标			
文化行为	0.387(1.12)	0.514(1.132)	0.119(1.069)
城市人均GDP(元)	22477(13701)	—	—
城市人均固投(元)	976.2(918)	—	—
常住人口城镇化率	0.458(0.197)	—	—

注:(1) 分类变量报告比例,连续变量报告均值,括号内为标准差。(2) 相关统计量均经过权重调整,加之缺失值因素,故部分因子均值不严格为0,标准差不严格为1。

主要被解释变量包括经济、行为、心理和身份四个维度,每个维度各自包含一系列具体指标。

经济指标包括“绝对收入”“相对收入”和“社会保险”等显性指标和隐性指标。其中,绝对收入为被访者的2010年全年收入对数(收入为0者均先加1再取对数),相对收入为2010年收入与所在城镇居民收入中位数之比,①社会保险则是通过对是否参加失业保险、养老保险和工伤保险等指标进行因子分析所获得的因子。② 以上指标均为连续变量。

行为指标包括城市居民会表现出不同于农村居民的行为和习惯,其中一个重要领域就是业余文体生活。CSS2011问卷中问及被访者在周末或节假日是否发生过“影视、体育比赛、运动健身、棋牌、书报、户外活动和旅游、使用电脑、歌舞厅”等具有城市特征的文化活动。这些二分变量指标相加,得到一个从0到8的连续变量,以此来衡量居民的城市文化行为特征。③

心理指标包括与城里人的交往意愿和与进城农民的交往意愿。本研究使用因子分析、方差旋转方法,根据被访者是否愿意与目标人群“聊天”“一起工作”“成

① 杨菊华(2013)使用了平均数。但考虑在城市内贫富差异较大的情况下平均数往往不能代表中产收入,我们采用了中位数作为分母。实际上我们也使用平均数进行了测试,得到了近似的结论。

② 本文还采用了三种社会保险参加与否的三个二分变量之和作为社会保险得分。因该变量取值在0—3之间,故此采用“泊松回归”和“多层泊松回归”方法进行分析,得出了和文中非常接近的结论。

③ 由于二分变量不存在分类间距问题,因此本文采取直接相加而不是主成分分析来产生一个综合指标。此外,考虑到因变量具有计数特征,本文也采用了泊松计数模型进行回归。文中为节省篇幅没有报告,其结果与OLS回归模型基本一致。

为邻居”“成为亲密朋友”和“结成亲家”共五个维度来生成这两个心理指标(每个维度分别有从“很愿意”到“很不愿意”五个等级)。

身份指标包括“城市身份认同”(认为自己是“城里人”还是“农民”)和“本地身份认同”(认为自己是“本地人”还是“外地人”)。这样,身份融合指标就是两个二分变量。①

控制变量和交互项包括:将个人被访者的“年龄、年龄平方、性别、受教育年数、就业情况、婚姻状态、个人收入对数(经济融合分析除外)和户籍”等作为控制变量,将城市区域的“人均 GDP 的对数”“人均固定资产投资对数”以及“省份固定效应”(单层分析时)作为控制变量,同时引入“户籍”与“城镇化率”的交互项,分析人口城镇化对进城农民和城里人的影响是否存在统计显著性。

(三) 模型设置

本研究将同时展示多种模型的回归结果,以使分析结果更为可靠。第一,主解释变量“人口城镇化率”本身在城市层面,而城市嵌套于省份之中,具有“簇”特性,在单层分析中报告簇稳健标准误。同时,本研究还使用了城市嵌套于省份的双层模型。② 第二,考虑到可能存在城市层面的遗漏变量,本研究使用了后一期的人口出生率作为城镇化率的工具变量。中国人口出生率受计划生育政策调控,生育政策的波动对农村的影响更大,从而影响了城市化水平。这样,对于连续变量的因变量,本研究分别使用最小二乘法(OLS)、工具变量(IV)两阶段模型和多层线性(HLMs)模型进行分析;对于二分变量因变量,则分别使用二元概率比(Probit)、工具变量概率比(IV-Probit)和多层概率比(ML-Probit)模型进行分析。限于篇幅,在报告回归结果时略去个人层面、城市层面和省份层面的有关控制变量以及截距项系数,仅留下本研究最关注的人口城镇化率、户籍以及有关交互项。

---

① CSS2011 问卷中对“本地”的定义是“本县(区/县级市)”。超过 74%的进城农民认为自己是本地人,这主要是因为进城农民中县内流动比例接近 70%。此外,约有 20%的城里人认为自己不是城里人。在城里人的样本中,有“农转非”经历的为 936 人,约占 37%。其中,通过主动途径(上学、参军、买户口、提干招工等)和通过被动途径(跟随家庭成员、被征地、村改居等)获得城镇户口的人数几乎各占一半。此外,获得城镇户口的时间为 10 年以下的占农转非人口的 21.18%。因此,农转非以及农转非的时间可能是少部分城里人内心仍认同农村的原因。

② 本研究也测试了个人嵌套于城市、城市嵌套于省份的三层模型,但 LR 测试表明模型拟合并不优于双层模型。我们同时测试了双层随机斜率加随机截距模型,同样,LR 测试表明拟合程度不优于双层随机截距模型。因此,最终本报告更为简洁且拟合优于单层的双层随机截距模型的估算结果。

四、结果和诠释

(一) 经济融合

表7-2报告的是城镇化率对城镇居民经济指标的影响。首先以“绝对收入”(年收入对数)作为因变量,然后以“相对收入”(年收入/城镇全体居民年收入中位数)以及社会保险作为因变量进行分析。我们从OLS模型1可见,在其他条件一致的情况下,2006年的常住人口城镇化率对2010年的地区居民年收入对数有显著的正向影响。城镇化率每提高一个百分点,城镇居民的年收入会增加近两个百分点。我们在OLS模型2中进一步加入了城镇化与户籍的交互项,以分析城镇化对收入的效应在进城农民和城里人两个群体中是否存在显著影响。不过,该交互项的系数在0.05统计水平上并不显著。也就是说,城镇化对城里人和进城农民在收入方面的拉动效应没有明显差异。问题在于,已有研究表明进城农民所处的大部分行业收入较低,且即便和城里人在同一个行业中也因歧视而处于收入低端(王美艳,2005)。既然城镇化的收入效应在城里人和进城农民中相差无几,那么两个群体之间的收入差异就无法随着城镇化的推进而得以缩小。当然,我们如果考虑到进城农民每天的工作时间普遍长于城里人这个事实,就会明白进城农民是以延长劳动时间的方式赚取了其预期的那份收入——很多相对剥夺感即由此产生。

表7-2 经济融合:常住人口城镇化率的影响诸模型(*N*=3 695)

模型	因变量	核心解释变量和交互项			
		城镇化率U	农业户籍H	U×H	其他
OLS模型1	绝对收入	1.803 (0.574)***	−0.515 (0.139)***	—	—
OLS模型2	绝对收入	1.865 (0.578)***	−0.513 (0.142)***	−0.196 (0.591)	—
OLS模型3	相对收入	0.171 (0.058)***	−0.048 (0.015)***	—	—
OLS模型4	相对收入	0.177 (0.060)***	−0.048 (0.014)***	−0.019 (0.062)	—
OLS模型5	社会保险	0.867 (0.212)***	−0.346 (0.053)***	—	—

（续表）

模型	因变量	核心解释变量和交互项			
OLS 模型 6	社会保险	1.082 (0.203)***	−0.340 (0.050)***	−0.700 (0.204)***	—
IV 模型 1	绝对收入	5.037 (2.322)**	−0.538 (0.136)***	—	豪斯曼检验 未通过
IV 模型 2	绝对收入	5.744 (2.742)**	−0.646 (0.149)***	−3.578 (5.967)	同上
IV 模型 3	相对收入	0.422 (0.206)**	−0.053 (0.014)***	—	同上
IV 模型 4	相对收入	0.491 (0.232)**	−0.063 (0.016)***	−0.968(613)	同上
IV 模型 5	社会保险	2.321 (0.642)***	−0.541 (0.064)***	—	同上
IV 模型 6	社会保险	3.021 (0.621)***	−0.530 (0.062)***	−1.394 (0.385)***	同上
HLMs 1	绝对收入	1.522 (0.648)**	−0.514 (0.174)***	—	随机差异 0.415 (0.082)***
HLMs 2	绝对收入	1.593 (0.630)**	−0.511 (0.179)***	−0.236 (0.663)	随机差异 0.413 (0.082)***
HLMs 3	相对收入	0.134 (0.061)**	−0.048 (0.018)***	—	随机差异 0.035 (0.008)***
HLMs 4	相对收入	0.142 (0.068)**	−0.048 (0.018)***	−0.026 (0.709)	随机差异 0.035 (0.008)***
HLMs 5	社会保险	0.780 (0.226)***	−0.341 (0.051)***	—	随机差异 0.205 (0.053)***
HLMs 6	社会保险	0.997 (0.217)***	−0.335 (0.046)***	−0.711 (0.204)***	随机差异 0.201 (0.053)***

注：(1) 括号内为异方差稳健值标准误，其中 OLS 和 IV 模型标准误均进行了基于城市簇的校正。(2) * $p<0.1$，** $p<0.05$，*** $p<0.01$。(3) 表中未呈现的其他控制变量包括：性别、年龄、年龄平方、教育年数、就业状况、婚姻状况、城市人均 GDP 对数、城市人均固定资产投资对数，以及省份虚拟变量（OLS 和 IV 模型）。(4) IV 通过相关性检验，豪斯曼(Hausman)检验结果表明与 OLS 分析无系统差异，故应采用 OLS 估计量。

OLS 模型 3 和模型 4 以城市“相对收入”作为因变量。从模型结果可见，城镇化率和城镇居民相对收入整体上存在统计显著的正向关系。户籍交互项还表明，该效应在进城农民和城里人群体之间也不存在显著差异。和绝对收入一样，城镇化无法弥合相对收入上的城镇内城乡二元分割。在 OLS 模型 5 和模型 6 中，我们以社会保险因子作为因变量进行分析时发现，虽然城镇化率在整体上有助于提高全体居民的社会保险水平，但它和户籍的交互项系数显著为负，城镇化对城里人的社会保险参与率提升效应（1.082）几乎是进城农民的三倍（1.082－0.700＝0.382）。两个群体之间的收益差距进一步拉大。

表7-2还展示了IV回归结果。尽管未在表中报告，IV第一阶段回归中人口自然增长率与城镇化率之间高度相关，F统计量远大于经验值16，因此不用担心弱工具变量问题，但豪斯曼检验结果表明，IV估算结果和OLS模型结果并不存在系统差异，因此，我们应采信OLS回归结果。最后，表7-2使用双层HLMs（随机截距）进行分析，从表7-2中HLMs 1到6的结果可见，无论是城镇化率、户籍，还是两者的交互项，其回归系数的统计显著模式，总体上与OLS模型1到6的结果非常相似。对结果进行LR测试，发现HLMs模型在拟合数据上比基于相同变量的OLS模型好。总之，无论是OLS、IV，还是HLMs模型，都说明：与城里人相比，进城农民并未从城镇化中获得更大的红利以缩小与城里人的收入差距。而在社会保险方面，城镇化更有利于城里人。至此，假设1得到了验证。

（二）行为融合

表7-3以文化行为因子为因变量，采取和表7-2相同的方法，分别进行了OLS、IV和HLMs回归。从OLS模型1看，总体上城镇化有利于提高全体城镇居民的文化生活水平，强化城市文化行为特征。但OLS模型2的交互项分析则清楚表明，人口城镇化对文化行为的影响方向在进城农民和城里人两个群体中实际上是相反的：在其他条件全部相同的情况下，人口城镇化率对城里人文化行为的偏系数是0.379，而对进城农民群体文化行为的偏系数则为－0.135（0.379－0.514），也即文化行为效应为负。这一正一负，表明在传统粗放式城镇化影响下，人口越向城镇地区集中，城里人的城市文化行为特征愈发明显，而进城农民的城市文化行为特征却呈衰减趋势。一个可能的解释是，进城农民在收入方面无法缩小与城里人的差距，这大大限制了他们的文化消费能力，文化落差由此形成。进城农民的居住区位（主要居住于城乡接合部）、所居小区薄弱的城市公共资源也在很大程度上影响了其城市行为的适应性。可以说，城中村与“都市里的村庄”是城市行为适应性受阻的重要原因。

表7－3　行为融合:常住人口城镇化率的影响诸模型(N=3 695)

模型	因变量	核心解释变量和交互项			
		城镇化率U	农业户籍H	U×H	其他
OLS模型1	文化行为	0.221 (0.106)**	－0.127 (0.041)***	—	—
OLS模型2	文化行为	0.379 (0.139)**	－0.122 (0.038)***	－0.514 (0.250)**	—
IV模型1	文化行为	1.733 (0.861)**	－0.139 (0.046)***	—	豪斯曼检验 未通过
IV模型2	文化行为	1.668 (0.838)**	－0.129 (0.045)***	－0.774 (0.270)***	同上
HLMs 1	文化行为	0.238 (0.112)**	－0.130 (0.037)***	—	随机差异0.104 (0.039)***
HLMs 2	文化行为	0.399 (0.197)**	－0.125 (0.034)***	－0.526 (0.230)**	随机差异0.118 (0.038)***

注:(1) 括号内为异方差稳健值标准误,其中OLS、IV模型标准误均进行了基于城市簇的校正。(2) * $p<0.1$,** $p<0.05$,*** $p<0.01$。(3) 表中未呈现的其他控制变量包括:性别、年龄、年龄平方、教育年数、就业状况、婚姻状况、个人年收入对数、城市人均GDP对数、城市人均固定资产投资对数,以及省份虚拟变量(OLS和IV模型)。(4) IV通过相关性检验,豪斯曼(Hausman)检验结果表明与OLS分析无系统差异,故应采用OLS估计量。

表7－3的IV模型和OLS模型结果存在差异。工具变量分析表明城镇化也能促进进城农民的文化生活,只不过效应没有那么强(对于进城农民而言,城镇化的偏系数等于1.668减去交互项系数0.774,也即0.894,仍然为正)。而我们知道,OLS分析表明城镇化对进城农民文化行为的影响为负。不过,工具变量的豪斯曼检验排除了内生性,表明应采信OLS估计量。

我们使用多层模型进行对比。在表7－3中,HLMs模型表明:在其他条件全部相同的情况下,人口城镇化率对城里人文化行为的影响偏系数为0.399,对进城农民的行为因子的影响则为－0.127(0.399－0.526)。这个结果与OLS模型的结果非常接近。实际上,LR检测表明HLMs模型比OLS拟合更好。无论是OLS模型还是HLMs模型,分析结果都表明传统粗放式城镇化更有利于城里人提升其城市文化生活,但对提升进城农民的文化生活缺少推动作用。显然,这样的城镇化非但没有促进行为融合,反而易于产生城市内的二元分割。于此,假设 2 得到了印证。

(三) 心理融合

表 7-4 显示了城镇化率对"与农民交往"和"与城里人交往"两大心理融合指标的影响。首先,表 7-4 中的 OLS 模型 1 表明,粗放的城镇化对城镇居民与其群体内部的其他人——"城里人"的交往意愿没有显著影响。不过,和城里人相比,城镇化的效应在进城农民中更低(城镇化和农业户籍的交互项系数统计显著,为-0.395)。换句话说,城镇化率越高,进城农民与"城里人"的交往意愿就越低。

表 7-4 报告了 IV 和 HLMs 模型结果:工具变量分析(IV 模型 1-2)表明,尽管城镇化率系数比 OLS 分析得大,但统计显著性却极其一致。和前面的分析一样,尽管第一阶段回归 F 值说明工具变量具有高度相关性,不存在弱工具变量问题,但是豪斯曼检验结果表明内生性问题并不明显,因此应采信 OLS 分析结果。在随机截距模型 HLMs1-2 中,允许省份内样本相互不独立,但结论和 OLS 模型几乎没有太大的区别。LR 测试表明多层模型比 OLS 对数据的拟合更好。于此,假设 3 也得到验证:在传统粗放城镇化模式下,人口城镇化率的提高反而增加了进城农民与城里人的交往风险——产生了群体之间的心理疏离感。

假设未预判城镇化率对"与农民交往"是否具有拉动作用。因为流入城镇的农村人口既可能成为一种社会事实而迫使城里人不得不接受,也可能因彼此群体生活方式的差异而加深对彼此的隔离。不过,根据 OLS 模型 3 和模型 4,总体上来说,人口城镇化率会提升城里人与进城农民的交往意愿——因为这个效应在城里人群体中比在农民群体中更为强烈:前者的偏系数(1.215)几乎是后者偏系数(1.215-0.865=0.350)的四倍。这可能是因为城里人在经济社会地位和心理方面的优势,使得他们接受甚至乐于和农民交往,甚或基于功利的考虑,城里人不得不依靠进城农民,比如家政、养老服务等。此外,进城农民也并未因为进城而变得不愿意和农民交往:尽管相关系数 0.350 并不大,但其仍然是显著的。这可能和进城农民在流入地城市的社会网络结构有关。即城镇化率越高的地方,该行政区划外的进城农民——外地农民工数量就越高,由此而产生的进城农民的集聚程度就越高,其与本地居民——城里人相互认同的程度就较低、交往频率也会低,将对方指认为"他群体"的概率就会很高,受到外在歧视而产生的内群体的团结程度也就随之而趋于提高。

表 7-4　心理融合：常住人口城镇化率的影响诸模型(N=3 695)

模型	因变量	核心解释变量和交互项			
		城镇化率 U	农业户籍 H	U×H	其他
OLS 模型 1	与城里人交往	0.122 (0.303)	0.147 (0.051)***	—	—
OLS 模型 2	与城里人交往	0.132 (0.309)	0.153 (0.051)***	−0.395 (0.211)**	—
OLS 模型 3	与农村人交往	0.948 (0.339)***	−0.273 (0.049)***	—	—
OLS 模型 4	与农村人交往	1.215 (0.356)***	−0.265 (0.047)***	−0.865 (0.256)***	—
IV 模型 1	与城里人交往	0.656 (0.889)	0.147 (0.042)***	—	豪斯曼检验未通过
IV 模型 2	与城里人交往	1.004(1.11)	0.095 (0.045)**	−4.20 (2.45)*	同上
IV 模型 3	与农村人交往	2.208 (0.929)***	−0.294 (0.041)***	—	同上
IV 模型 4	与农村人交往	2.941 (0.981)***	−0.267 (0.046)***	−2.289 (1.08)**	同上
HLMs 1	与城里人交往	0.055 (0.409)	0.129 (0.049)***	—	随机差异 0.146 (0.039)***
HLMs 2	与城里人交往	0.109 (0.401)	0.134 (0.048)***	−0.422 (0.278)*	随机差异 0.143 (0.038)***
HLMs 3	与农村人交往	0.914 (0.469)**	−0.271 (0.058)***	—	随机差异 0.191 (0.036)***
HLMs 4	与农村人交往	0.979 (0.490)**	−0.264 (0.057)***	−0.881 (0.322)***	随机差异 0.188 (0.036)***

注：(1) 括号内为异方差稳健值标准误，其中 OLS 和 IV 模型标准误均进行了基于城市簇的校正。(2) * $p<0.1$，** $p<0.05$，*** $p<0.01$。(3) 表中未呈现的其他控制变量包括：性别、年龄、年龄平方、教育年数、就业状况、婚姻状况、个人年收入对数、城市人均 GDP 对数、城市人均固定资产投资对数，以及省份虚拟变量(OLS 和 IV 模型)。(4) IV 通过相关性检验，豪斯曼(Hausman)检验结果表明与 OLS 分析无系统差异，故应采用 OLS 估计量。

(四) 身份融合

表 7 - 5 报告了身份融合的结果(城市身份感、本地身份感)。由于身份认同指标均为二分变量,本研究分别使用了 Probit、IV-Probit 和 ML-Probit 随机截距模型。从 Probit 模型 1 - 2 可见,人口城镇化率不能显著提升城里人的"城市身份感",但会拉大进城农民与城里人在"城市身份感"认同上的差距:交互项系数显著且为负数(—0.344)。Probit 模型 3 - 4 进一步显示,城里人的"本地身份感"和城镇化率无关,但进城农民和城里人在"本地身份感"上的差距却会随着人口城镇化率提高而显著拉大,交互项的相关系数显著且为负数(—1.278)。换句话说,城镇化影响"本地身份感"和影响"城市身份感"的模式是非常接近的,人口城镇化率越高,进城农民的身份认同反而越低。这显然是由农民在流入地城市可能遭受的一些体制限制和歧视所致。

IV-Probit 模型 1—4 提供了工具变量的分析结果。和 Probit 模型 1—4 相比,工具变量的使用放大了人口城镇化的有关系数,但其统计显著状况和 Probit 模型基本一致。瓦尔德检验表明,我们应采信 Probit 模型的结果。最后,我们再看 ML-Probit随机截距模型的结论:在"城市身份感"分析中,ML-Probit 模型 1 与 2 的系数特征和 Probit 模型 1 与模型 2 一致。但在"本地身份感"分析中,我们发现城里人的"本地认同"和城镇化也显著负向相关,即,ML-Probitt 模型 3 - 4 和 Probit 模型 3 - 4 的结论不同。不过,ML-Probit 模型 3 和 4 的随机差异部分并不显著,因此我们仍采信 Probit 模型的有关结论。至此,我们验证了假设 4,即进城农民认同移入城市的心理会随着传统粗放式城镇化的推进而弱化。

表 7 - 5　身份融合:常住人口城镇化率的影响诸模型(N=3 695)

模型	因变量	核心解释变量和交互项			其他
		城镇化率 U	农业户籍 H	U×H	
Probit 模型 1	是城里人	0.147 (0.687)	—1.358 (0.081)***	—	
Probit 模型 2	是城里人	0.157 (0.705)	—1.353 (0.084)***	—0.344 (0.135)**	
Probit 模型 3	是本地人	—0.782 (0.542)	—0.793 (0.126)***	—	

（续表）

模型	因变量	核心解释变量和交互项			
		城镇化率 U	农业户籍 H	U×H	其他
Probit 模型 4	是本地人	−0.310 (0.645)	−0.721 (0.104)***	−1.278 (0.503)**	
IV-Probit 模型 1	是城里人	2.193 (2.213)	−1.393 (0.121)***	—	瓦尔德检验 未通过
IV-Probit 模型 2	是城里人	3.133 (3.389)	−1.431 (0.121)***	−0.852 (0.431)**	同上
IV-Probit 模型 3	是本地人	−4.912 (3.871)	−0.812 (0.131)***	—	同上
IV-Probit 模型 4	是本地人	−4.703 (3.761)	−0.695 (0.127)***	−2.219 (0.648)***	同上
ML-Probit 模型 1	是城里人	0.143 (0.631)	−0.1426 (0.061)***	—	随机差异 0.039 (0.012)***
ML-Probit 模型 2	是城里人	0.157 (0.427)	−1.513 (0.061)***	−0.284 (0.132)**	随机差异 0.038 (0.013)***
ML-Probit 模型 3	是本地人	−1.201 (0.561)**	−0.692 (0.071)***	—	随机差异 0.131 (0.227)
ML-Probit 模型 4	是本地人	−0.940 (0.470)**	−0.642 (0.069)***	−1.463 (0.313)***	随机差异 0.129 (0.217)

注：(1) 括号内为异方差稳健值标准误，其中 Probit 和 IV-Probit 模型标准误均进行了基于城市簇的校正。(2) * $p<0.1$，** $p<0.05$，*** $p<0.01$。(3) 表中未呈现的其他控制变量包括：性别、年龄、年龄平方、教育年数、就业状况、婚姻状况、个人年收入对数、城市人均 GDP 对数、城市人均固定资产投资对数，以及省份虚拟变量(OLS 和 IV 模型)。(4) IV 通过相关性检验，瓦尔德(Wald)检验结果表明结果与 Probit 分析无系统差异，故应采用 Probit 估计量。

五、结语与讨论

本研究分析了在传统粗放式城镇化背景下，人口城镇化率与社会融合诸维度之间的关系。研究结果支持了“不平等城镇化效应”假说，即在多重分割体制下，在经济、文化、心理或身份融合这几个维度，进城农民都未能比城里人从城镇化过程中更多地获益。表现在模型中就是，城镇化率与农业户籍的交互项系数要么不显著(在绝对和相对收入方面)，要么显著为负(在社会保险、文化行为、心理接纳和身份认同方面)。为什么城镇化率的迅速提高反倒降低了社会整合程度，就此可以得到一定解释。当然，传统粗放式城镇化对社会融合的消极效应并不预示着人口向城镇的流动过程对进城农民不具积极意义。毕竟,与不进城前相比,其收益增加了。

针对传统粗放式城镇化问题,《国家新型城镇化发展规划 2014—2020》指出,要以人的城镇化为核心,合理引导人口流动,有序推进农业转移人口市民化,促进人的全面发展和社会公平正义,使全体居民共享现代化建设成果……逐步消除城乡区域间户籍壁垒,促进人口有序流动、合理分布和社会融合。2015 年刚刚出台的《国家新型城镇化综合试点方案》,主要包括了以下内容:一是形成农民工市民化成本分担机制;二是建立多元、可持续的城镇化投融资机制;三是强化农村土地产权制度改革;四是探索更加高效、行政成本更低的"镇改市"模式;五是在"多规融合"中建设创新城市、智慧城市、低碳城市与人文城市等。

需要讨论的有以下几点。

第一,《国家新型城镇化综合试点方案》的实施,各地一定会在"新型城镇化"方面做出更多探索,逐步促进社会融合的发展。建议各地在试点过程中,考虑出台一些更加明确的"以人为核心"的政策导向内容,渐次以新型城镇化替代传统粗放式城镇化,从而步入包容式发展之路,既给当地户籍居民,也给进城农民创造发展机遇。不管是市民化的成本分担、投融资机制创新、农地产权改革,还是"镇改市"的尝试与"多规融合"的发展等,其考核的指标设计,我们最终都应着眼在"人"的融合性感受上。

第二,对农民工的市民化,或者对进城农民的市民化成本的核算,主要基于住房、交通、社会保险、教育资源等基本公共服务,这无疑具有极其重要的积极意义,可以在很大程度上通过政府、企业与个人之间的成本分担等机制创新缓解"经济融合"问题。建议在试点城市扩展融合内容,进一步探索解决进城农民与城镇户籍居民的文化融合、心理认同与身份认同等深层次问题,既看到农民工在市民化过程中可能发生的一些"成本",也看到农民工对流入地的贡献,二者不可偏废。只有当农民工成为城市的建设者与新市民,城市的社会融合动力才会真正启动。

第三,在移民研究中,伴随流动人口在一个具体城市中数量的提升,理想状态下的流动人口社会融合度会发生 U 形或 V 形转化。在某些城市或某个特定的历史时期,的确会表现出这种特征。但在另外一些城市,当制度区隔限制了流动人口对基本公共服务的分享时,U 形或 V 形转变的预期就难以出现。特大城市和大城市户籍制度的改革方向,应是发挥市场对人力资源的配置作用,而不是单纯以行政手段实现计划管控。

第四，要让进城农民长期稳定生活在城镇以固化既有的城镇化成果，就必须提升进城农民的社会保险水平。近年来，养老保险的可携带与可转移性，以及各个城市政府的劳动执法检查，较快提升了进城农民的参保率。但现实中还存在一些问题。从近期农民工酿就的群体性事件的具体表现来看，“欠薪”所占比重有所下降，“欠保”所占比重有所上升。制度设计中较高的保费征缴比例不但提升了企业的经营成本，而且影响了农民工当前的现金收入。另外，农民工的工资收入与日益上升的城市生活成本之间的矛盾，也是其拒交社会保险的一个主要原因。

第五，应该看到，社会融合还会表现为一个长期的过程。正因为如此，习近平总书记才在 2014 年年底的经济工作会议上强调说，推动城镇化要有历史耐心。要推动社会融合，既要强化城里人与城里人之间的本地化身份认同，也要强化城里人与进城农民之间的本地化身份认同，同时还要为进城农民的本地化身份认同创造条件。所以，在社会政策投入上，城市政府要以包容发展为基础，将进城农民带来的多元习俗与文化等，充分整合进城市文化的固有内核，创造出一种升华了的新价值，以提升本地化中的趋同性。

正因为如此，促进社会融合的政策效果难以在短期显现。特别是，拥有城镇户籍并不等于立刻就能获得平等的经济社会资源。统计模型中城镇户籍对社会融合的显著效应，实际上是户籍制度长期以来形成的城乡经济和社会差异的反映。这个鸿沟是现实的存在，是制度力量长期积累的产物。只要流出地的经济社会发展水平和流入地存在较大差距，不管户籍制度是不是存在，排斥都不会轻易消失。因此，比户籍制度改革更具实际意义的是解决劳动力市场壁垒、教育机会与医疗资源的公平分享、城镇住房等实质不平等问题。

本研究还有一些不足之处和值得进一步深化的地方。首先，人口城镇化率和经济、文化、心理与身份融合之间的因果链条仍然需要进一步明晰：我们虽然有数据关联的证据，但是具体的机制、渠道（如我们提及的劳动力市场供给和城镇内需）仍然只是出于理论直觉。其次，我们希望有更大样本的数据进行分析，特别是进一步区分异地流动、就地转化等多种城镇化方式的差异。最后，社会融合有诸多的维度，我们仅仅分析了经济、心理、身份和文化四个方面，难免存在遗漏，或在分类上有所重叠甚或不合理之处。类似问题，我们将在后续研究中加以关注。

第八章　流动人口的政府满意度

一、引　言

“民惟邦本,本固邦宁。”民本思想是儒家政治文化的内核,也是秦汉以来中国历代王朝维系统治秩序的基本政治原则。与传统社会相比,在当代中国的国家治理体系中,民众对政权合法性的认可对象已经发生了从具象化个人到抽象化组织的重大转变,使主导性的评价标准发生了从“天命”向“绩效”的理性化转型(赵鼎新,2012)。这也从根本上改变了中国国家政治的运作逻辑,即对于主要责任方的中央及地方政府而言,构筑自身合法性愈发地取决于其对公民在经济生活、社会治安以及国家安全等领域权益的实现程度。而在政治意义之外,公众对政府工作的满意度也成为行政体制内部进行自主性革新的重要参考,对于优化组织架构、提升治理能力以及重塑社会形象均具有现实意义。

1978年以来,中国的市场化改革以及城镇化进程从根本上改变了城乡人口的分布格局,庞大的流动人口开始在大中城市高密度聚集。这一过程虽然使城市政府在国家治理体系中的核心地位得到进一步强化,但也导致传统“户籍二元化”治理模式日益难以适应治理对象层面所发生的新变化。在计划经济时期,受到户籍制度以及依托其所建立的公共品定量分配体制等条件的约束,城市政府与数量有限的市民群体之间形成了一种高度稳定的“总体性支配”关系(孙立平等,1994)。但在进入由市场力量驱动的社会转型期后,利益分配机制的自由化在市民内部导致了日趋明显的阶层分化,针对政府的怨恨情绪开始滋生并向全社会蔓延(成伯清,2009)。而单位制的瓦解更削弱了国家对基层社会的制约,致使各种都市维权运动,甚至群体性事件开始集中爆发(冯仕政,2006)。传统的城市治理关系日益紧张,流动人口这一外部因素的出现则真正使城市成为社会矛盾生产的核心场域。一方面,外地人的流动过程对本地弱势群体而言意味着愈加不利的生活境遇,即影响了他们在工作机会获取和公共服务资源分配中的既得利益,他们因而在态度和行为层面表现出强烈的排外性。但作为互动关系的另一方,流动人口长期在城镇内部二元分割体制下所遭受的各种制度性不平等和人为歧视，都为这一群体在城市争取“公民权(citizenship)”的实际行动提供了激励(苏黛瑞，2009)。总体来说，城市社会的治理关系不但因市民在制度转型期间的利益受挫而日趋紧张，更由于传统粗放型城镇化的不平等效应所制造的社会融合问题而更加复杂。这无疑对地方政府的职能类型、工作方式以及绩效水平等提出了更高的要求，大大增加了社会治理以及合法性获取的难度，因而对社会运行的持久性与高效性构成了严峻挑战。

面对当代中国城市政府治理关系的变化和困境，本研究试图在实证层面了解本地市民与流动人口对政府工作满意度的差异，并且从社会融合的角度来探寻政治态度的群体分化机制。在以往的社会融合研究中，多数学者是以流动人口作为分析对象并侧重从原因维度展开讨论，尤其关注制度特征(陈云松、张翼，2015)或个体因素(任远、乔楠，2010)对融入城市社会的实际影响。但学术界针对社会融合在结果维度的研究相对较少，主要集中在心理健康、思维观念等个体层面(悦中山等，2012)，尚未对其所产生的宏观效应进行专门讨论。实际上，在中国城市中，个人的日常生活需要在由政府所提供的结构性条件下才能正常进行。正是在微观的个体行动与宏观的制度环境的紧密联系下，城市社会的治理关系由本地人以及外地人对政府工作的满意度而直接、全面且深刻地反映出来。因此，本研究将在实证层面补充以往研究在这一因果链条上所缺失的环节，致力于揭示政府治理认受性形成的微观机制，为新型城镇化建设背景下城市政府实施绩效优化策略、提升社会治理的人本性、精准性和现代性提供政策参考。

二、文献回顾

20世纪60年代，西方学术界掀起了关于满意度的研究热潮。组织研究领域的学者率先对员工满意度问题进行了讨论(Herzberg，1966)。随后，针对生活满意度(Requena，2003)以及社区生活满意度(Auh & Cook，2009)等议题的深入讨论也相继展开。但这一时期学者对满意度的关注焦点集中在经济和社会层面，直到20世纪80年代，在“新公共管理”运动的推动下，西方政府的治理思路发生了从“政府本位”向“公民本位”的转变(陈振明，2003)，民众对政府工作的满意度才日益得到理论界和政策界的重视，并以此作为评估政府绩效水平、合法性状态以及政权稳固程度的主要参考。

现有研究主要从三条路径来解释政府工作满意度形成及变化的逻辑。首先,在公众层面,虽然政府的工作表现存在被认知加工的过程,但政府被公众所认可的最基本条件仍是其在实际行动中所产生的具体绩效。经济增长和公共服务是现代政府制定公共政策的基本考量。库萨克(Cusack,1999)在以德国为案例的研究中发现,政府在促进经济发展中的良好表现极大地提升了本国民众对其的认可程度,并且这一关联在东德和西德这两个文化背景基本类似、政治制度特别是经济绩效上差异明显的国家中表现得更加明显。而范里津(Van Ryzin,2007)将分析的重点放在了公共服务上。他在以纽约市为考察对象的研究中发现,市政府在某些关键性民生性财政支出的增加将显著提升当地民众对其的满意度。上述研究均在稳定的社会秩序中展开,而一旦社会的正常功能遭到破坏,就可能使政府与民众的关系在异常状态下发生巨大变化。陆奇斌等(2010)在研究中发现,当地政府在灾害应对时的工作能力对民众的评价产生了显著影响。尉建文和谢镇荣(2015)进一步发现,在灾后重建阶段,由于基层政府往往以"变通"策略来执行中央及上级政府的政策,或者以"共谋"的方式来应付政策验收,致使有效治理的目标难以实现,往往导致当地居民对其的评价偏低。

其次,个体对事物的认识具有历时性变化的特点,因而其对政府当前工作的评价受到其先前认知的影响。在对消费者的研究中,Oliver(1980)发现这一群体的满意度实际上是他们对商品的期望或预期的函数,也即人们对商品或服务的评价会明显地受到他们之前对其特征或收益的期望的显著影响。换句话说,这种期望是基于个体对特定商品的性能或品质有过真实体验后而形成的主观认知,人们以此作为评估同一商品在当前所带来的实际效益的参照,而比较后的结果最终反映在情绪和态度上。与之类似,在过去的时间锚点上,公众对政府绩效表现会给予特定的评价,并期望政府在之后的表现能够与此类似或更佳。但如果政府的实际表现低于这种期望,就会导致公众对政府的满意度下降。由此形成的关于政府满意度的"期望失验理论"(Expectancy Disconfirmation Theory)也获得了大量经验证据的支持。例如,国外研究者发现,纽约市民众对当地政府在社会服务质量方面的评价,既受到政府当前实际表现的影响,又与其以往的工作效果密切相关,也即对政府的过高期望使得民众满意度的提升幅度较为有限(Van Ryzin,2004)。

Salehi & Heydari(2012)将研究视野扩展至都市之外的乡村社会,证实了居民对当地政府的绩效评价会因认知落差而发生变化。除地方层面外,“期望失验”机制也被证实存在于国家层面,例如美国民众对联邦政府的工作表现评价也受到其对后者的期望的影响(Morgeson,2013)。具体到中国社会,国内学者对汶川地震后的官民关系进行了深入研究,不仅发现当地居民对政府的满意度出现了随时间推移而下降的趋势,而且证实其最重要的原因是民众对政府在救灾以及恢复重建上的过高期望与政府的有效治理不足形成了鲜明反差,进而造成其在心理上出现了巨大落差,因而对政府的评价趋于消极(张欢等,2008)。

第三,从公众角度来看,其自身的社会属性也被视为影响政府工作满意度的重要因素。个体的社会经济地位是影响其利益获得的最基本条件,并以此对其生活境况以及政府绩效水平形成相应的认知。在以西方社会为背景的研究中,Roskruge et al.(2013)发现,收入、职业以及住房等客观的物质利益对个体生命历程具有重要影响,也即人们在不同时间点的利益状态会使其对政府形象认知的构建形成显著差异。在中国,张翼(2008)深入分析了中产阶层的政治态度的形成机制,发现在同一制度环境中的“获益者”要比“失意者”有更加积极的政治态度,即对现有制度的支持度更高、对政府工作的评价较为正面。此外,周长城和徐鹏(2014)考察了中国村镇层级的政府绩效在民众中的受认可程度,发现社会经济地位的历史变化是影响人们评价政府绩效的最主要因素。王晓莹和罗教讲(2016)在对覆盖城乡的全国性样本的分析后发现,生活境遇不同的个体对政府绩效的评价也存在显著区别。

以上所论述的分析路径充分展现了公众与政府分别作为评价者与评价对象对政府工作满意度的独特作用。但以一种更宽广的分析视角来看,由于个体是以一定的社会关系参与到社会行动中,因此其对特定事物的认知和判断并不完全取决于外在客体或自身主体的性质,而会在与他人的持续互动的过程中不断形成、修正以及定型。在个体层面,每个人所处的关系网可能会影响其对政府工作表现的看法,因而个体社会资本日益受到学者们的重视。例如,在 Putnam(2000)所进行的经典研究中,第二次世界大战后美国社会资本的衰退就与结社活动的频率和质量下降存在紧密联系,因为这严重影响了公众彼此间的信任、规范以及社会网络。罗家德等(2014)则从社会资本视角对汶川地震后村民对基层政府满意度的下降进行了分析,发现个体社会资本的多寡在其中发挥着重要作用。但在以互动论来解释政府工作满意度的逻辑中,"关系"不仅仅以原子化个人而构建起来,实际上也涵盖在组织和身份上发生分野的异质性群体中。事实上,群体之间的利益分野会在意识层面强化彼此之间的区分,最终在群体的社会态度和外部性行动上凸显这种异质性。因此,政治学研究者强调应着眼于宏观制度环境中经济资源以及政治权利的分配差异来审视群体政治态度的形成机制(Clarke et al.,1993)。而在中国,户籍制度则是贯穿改革前后社会结构分化的最基本机制之一。但需要注意到,在城市化的高速发展使城乡人口结构发生根本性变化的背景下,户籍制度塑造了一种全新的城市内部的二元分割体制,表现为在地理上共存、在地位上隔离的市民与流动人口。而当他们的生活逐渐交融后,形塑其态度的利益认知逻辑会因关系的生成而发生改变,并进一步反映在其对城市政府的心理态度上。虽然既有文献已对单一的户籍群体有所涉及,但缺乏对同质性空间内的异质性群体的比较分析。这一领域的空白是本研究开展的起点。接下来,我们将依托于社会融合理论并结合中国制度转型的现实背景,详细阐释市民与流动人口的利益认知模式的形成机理及其与政府工作满意度之间的内在关联。

三、理论背景与研究假设

(一) 融入与接纳:社会融合的分析路径

改革以来的高速城市化进程为国内的移民研究提供了现实支撑,促进了有关流动人口的学术成果迅速积累,国内研究在构建本土化理论(杨菊华,2009)、设计及优化测量指标体系(风笑天,2004)、拓展研究内容(王春光,2003)等方面取得引人瞩目的成就。特别是,学界在探究影响流动人口融合的因素时表现出典型的个体与制度两种解释取向。从微观层面来看,流动人口在进入城市社会前后所处的弱势地位是造成其出现适应与融入困难的直接原因,这些不利条件具体表现为较低的社会经济地位(任远、邬民乐,2006)、支持力度弱的社会网络(李树茁等,2008)以及低频率的异质性社会交往(王春光,2001)。但另一方面,流动人口虽然脱离了户籍制度所塑造的城乡二元社会结构的限制,但其在身份上的制度性约束却很难通过空间流动来打破,从而在城市内部面临着工资收入、社会保障、公共服务等方面的不平等待遇(陆益龙,2006;彭希哲、郭秀云,2007)。此外,也有学者注意到，流动人口在融入时面临的现实问题是本地市民的接纳与否，因此也需要关注后者的交往意愿、价值观以及社会心理等因素的作用（刘林平，2008）。

以上实证研究为社会融合的基本过程及其发生机制提供了诸多洞见，但在分析对象意义上采取的是一种单向式的研究路径，忽视了"融合"作为一种互动关系对行动者的态度及行为所产生的重要影响。Park（1928）对社会融合定义为："个体或群体互相渗透（interpenetration）、相互融合（fusion）。在这个过程中通过共享历史和经验，相互获得对方的记忆、情感、态度，最终整合于一个共同的文化生活之中。"换言之，社会融合是一个内涵极为丰富的概念，因此需要以一种"动态的、渐进式的、多维度的、互动的"视角加以详细审视（杨菊华，2009）。宋月萍和陶椰（2012）基于融入与接纳的互动论视角对流动人口的社会融合困境进行了全方位分析，发现该群体的融入意愿和行为显著地受到本地人对其的接纳意愿的影响。这种在群体互动过程中产生的拒斥倾向，既根植于因生活经历与文化背景的差异而形成的心理区隔，也来源于直接的利益冲突，并且这两种作用逻辑在现实中往往呈现出相互转化的趋势（王嘉顺，2010）。类似地，李煜（2017）以利益威胁与文化排斥构建了关于市民排斥态度的解释框架，并在以上海市民为对象的实证研究中发现，旧市民和新移民对流动人口的态度都与对各自的利益状态的认知情况密切相关。这意味着背景差异巨大的两类户籍群体在同一场域下进行社会互动时可能会形成截然不同的利益认知模式，从而形塑是否融入城市或者接纳融入者的意愿和行为。

需要指出的是，基于单一城市所获得的研究发现很难具有推论总体的信度，并且尚未有研究对流动人口与市民在融入或接纳过程中的利益认知模式进行比较分析，更重要的是缺少由此对城市治理关系的拓展性讨论。接下来，我们将在中国制度转型的背景下深入剖析本地市民与流动人口在利益认知模式上的分化逻辑，并探究互动关系的变迁如何影响行动者对政府绩效的评价。

（二）制度转型、利益认知逻辑分化与政府绩效评价

1978年后的体制转轨使计划经济时期形成的高度平均且稳定的利益分配结构迅速瓦解，社会成员之间开始出现阶层分化。而且，个体地位在制度转型前后的升降变迁也反映在心理层面，尤其体现为其对社会平等与社会冲突等问题的认知态度。一项利用全国性抽样数据进行的研究表明，2005—2008年间，多数中国

民众认为收入不平等程度将不断加深,而且阶层之间的冲突也将日趋严重(李路路、唐丽娜、秦广强,2012)。

更为严重的是,阶层对立情绪的紧张加剧了社会系统的运行风险,日益激化的社会矛盾和冲突对国家政权提出了巨大挑战,凸显为政府所面临的信任危机。在针对农村的研究中,胡荣(2007)发现中央及省市政府在农民中仍保持着较高的权威和信任感,但基层政府的行为和形象受到强烈质疑。在之后的研究中,这种"央强地弱"的信任格局被证实同样存在于城市地区(胡荣等,2011)。但从城乡比较视角来看,无论是在中央层面,还是在属地政府层面,城市居民均表现出显著高于农民的信任水平,而后者的低政府信任度主要由其对基层政府的绩效评价较差所引起(高学德、翟学伟,2013)。一旦农民流入城市就转化为流动人口,与其建立治理关系的主体从乡村政府转变为城市政府,因而与市民共享同一绩效评价对象。但李培林和李炜(2007)发现,双方的社会态度表现出相反的趋向,并主要由其如何看待自身的利益状态所决定。本书认为,这两类户籍群体在制度转型和城镇化过程中所表现的差异化发展路径,是引致利益认知逻辑出现分化的结构性根源,并由此影响到双方对政府工作绩效的评估方式以及具体水平。

第一,市民群体在市场化改革期间有着明显的利益受损经历,这与城市资源分配机制的转型和城镇化进程的快速推进密切相关。20 世纪 80 年代中期以后,体制改革的重心开始向城市转移,依靠行政命令运转的传统福利分配模式被推向市场,这给城市居民带来了物质利益和地位优势感的双重削弱(苏黛瑞,2009)。同时,职业分配机制的市场化也形塑了新的社会分化模式,造成市民内部的收入差距不断拉大(怀默霆,2009)。这种生活境遇的下降在结构性不平等的作用下带来了相对剥夺感的产生。马磊和刘欣(2010)在研究中发现,超过半数的城市居民对分配公平持有消极的判断。他们认为,这主要是由时间和群体意义的相对比较因素(与自己过去的情况和其他市民的情况)所决定,与个体自身的绝对社会地位关联不大。公平感的下降不仅激发了城市弱势阶层对优势阶层的"嫉妒"乃至集体性怨恨(成伯清,2009),而且演化为对政府工作效力的强烈不满,并最终在现实层面呈现为群体性事件甚至威胁社会秩序的"骚乱"事件(李保臣、李德江,2013)。

同时,高速的城镇化进程促使流动人口大规模集聚并为产业发展提供人力支持。但廉价劳动力的"红利"对于不同阶层的市民有着截然不同的意义。在当地处于社会上层的成员可以利用流动人口对降低经济成本的效应，从中获益(Scheve & Slaughter，2001)。但这对中等收入群体却意味着更大的缴税压力(Sniderman & Piazza，2002)，特别是处于城镇劳动力市场的低端结构且对城市公共服务依存度较高的弱势市民也因外部性竞争而面临生存境遇恶化的风险(Ceobanu & Escandell，2010；Hainmueller et al.，2011)。在此情况下，多数本地市民极易把外地人构建成想象中的“利益威胁者”，并在行动上加以排斥。而且，王晓莹和罗教讲(2016)发现，市民对不满情绪的发泄存在蔓延至当地政府的风险，集中表现为市民对政府在公共服务供给上的表现会做出负面评价。

第二，虽然传统粗放型城镇化模式具有群体层面的不平等效应，即形塑了城里人与外地人的新二元分割体制(陈云松、张翼，2015)，但这对于流动人口而言则产生了时间意义上的利益提升效应。在历史上，中国农民长期面临着农业边际生产效率不断下降的“内卷化”风险，使其生活水平长期处于贫困状态(黄宗智，2000)。但这一局面随着市场化改革带来的大量非农就业而得到根本性扭转。一方面，农民实际收入在1978—2003年间增长了4.5倍，并且农业收入在未来仍具有不断增长的潜力(黄宗智、彭玉生，2007)。另一方面，进城务工的农民平均月收入在2005年为929元(邢春冰，2008)，在此后的十年间(2006—2015年)，其收入增长了3倍以上(田丰，2017)。

对流动人口而言，绝对收入的持续增长不仅意味着物质生活以及身心健康的改善(国家统计局课题组，2007；程遥，2012)，而且对推进农民的市民化过程发挥了重要作用，具体表现为：进城农民融入城市的意愿不断提高(宋月萍、陶椰，2012)，对城市及市民身份的认同感日趋增强(蔡禾、曹志刚，2009)，以及形成了一种区别于以往生活经验的价值观念和行为选择(蔡禾等，2009)。更重要的是，这一全方位的市民化过程使流动人口的认知模式发生了深刻转变。这既表现为外地人对其与市民之间差异感的消失以及对城市生活的高满意度(许传新，2007)，又在社会态度层面有所呈现，包括对未来生活的积极预期、相对适中的分配公平感以及与本地市民截然不同的冲突感知(李培林、田丰，2011)。换言之，相比于市民，流动人口遵循“历史决定”逻辑来构建其对利益认知的模式，而非由“经济决定”逻辑所主导，该群体在与自身的纵向利益比较后就会形成积极的社会态度(李培林、李炜，2007)。

流动人口与本地市民的互动形塑了双方认知自身利益的差异化逻辑，这可能蕴含因“期望失验”而引致对政府工作的不同评价。前者因空间迁移而获得了时间上的利益增加，由此建构的“历史决定”逻辑使其倾向于对城市政府的绩效做出积极性评价；而制度转型对计划经济体制的冲击则在历史维度上削弱了市民的绝对利益，并且因群体内部的地位分化造成了相对利益的减损，由此分别形成的“历史决定”与“经济决定”逻辑相互叠加，使利益受损的感受明显强化，进而产生对属地政府治理绩效的强烈不满。此外，我们需要注意到：传统粗放型城镇化模式的后果之一是形塑了城镇内部的二元分割体制，其对本地人和外地人所产生的经济社会效应呈现出明显的不平等性质，由此导致了这两类群体与城市社会的利益联结方式以及程度形成显著区别，确切地说，是与城市社会的融合程度不同（陈云松、张翼，2015）。然而，尽管流动人口在社会融合的“量”上明显不足，但基于历史比较的利益认知逻辑能够为其在带来更多的边际效益，而双重利益认知逻辑则很难为已与城市融合密切的市民带来同样的效果。依此逻辑，社会融合的加深能够使流动人口的“期望失验”趋于正向发展，但对本地人口“期望失验”的积极效果则弱于前者，甚至产生负向效应。由于不同户籍群体的社会融合对各自政府满意度具有差异化效应，我们据此提出本研究的核心假说如下。

社会融合对流动人口评价政府工作的正面效应强于对本地市民的影响。

学术界认为“社会融合”具有多重内涵。例如，张文宏和雷开春（2009）在针对城市新移民的实证研究中提取了经济、文化、心理和身份四种融合因子。杨菊华（2010）进一步围绕经济、行为、文化和身份等维度构建了社会融入的指标体系。李培林和田丰（2011）对农民工社会融入的代际比较分析也是从经济、心理、身份和社交四个层面展开。综合上述研究以及分析数据的特点，本研究主要参考陈云松和张翼（2015）基于“经济”“行为”“心理”和“身份”四个维度所构建的社会融合框架，分别关注的是本地市民与进城农民在收入增长、具有城市特征的文化行为、彼此的交往意愿、对城市的地域性认同以及嵌入其中的市民性认同四个方面的情况。我们根据之前已经梳理的关于社会融合对政府工作满意度具有户籍分化的效应，可以提出以下四个子假设。

假设1：经济收入的提升对流动人口评价政府工作的正面效应强于对本地市民的影响。

假设2:城市性文化行为对流动人口评价政府工作的正面效应强于对本地市民的影响。

假设3:不同户籍群体的心理趋近对流动人口评价政府工作的正面效应强于对本地市民的影响。

假设4:城市性身份认同对流动人口评价政府工作的正面效应强于对本地市民的影响。

四、数据、变量与分析策略

(一) 数据来源

本研究所使用的数据涉及个体和城市两个层面。微观层面的数据来自中国社会科学院社会学研究所于2011年7月至11月间在全国范围内开展的第三轮“中国社会状况综合调查”(Chinese Social Survey,以下简称CSS)。该调查采用多阶段混合概率抽样方式(PPS),抽取了全国28个省市自治区的100个县(市、区)和5大城市所辖的480个村(居)委会,共入户访问了7 036位年满18周岁及以上的城乡居民。在样本筛选过程中,由于CSS2011问卷中关于流动人口的题项是围绕农民工群体来设置的,因此我们将“流动人口”限定为在调查时所在的城市工作或居住、拥有农业户口的18周岁以上的人群,而户口登记地在本地且为非农户口的样本则为“本地市民”。在对数据进行处理后,城镇人口样本总量为3 205,其中本地市民和进城农民的数量分别为2 208和997。此外,考虑到受访者所在城市间的差异会对其微观特征产生影响,本研究从与CSS2011的数据年份(2011年)相一致的《中国城市统计年鉴》中提取了85座城市的人均GDP和人均固定资产投资这两项重要的宏观经济指标,将其与个体数据进行匹配后进行跨层次分析。

(二) 变量说明

1. 因变量

在本研究中,被解释变量是民众对政府工作的评价。CSS2011设置了11个关于政府绩效评价的问题,涵盖了经济增长、公共服务、信息公开、腐败治理、行政执法等诸多领域。这些题项的评分标准为:1=很好,2=比较好,3=不太好,4=很不好,8=不清楚。考虑到公众对政治性议题较为敏感,可能导致其回答时相对谨慎,我们将“不清楚”的回应视为一种中立性评价,并将该变量进行重新赋值:

1=很不好,2=不太好,3=不清楚,4=比较好,5=很好。在对上述11个指标进行主成分因子分析(principal component factors)并采用最大方差方法(orthogonal varimax)进行旋转后,我们得到了三个特征值(eigenvalue)大于1的公因子。

如表8-1所示,我们按照因子负载系数≥0.5的指标归入同一个公因子的通行标准,最终获得“社会公平因子”(信度系数为0.7376)“公共服务供给因子”(信度系数为0.6872)以及“行政能力因子”(信度系数为0.6813)。

为构建适合统计分析的因变量,我们采用了同属一个公因子的各题项标准化后求平均值的方法。在此基础上,我们进一步将上述三个方面的政府满意度的取值范围转换为0—100,以便于后续的线性模型的拟合以及结果解释。这样,受访者在上述三个因变量上的得分越高,表明其对政府在相应领域的工作成果越满意。

表8-1 对政府11项工作的满意度得分的因子分析

变量	社会公平	公共服务	行政能力
提供医疗卫生服务	0.1717	0.7460	0.1480
为群众提供社会保障	0.2787	0.7159	0.1106
提供义务教育	0.1510	0.7054	0.0716
保护环境,治理污染	0.0661	0.4040	0.5321
打击犯罪,维护社会治安	0.0263	0.3633	0.6092
廉洁奉公,惩治腐败	0.2028	0.0022	0.7786
依法办事,执法公平	0.2646	0.1199	0.7298
发展经济,增加人们的收入	0.5928	0.3076	0.2213
为中低收入者提供廉租房和经济适用房	0.7711	0.1620	0.1114
扩大就业,增加就业机会	0.7627	0.2182	0.1283
政府信息公开,提高政府工作的透明度	0.6222	0.0513	0.3659
信度系数(Cronbach's α)	0.7376	0.6872	0.6813

2. 自变量

本研究所要探讨的核心问题是社会融合对城市人口评价政府绩效的影响是否存在户籍分化。因此，在已筛选了城市样本的基础上，我们根据户籍是否属于农业户口生成了区分本地人(赋值为1)还是外地人(赋值为0)的二分变量。社会融合是另一个核心解释变量，它包括经济、行为、心理和身份四个维度，每一个维度可以由下列指标测量。我们参考了以往移民研究对市民与外地人口的利益冲突焦点的分析，将收入水平作为测量经济融合的核心指标，其在CSS2011问卷中表现为被访者在2010年的个人全部收入，并以对数形式纳入回归分析中(收入为0的样本均先加1再取对数)。

同时，行为融合最典型的特征是个体表现出更符合现代生活特质的文化活动，尤以体现有闲阶级的文娱活动最为突出。CSS2011问卷收集了受访者在闲暇时间(周末或节假日)从事10项休闲活动的情况。我们关注的是"观影、看比赛、做运动、打牌、看书报、参加户外活动、旅游、使用电脑、去歌舞厅"九类文化活动，并将这些二分变量进行相加后生成一个取值为0—9的连续变量。

表8-2　模型变量的描述性分析结果

变量	全部样本	本地市民	进城农民	差异显著
	N=3 025	N=2 208	N=997	
年龄(岁)	49.47	51.80	44.30	−12.26***
性别(1=男性)		70.21%	29.79%	2.07
婚姻状态(1=有配偶)		67.91%	32.09%	5.47*
政治面貌(1=中共党员)		89.32%	10.68%	104.36***
就业状态(1=在职)		58.72%	41.28%	180.20***
教育年数	9.45	10.24	7.69	−17.02***
经济融合指标				
个人年收入(元)	16 731.19	18 763.43	12 230.51	−15.19***
行为融合指标				
城市性文化行为	1.07	1.21	0.75	−12.26***
心理融合指标				

(续表)

变量	全部样本	本地市民	进城农民	差异显著
	N=3 025	N=2 208	N=997	
与农民的交往意愿	79.31	75.41	87.98	14.76***
与市民的交往意愿	17.07	15.60	20.32	6.92***
身份融合指标				
认为是城里人		92.58%	7.42%	1 400***
认为是本地人		71.55%	28.45%	93.00***
城市层级指标				
城市人均 GDP(元)	47 143.13			
城市人均固定资产投资(元)	28 766.28			
政府工作满意度指标				
维护社会公平	46.77	46.90	46.50	−0.41
行政能力表现	46.32	44.63	50.07	5.87***
公共服务供给	56.25	55.27	58.42	3.25**

注:(1) 分类变量报告百分比,连续变量报告均值,但未报告标准误。(2) 差异检验的方法为卡方检验(分类变量)和 T 检验(连续变量)。(3) $^{+}p<0.10$, $^{*}p<0.05$, $^{**}p<0.01$, $^{***}p<0.001$。

心理融合最直观的表现是不同户籍群体之间的交往意愿。CSS2011 年问卷主要从“聊天”“一起工作”“成为邻居”“成为亲密朋友”和“结成亲家”五个方面考察了被访者是否愿意与“城里人”或者与“农村人”进行日常互动的意愿,其测量标准为:很愿意=1,比较愿意=2,不太愿意=3,很不愿意=5,不好说=8。但鉴于该敏感性问题给受访者回答所带来的潜在影响,我们将“不好说”视为一种谨慎且中立态度的表现。同时,为了与其他社会融合指标的作用方向保持一致,交往意愿的取值按照从“很不愿意”到“很愿意”分别被赋予 1—5 分。在此基础上,我们采取主成分分析以及最大方差法来生成分别针对城里人和农村人交往的综合性心理融合指标,二者均为连续变量。

社会成员的身份认同主要建立在文化归属和地域空间这两个重要的主客观条件之上。对于市民与外地人口而言,这具体表现为“城市身份认同”和“本地身份认同”，并且可以分别从 CSS2011 问卷中询问受访者认为自己属于“城里人”还是“农民”，以及属于“本地人”还是“外地人”中进行区分。因此，身份融合指标属于两个二分变量。

本研究所涉及的控制变量因层级差异而有所不同。个体层面的变量包括被访者的年龄及其平方、性别、婚姻状况、政治面貌、就业状态、受教育年限、个人年收入对数(经济融合的分析除外)。城市层面的变量包括人均 GDP(取对数)和人均固定资产投资(取对数)。表 8-2 展示了上述全部模型变量的描述性统计结果。

(三) 模型设置与分析策略

以上描述性统计的结果呈现了一种矛盾现象，虽然进城农民在城市社会中受到诸多不平等待遇，但其对政府工作的满意却高于处于相对优势地位的市民。对此，本研究的数据分析部分将围绕两类群体从社会融合的差异性来探究其背后的原因。在模型设定上，最小二乘法(OLS)是针对连续型因变量的普遍估计方法。然而，虽然人们对政府绩效的评价是一种个人的自主性行为，但应明确的是，个体嵌入其所属地域之中，且由于城市本身也具有特定的政治经济属性，可能造成社会融合的模式、过程以及程度在不同城市有截然不同的表现。因此，考虑到影响因素之间的层级关系和嵌套关系会对政府绩效评价产生差异性影响，我们有必要采用分层线性模型(Hierarchical Linear Model, HLM)进行分析。

构建 HLM 模型的首要需解决的是层次选择问题。对此，学术界主要采用检验随机模型(Random Intercept Model)或零模型中是否存在显著的集群效应(Cluster Effect)这一方法(陆杰华、郭冉，2017)。具体而言，我们针对三个政府满意度的因变量分别设置了个体嵌套于城市的双层零模型。对各模型的随机误差的分解结果显示，所有的组间误差均具有统计显著性($p<0.001$)，这表明居民对政府的评价在城市间的差异非常显著。而且，所有的组内相关系数 ρ[①](Intra Correlation Coefficient, ICC)均符合科恩(Cohen, 1988)针对建立分层模型所确定

① 零模型的总误差会被分解为组内差异和组间差异，组内相关系数＝组间差异/(组间差异＋组内差异)。

的经验标准①。据此，本研究所进行的线性回归分析将采用个体被调查者和城市的双层随机截距模型。

在分析策略上，由于本研究涉及的民众对政府绩效的评价集中在维护社会公平、行政能力表现以及公共服务供给三个领域，我们将分别考察四种维度的社会融合机制对每一种政府工作满意度的影响是否存在户籍分化的情况。此外，我们会对这些差异性机制的回归分析以嵌套模型的策略进行建模。具体而言，第一个模型除了加入控制变量外，还将户籍身份和特定的社会融合变量纳入其中。第二个模型则进一步加入上述两个核心解释变量的交互项。这样，通过观察系数的统计显著性就可以判断社会融合对本地市民与流动人口评价政府工作的影响是否存在显著的不同以及具体的差异程度。需要指出的是，我们之所以未对两类群体进行分组回归，而采用全样本交互项分析，主要是因为后一种做法能够保证模型估计的效度，并且缓解遗漏变量的问题(陈云松、张翼，2015)。限于文章篇幅，回归分析的结果将不展示个人层面和城市层面的有关控制变量以及截距项系数，仅展示本研究最关注的户籍身份、社会融合以及二者的交互项等关键信息。

五、数据分析结果

(一) 经济融合对本地市民与进城农民评价政府工作绩效的影响

表 8-3 报告了城市中不同户籍群体的经济融合情况对其评价政府工作表现的影响。首先，在评价政府维护社会公平的表现上，户籍身份和经济收入均不具有统计上的显著影响(模型 1a)。但在加入了二者交互项的模型 2a 中，收入变量对政府绩效评价的群体性效应开始在统计上表现显著($p<0.05$)。具体而言，在个人年收入同时增加的情况下，进城农民对政府解决社会不平等问题的评价会显著提升(0.518)，但本地市民的满意度却显著降低(0.098=0.518-0.616)。这种在效应上的“一正一负”情形印证了以往研究中关于公平感形成逻辑存在群体性差异的重要发现(李培林、李炜，2007)。也就是说，在“经济决定”和“历史决定”双重逻辑的驱动下，对进城农民保持经济优势的本地市民却因与内部群体的其他人

① 使用分层线性模型的经验标准是：低度关联，$0.01\leqslant\rho<0.059$；中度关联，$0.059\leqslant\rho<0.138$；高度关联，$0.138\leqslant\rho$。在以政府维护社会公平、行政能力以及公共服务供给的满意度这三个因变量建立的零模型中，各模型的组内相关系数分别为 0.822、0.821 和 0.823，均属于高度关联。

以及与自己过去状态的比较而产生“相对剥夺感”，进而将不平等的根源归于政府工作不力。相反，虽然进城农民在群体比较意义上处于弱势，但地域身份的转换却使其获得了相对于流动之前更多的收益。这种在时间维度上的利益获得感缓解了由于横向不平等所诱发的不满，进而对工作所在地的城市及其政府部门产生较高的满意度。

表 8-3 估计经济融合对政府工作满意度效应的双层随机截距模型

	社会公平		行政能力		公共服务	
	模型 1a	模型 1b	模型 2a	模型 2b	模型 3a	模型 3b
控制变量	已控制	已控制	已控制	已控制	已控制	已控制
本地市民	−0.683	−1.029	−4.364***	−4.523***	−1.441	−1.861
经济收入	0.152	0.518*	0.005	0.169	0.260	0.705**
本地市民*经济收入		−0.616*		−0.277		−0.751*
随机差异	47.400***	47.869***	43.368***	43.457***	51.345***	51.400***
样本量	3 184	3 184	3 185	3 185	3 194	3 194

注：(1) 表中报告的是标准化回归系数，未报告标准误。(2) + $p<0.10$，* $p<0.05$，** $p<0.01$，*** $p<0.001$。(3) 未报告的控制变量包括：性别、年龄、年龄平方、婚姻状况、就业状况、教育年限、城市人均 GDP 对数，以及城市人均固定资产投资对数。

在政府绩效评价的另一项重要内容——公共服务供给上，经济融合针对不同户籍群体的差异性效应不仅再次显现，而且表现出明显扩大的趋势。从模型 3b 中的主效应变量和交互项可以看出，收入水平的提高对进城农民评价政府在该领域绩效的偏系数为 0.705，而对本地市民的偏系数则为−0.046(0.705−0.751)。一方面，这种影响在方向上的显著不同表明：随着经济地位和生活水平的改善，外来人口对政府部门提供的公共服务愈加满意，而本地人的满意度却处于衰减趋势。这基本符合移民研究中的经典利益威胁假说，也即外地人在城市的高度聚集有可能使市民中的大部分人在不同程度上产生对自身利益受损的担忧——本地弱势阶层关心的是就业机会以及城市公共产品的分配多寡问题(Ceobanu & Escandell, 2010; Hainmueller et al., 2011)，而中上层群体则为缴纳更多的税款而忧虑(Sniderman & Piazza, 2002)。另一方面，从作用强度比较的角度来看，经济融合对流动人口积极评价政府行为的拉动效应主要体现在公共服务层面(偏系数为0.705)，而其对本地市民消极应对政府活动的削弱效应则集中表现在社会公平层面(偏系数为−0.098)。一个可能的解释是，公平感的产生需要特定的结构性条件，典型的是基于群体比较的相对剥夺机制。而公共服务更直接地影响人们的利益获得。作为城市公共品供应体系的既得利益者，市民可能对来自本群体内的贫富差距问题更为敏感。而对于被排除在这一体制之外并处于经济弱势的外地人而言，教育、社保以及住房等稀缺资源对其在城市中的生存显得尤为重要，其资源的增加会带来更多的边际效益和积极心理，因而会提高其对作为服务供给者的政府部门的满意度。

与上述模型结果中所表现的群体性差异不同，模型2b中的交互项系数并不在统计上显著($p>0.1$)，表明本地市民和进城农民在经济上与城市融合的程度差距并不会对他们评价政府的行政活动产生影响。我们认为，行政能力因子所涉及的环保、治安、腐败、执法等具体工作并不直接影响社会成员的实际利益获取，但对于政府形象的构建而言却意义重大，是政府获得政治信任以及合法性认同的重要基础(廖为建，2001)。换句话说，政府的行政能力对公众的影响主要体现在政治层面，而非经济层面。正是这一特点决定了在户籍身份和收入水平上差异明显的全体城市居民对政府的政治行动却有着相似的认知态度。总体而言，关于经济融合机制的假设1基本得到验证。

(二) 行为融合对城里人与进城农民评价政府工作绩效的影响

表8-4中各交互项模型的结果显示，在影响城市人口对政府工作表现的实际态度方面，行为融合机制与经济融合机制存在着某种相似性。也就是说，只有当政府的工作涉及维护社会公平与公共品分配(模型1b和模型3b)，而非行政能力时(模型2b)，文化行为才会使不同户籍群体对管理部门的满意度呈现明显不同。具体而言，城市性文化活动有助于全体城镇居民更加认可政府在实现社会公平以及公共服务供给上的绩效(模型1a和模型2a)。但交互项模型的分析清楚地表明：文化行为对进城农民评估政府做上述两项工作满意度的提升效应分别达到了3.270和2.530，而对本地市民的拉动作用仅为1.078(3.270−2.192)和0.83(2.530−1.700)。虽然描述性分析的结果显示，进城农民在城市文化的融入程度上明显低于城里人(1.21 vs 0.75)，但文化行为对流动人口积极评价政府工作具有

远超于本地人口的作用。对此的解释是，由于工资收入上的差距与户籍制度的限制，进城农民的文化消费能力较弱，因而和本地人形成了明显的文化落差（陈云松、张翼，2015）。然而，一旦这种稀缺性因文化资源的补充而获得缓解，就能够对流动人口产生更有力的心理调适作用。

表 8－4　估计行为融合对政府工作满意度效应的双层随机截距模型

	社会公平		行政能力		公共服务	
	模型 1a	模型 1b	模型 2a	模型 2b	模型 3a	模型 3b
控制变量	已控制	已控制	已控制	已控制	已控制	已控制
本地市民	－1.023	－1.436	－4.456***	－4.379***	－1.679	－1.996
文化行为	1.605**	3.270***	0.456	0.146	1.236**	2.530**
本地市民*文化行为		－2.192*		0.407		－1.700+
随机差异	46.530***	46.624***	43.356***	43.253***	51.142***	51.715***
样本量	3 182	3 182	3 183	3 183	3 192	3 192

注：(1) 表中报告的是标准化回归系数，未报告标准误。(2) + $p<0.10$，* $p<0.05$，** $p<0.01$，*** $p<0.001$。(3) 未报告的控制变量包括：性别、年龄、年龄平方、婚姻状况、就业状况、教育年限、个人年收入对数、城市人均 GDP 对数，以及城市人均固定资产投资对数。

此外，行为融合机制与经济融合机制在影响不同户籍群体如何评判政府绩效上有着截然不同的逻辑。第一，在对政府不同类型绩效的评估中，文化融入对流动人口满意度的提升效应更充分地体现在社会公平领域（偏系数为 3.270），这与经济融合机制主要通过公共服务领域来影响该群体的政府态度形成明显的差别。事实上，流动人口即使可以通过城市低端劳动力市场获得相较于农业收入的显著提升，但其在参与城市文化活动的过程中不仅面临着由城市正式制度所设置的门槛限制，而且很容易受到本地人的冷遇和歧视（阎友兵、蒋晟，2006）。特别是在城镇内部的户籍收入差距弥合有限的背景下，文化资源的获取对进城农民具有一种超越经济利益的深层次意义，因而会影响其对包括公平问题在内的社会结构的认知态度。第二，对于市民而言，收入水平对其评价政府在消除贫富差距和公共服务供给方面均具有负面效应，而文化行为则对该群体在上述两方面的政府工作评价中产生积极效应。我们推测，这可能是因为本地人深受城市性文化的熏陶，并且对这一类型资源的获取可以通过货币购买的方式实现保证。也就是说，文化活动对市民而言已成为一种日常性的生活方式，并在认知上习以为常，不具有结构性意义（王雅林，2003）。因此，假设 2 在大体上得到验证。

（三）心理融合对城里人与进城农民评价政府工作绩效的影响

表 8－5 报告了“与城里人交往”和“与农民交往”这两个心理融合指标对城镇居民评价政府绩效的影响结果。

首先，正如模型 1b 和模型 3b 所显示的，与市民交往意愿的高低并不影响进城农民对政府在解决社会不平等以及行政能力上的评价（p 均大于 0.1）。不过，与流动人口相比，城里人与本群体内其他成员的交往却会使他们对政府在上述两个领域的工作表现的认可度显著降低（－0.185＝－0.048－0.137 和－0.155＝－0.018－0.137）。很明显，上述发现再次证明了市民群体的公平感主要是通过与本群体内的不同成员进行比较后而形成的一种特殊过程。

另外，由于本地人口与城市政府的经济社会联系更加密切，其对政府在经济领域以外的活动也有较高的关注度。群体内部之间的高频率交往加速了有关政府信息的传播过程，但这种大范围的扩散也往往会使信息失真，甚至发生扭曲，最终影响其对政府形象的判断（朱光喜等，2006）。相比之下，农民进城则以增加经济收益为首要目的，而且该群体的流动性特征使其先天的难以和流向地政府建立亲和性关系。因此，他们即使与本地人交往，也大多限于闲聊、相互问候等礼节性内容，很难涉及关于政治事务的探讨（刘林平，2008）。

其次，模型 2b 的结果显示，作为心理融合的另一个侧面，与农民交往对进城农民评价政府在维护公平上没有显著影响，但对本地人的评价态度具有拉动效应（0.089＝0.000＋0.089）。显然，当市民的交往对象从本阶层的其他成员变为处于明显弱势的流动人群时，最初的相对剥夺感可能转化为心理优越感，极大地减轻自身利益受损的认知，进而使其对社会分配的公平性感知不断加强。而模型 4b 中交互项不具有统计显著性则表明（$p>0.1$）：市民群体对政府行政能力的满意度并不受其是否与农民交往的影响。相反，主效应在统计上的显著（0.087，$p<0.1$）则表明：与农民的同质性交往能够显著增强进城农民对政府行政活动的好感。这

表 8－5　估计心理融合对政府工作满意度效应的双层随机截距模型

	社会公平				行政能力				公共服务			
	模型 1a	模型 1b	模型 2a	模型 2b	模型 3a	模型 3b	模型 4a	模型 4b	模型 5a	模型 5b	模型 6a	模型 6b
控制变量	已控制	已控制	已控制	已控制	已控制	已控制	已控制	已控制	已控制	已控制	已控制	已控制
城里人	−1.104	−0.914	−0.2	−0.801	−4.746	−4.557	−3.708***	−3.821***	−1.85	−1.766	−0.794	−0.958
与城里人交往	−0.138***	−0.048			−0.107***	−0.018			−0.124	−0.084		
城里人*与城里人交往		−0.137**				−0.137**				−0.062		
与农村人交往			0.073***	0.000			0.100***	0.087*			0.100***	−0.08
城里人*与农村人交往				0.089*				0.017				0.024
随机差异	47.743***	48.649***	47.177***	47.431***	43.118***	43.611***	42.178***	42.187***	51.140***	51.037***	49.310***	49.329***
样本量	3 181	3 181	3 181	3 181	3 182	3 182	3 182	3 182	3 191	3 191	3 191	3 191

注：(1)表中报告的是标准化回归系数，未报告标准误。(2) * $p<0.10$，* $p<0.05$，** $p<0.01$，*** $p<0.001$。(3) 未报告的控制变量包括：性别、年龄、年龄平方、婚姻状况、就业状况、教育年限、个人年收入对数、城市人均 GDP 对数，以及城市人均固定资产投资对数。

表 8－6　估计身份融合对政府工作满意度效应的双层随机截距模型

	社会公平				行政能力				公共服务			
	模型 1a	模型 1b	模型 2a	模型 2b	模型 3a	模型 3b	模型 4a	模型 4b	模型 5a	模型 5b	模型 6a	模型 6b
控制变量	已控制	已控制	已控制	已控制	已控制	已控制	已控制	已控制	已控制	已控制	已控制	已控制
本地市民	−1.317	−1.117	−0.222	−3.065	−2.570*	−3.187*	−3.845***	−7.641**	−1.185	−0.446	−1.653	−3.631
认为是城里人	1.194	1.589			−3.262**	−4.482*	−3.470*		−0.396	1.068		
本地市民*认为是城里人		−0.572				1.771				−2.119		
认为是本地人			−3.203*	−4.892*				−5.715**			1.312	0.132
本地市民*认为是本地人				3.266				4.438				2.319
随机差异	47.810***	47.796***	47.019***	47.089***	42.894***	42.872***	42.317***	42.472***	51.890***	52.062***	51.353***	49.329***
样本量	3 177	3 177	3 178	3 178	3 178	3 178	3 179	3 179	3 187	3 187	3 188	3 188

注：(1)表中报告的是标准化回归系数，未报告标准误。(2) * $p<0.10$，* $p<0.05$，** $p<0.01$，*** $p<0.001$。(3) 未报告的控制变量包括：性别、年龄、年龄平方、婚姻状况、就业状况、教育年限、个人年收入对数、城市人均 GDP 对数，以及城市人均固定资产投资对数。

一发现可以从城市政府治理流动人口的具体策略中获得理解。进城农民间的互动主要在作为区域的“城中村”或城乡接合部展开，但在传统城镇化发展模式下，这种高密度居住也面临着被政府部门清理整治的风险(李培林，2002)。因此，地方政府对该问题处理方式的不同，必将影响进城农民的生存状态及其在情感和行动上的回应。而在对政府供给公共服务的评价方面，进城农民与城里人交往会使全体城镇居民做出消极的反应(模型 5a)，但与农村人交往则会产生积极的作用(模型 6a)。不过，交互项模型的结果表明，这两种心理融合指标在总体层面的“一正一负”效应均未呈现基于进城农民与本地市民的群体性差异(模型 5b 和模型 6b)。

综合来看，当城里人与本群体内部的其他人交往时，其对政府解决社会不平等问题的绩效评价更加消极，而与农民交往时，其评价则变得更加积极。然而，对行政能力的积极评价仅能通过市民之间或者进城农民之间的同质性交往来实现。由此可见，相较于市民群体而言，进城农民内部的团结对其是否认可政府绩效发挥着决定性作用。但实际上，心理融合能否真正实现，关键在于本地人口与外地人口之间异质性交往的展开，这也是为双方建立情感联系的行动基础(狄雷、刘能，2014)。而这种仅限于群体内的互动模式无疑会强化群体间的观念和行为差异，使城镇内部二元分割结构进一步加剧。因此，假设 3 得到部分验证。

(四) 身份融合对城里人与进城农民评价政府工作绩效的影响

表 8 - 6(p158)展示了身份融合机制对不同户籍群体关于政府绩效满意度的影响结果。在评价政府维护社会公平的表现上，模型 1b 显示，即使本地市民和进城农民都在同一地理空间内共存，但这种城市身份感并不能显著影响两类人群对政府的认可程度。而从包含身份融合的另一指标的模型 2b 可以看出，有着更强烈的“本地认同感”的进城农民对政府应对社会不平等的作为感到不满($p<0.05$，-4.892)，但这种文化地域意义上的身份认同对本地市民评价政府的有关表现并不产生显著影响。实际上，对新生活场域的较高预期是外地人与其建立认同联系的先决条件。但在融入城市社会的过程中，这些“后来者”自身可能经历因生活方式的转变而出现的心理和行为方面的不适，且来自本地人的歧视以及诸多制度障碍极易使原初期望受挫，从而增加了形成不公平感的可能性。

在行政能力领域，身份融合对进城农民消极评价政府绩效的效应更加凸显。

模型 3b 和模型 4b 的结果显示，“城市身份感”（$-4.482, p<0.05$）和“本地身份感”（$-5.715, p<0.001$）使进城农民显著降低了对政府在政治性事务上的绩效评估，但对本地市民的态度却没有显著影响。显然，引发外地人对政府不满的根源除了基于本地认同的“预期受挫”机制外，在“城市认同”上出现的问题无疑同样重要。即使有着多年城市生活经验的农民已建立起明确的城市认同，但来自户籍制度的结构性条件的限制则使其无法在现实中得以转化，因而可能产生巨大的心理落差。而且，流动人口在城市立足的合法性、居住条件、就业获取等切身利益也可能因某些政府行为的强制介入而遭受损失，影响其日常生活。因此，对于将自身与城市以及本地紧密联系的外地人而言，其对政府的好感度无疑会因导致认同联系中断的执法活动而大幅降低。

此外，模型 5a 和模型 6a 的结果表明，与心理融合机制不同，在所有城市人口对政府供给公共服务的评价中，代表身份融合的两个指标“城市身份感”与“本地身份感”都不具有总体性效应（p 均大于 0.1）。而含有交互项的模型 5b 和模型 6b 进一步显示，拥有不同身份认同感的市民和外地人口在评价政府供给公共服务的表现上并不存在显著的不同（p 均大于 0.1）。

总之，本地人对政府的满意度与其对城市以及本地的身份融合程度不存在显著的因果关联。但对于进城农民而言，不仅“本地认同感”会降低其对政府消除贫富差距的绩效评价，而且政府行政能力的受认可程度还受到该因素与“城市认同感”的负向的联合效应。上述发现表明，虽然身份融合对两类群体的政府满意度具有不同的效应，但与本研究所预设的影响方向相反，因而假设 4 未得到验证。

六、总结与讨论

本研究从政府治理的角度对社会融合议题展开了全新讨论，从以往学术界所注重的原因分析拓展至政治效应的研究上来，重点考察本地市民与进城农民在城市社会的融合过程与政府满意度变化之间的内在关联。在实证层面，我们针对经济、行为、心理以及身份四种维度的社会融合机制对由社会公平、行政能力与公共服务所组成的政府绩效结构的真实效应进行了细致分析，其结果基本支持了本文提出的“差异化政府满意度效应”假说，即相对于本地市民，与城市社会的融合过程对进城农民积极评价政府绩效有着更强有力的提升效应。具体来说，收入水平的提升、城市性文化活动频率的增加，以及群体内部的同质性交往，都能够显著增强进城农民对政府解决社会不平等、提供公共服务以及优化行政能力等工作的积极评价。从市民角度来看，虽然行为融合能够提升其对政府维护公平的满意度，但经济融合以及以同质性交往为主的心理融合反而会产生相反的作用。另外，身份融合机制的作用方向则有悖于本研究的假设。也就是说，即使进城农民有明显的"城市身份感"和"本地身份感"，但这种认同联系未能提升其对政府行为的好感度，反而产生了明显的削弱效应。

上述研究发现充分展示了以往学术界在讨论社会融合问题时尚未发现的一面：社会融合不单单是异群体在新社会空间不断调适自身的微观行动过程，而且在政治层面对明确政府绩效优化的方向和策略发挥着结构性效应。不过，传统粗放型城镇化的推进模式在客观上制造了基于户籍身份的诸多不平等效应（柳建坤，2017）。对此，中央政府在 2015 年颁布的《国家新型城镇化综合试点方案》中已针对实现农民"市民化"提出了成本分担机制，这为促进经济利益的公平分配提供了新的思路。

但对于流动人口而言，完成新文化身份的构建则是完成社会融合的最终环节，而身份认同的关键性与复杂性决定了社会融合过程必然在规律上表现出长期性和艰巨性。因此，在未来推进新型城镇化转型的过程中，既要保持习近平总书记对该问题所强调的"历史耐心"，又要为进城农民建立基于地域与文化上的身份认同感创造有利的现实条件。我们认为，"包容性"作为革新城市社会治理的理念与决策十分重要，同时，应以此推进对流动人口的工作模式完成从"管理"到"服务"的转变，尊重这一弱势群体在居住、就业以及日常性交往等方面的基本权利，重点解决贫富差距、公共服务不足以及行政能力低下等关键问题，提倡多元、开放与包容的城市文化生态，使农民的市民化过程在经济、行为、心理以及身份上实现递进式发展，最终为城市政府治理体系的健康运行构筑坚实的民意基础。

当然，本研究的不足之处也较为明显。首先，本研究致力于探索社会融合与政府满意度之间的因果关联并在实证层面予以了基本验证，但这一逻辑链条上的因果机制仍不明晰。换句话说，虽然我们结合现实背景以及前人的研究进行了反复论证，但这些证据的提出仍依靠个人的理论直觉，可能与真实的发生逻辑存在不小的距离。其次,因变量所涉及的评价对象并不明确。由于 CSS2011 问卷对于“政府工作满意度”问题的询问没有区分出层级差异,这可能使我们无法知晓城镇受访者的态度究竟指向的是地方政府,还是中央政府,抑或是二者的混合。由于中国民众对不同层级政府的态度存在明显的区别,因变量所指对象的模糊性问题无疑会影响作用机制的解释。第三,本研究参照学术界的既有框架解析“社会融合”这一核心自变量,其维度虽然已覆盖经济、行为、心理和身份等诸多方面,但这种理论上的分类方式难免会有所疏漏或彼此重叠,进而影响对现实情况的全面认识。对于上述问题,我们将在未来的研究中通过理论、数据和方法层面的改进加以解决。

专题四

大数据视野中的主观阶层话语变迁

“阶层”既代表个体的客观社会地位，也可以用个体的主观地位感知来表示。但在主观阶层研究领域可以提出的另一个问题是：公众整体是如何看待“阶层”的呢？这一问题涉及话语层面的阶层研究，反映的是公众对“阶层”话语的关注程度。然而，要想获取规模巨大且性质非常特殊的数据是极为困难的，这也导致学术界一直以来在这方面的实证研究未有大的突破。不过，文本数据在互联网时代开始流行，其中所包含的有关话语关注度的信息为拓展主观维度的阶层研究提供了可能。

本专题将要介绍的两项研究都运用了横跨六十年的图书大数据对阶层话语进行了历史分析，并且运用基于时间序列的因果关系模型分析了阶层话语变迁的宏观机制以及经济后果。

第一项研究首先描绘了阶级类话语和阶层类话语在1949—2008年中国社会的变迁模式，并检验了宏观经济和政治变量的影响。基本发现如下：第一，改革以来，公众对阶层问题的关注度受到国民经济走势、收入差距和政治参与程度的影响；第二，收入不平等比宏观经济指标更能够影响民众对阶层议题的关注；第三，官方舆论导向并不对民众的阶层关注度构成影响，但反过来受到民众阶层关注度的影响。

第二项研究从话语转型角度重新分析了中国改革进程的演进逻辑。研究者结合改革以来话语转型以及经济体制改革的实际进程，在理论上构建了关于中国制度转型的“话语转型—体制调整—经济增长”解释框架，并利用图书大数据和其他宏观数据进行了格兰杰因果关系检验。研究发现,阶级话语向阶层话语的转型有助于解释中国经济持续增长的现象。机制分析进一步表明,公共话语的去阶级化可以通过影响科技创新、民间资本和实际利用外国资本来提高经济产出。

总之,上述两项研究为自我阶层定位的研究提供了一个新的分析视角,并且展示了运用文本大数据进行全景式分析以及借助高级统计方法进行因果关系识别的可能。由此可见,在大数据时代,数据获取将变得更加容易,研究方法变得更加多元,分析工具变得更加简便,这为研究者检验经典议题并发展出新的理论提供了有利条件,一种基于计算的分析范式在社会科学领域开始出现并初具规模。

第九章　新中国的阶层话语变迁

一、引　言

改革开放后,由社会结构快速变迁所产生的种种新变化和新问题推动了中国社会分层研究的发展。早期的社会分层研究者所关注的焦点集中于对客观阶层的构成方式、结构特征以及流动机制进行描述分析(李强,1993;李培林,1995;孙立平,1996)。从 20 世纪 90 年代后期开始,阶层意识开始成为这一研究领域的重要议题,许多学者试图通过个体或群体对自身社会经济地位的主观性评价进一步考察宏观社会结构变迁在微观层面的影响(刘欣,2001;李培林、张翼,2008;范晓光、陈云松,2015)。上述研究对改革前后中国社会结构的变迁轨迹、利益关系演化及其背后的结构性逻辑进行了非常充分地探讨,并且开辟了从个体认知视角剖析社会结构变迁的研究维度。

不过,目前国内学界在主观维度的社会分层研究领域尚有待完善的空间。第一,囿于数据资料的时空局限,现有文献关于阶层意识的讨论缺乏对大历史跨度中社会阶层意识的全景描述,而仅能集中分析近年来市场转型中的个体自我阶层定位。第二,对阶层意识形成和变动机制的解释主要集中于客观地位、相对地位及地位变动等个体层面因素。尽管最新文献开始探讨主观阶层地位与收入不平等的关联(陈云松、范晓光,2016),但对宏观因素的检视仍然不够全面。第三,以往的阶层意识研究试图探究社会成员如何理解自身或他人的社会经济地位状态,但对塑造这种认识的根源以及形成过程,即关于社会结构的话语定义问题尚未进行审视和讨论。事实上,改革开放前后,中国社会结构的属性在公共话语体系中已经历了一场从"阶级"到"阶层"的剧烈转型。这一变化不仅与中国政治经济体制的调整存在密切联系,而且凸显出在制度转型背景下国家意志与公众态度在社会结构形态的话语定义权上的力量变化。虽然已有不少政治学者对此问题进行了详细阐述,但其在社会分层研究中的意义尚未完全彰显,也没有获得实证意义上的验证。

本研究将着眼于上述不足,进一步拓展以往的阶层意识研究,并由此提出两个基本问题。第一,以大历史跨度的思路审视 1949 年以来公共话语中关于社会分层的定义是否经历了从阶级型到阶层型的转变,国家与公众在这一话语变迁中究竟发挥了怎样的作用。第二,体制改革所产生的宏观经济政治效应与社会结构的话语转变有何内在关联。要对此做出学术回应,我们应当首先保证分析数据的规模性、代表性和时空广覆性,并且需结合中国独特的社会转型背景完善解释框架。在最新的国际研究中,Chen & Yan(2016)利用书籍文化大数据,对美国社会在整个 20 世纪的阶层话语与通货膨胀、就业率、基尼系数等指标进行了时间序列分析,发现了宏观经济指标与社会公众的阶层关注度之间存在着紧密的统计关联。借鉴这种大数据方法和分析逻辑,我们认为可以针对中国情境进行经验层面的回应和解释,从而为社会分层文献提供宏观层次的中国案例。

二、文献回顾

在阶层意识研究的早期阶段,研究者主要试图通过了解个体成员对自身阶层地位的认识来描述阶层结构的整体特征。无论是在欧美发达国家,还是在东欧以及东亚国家,大量的实证研究均显示,绝大多数人对"阶层"这一概念有着较为清晰的认识(Jackman & Jackman 1983;Evans & Kelley, 2004;Shirahase, 2010)。在考虑了社会经济背景可能产生的影响后,大部分人倾向于将自己视为中间阶层的一员(Evans et al., 1992)。但在针对中国民众的阶层意识的研究中,国内学者发现中国人的阶层自我定位比同期的欧美人明显偏低(刘欣,2001;李培林等,2005;

陈云松、范晓光,2016)。而且,无论是在城市,还是在农村,人们对于自身的客观社会经济地位与主观阶层地位认知之间均存在着不小的偏差(范晓光、陈云松,2015)。

关于主观阶层意识的形成机制,研究者主要从三个维度提供了实证解释。首先,个体实际占有社会经济资源的多寡会对其阶层地位的认知形成产生决定性影响,这在现实世界中具体表现为人们在教育、收入和职业等客观地位指标上的差异(Hodge & Treiman, 1968)。其次,个体对自身阶层的定位也会受到主观因素的影响。例如,针对中国城市地区的研究表明,除了党员身份、受教育情况、收入、住房产权等客观的社会经济因素外,公平感、生存焦虑和社会流动感知等同样也会影响个体的阶层认同(翁定军,2010;陈光金,2013;范晓光、陈云松,2015)。最后,某些宏观因素如收入不平等也被证实会对个体的阶层认同产生显著的负向影响(陈云松、范晓光,2016)。

以上研究发现较为完整地描述了国内外民众阶层地位认同的基本结构特征,对于个体的阶层自我定位的理论解释也提供了诸多洞见,极具启发意义。不过此领域的研究仍存在一些不足。首先,以往阶层意识研究的分析对象集中在个体层面,即使其经验结果来自全国性调查,但抽样调查本身的缺陷也使其难以具备针对公众整体的解释意义。而在时间维度上,国内学者在该领域的研究主要聚焦于改革后的情况,并且分析的历史跨度集中在1—10年,因而无法展现改革前民众个体或整体的阶层意识的历史图景。其次,在解释阶层意识变迁这一问题上,国内研究者大多采取的是社会学的微观理论范式,强调个体自身的社会经济地位、主观心理态度,以及与他人之间的社会比较的作用,但对宏观结构因素之于阶层自我定位的重要影响没有给予足够的重视(陈云松、范晓光,2016)。近年来自国外的实证研究表明,人们的阶层意识在形成过程中存在着深刻的社会经济根源,一些宏观经济指标(国民生产总值和失业率)、社会不平等程度以及舆论导向因素都会对个体的阶层自我定位产生显著影响(Andersen & Curtis, 2012;Curtis, 2015)。

除了在研究对象层次、分析跨度以及解释机制等方面存在的不足外,另一个关键的问题一直未得到相关研究者的重视,也即以往关于阶层意识的讨论往往在"事实"层面展开,所探究的仅是社会成员如何评判自身以及他人在社会结构中的位置,这造成其难以顾及人们如何形成关于特定社会结构的认知这一问题。而这则涉及“社会结构”这一看似纯粹的客体,但潜藏着由外部性力量所塑造的话语实践属性。社会结构的话语属性凸显在中国因体制转型所形成的差异巨大的历史阶段中。词性更加中立的“阶层”话语构成了官方以及学术界用于定义转型时期中国社会结构的话语系统(陆学艺,2002)。恰恰是关于中国社会结构的话语表述在改革前后所呈现的巨大差异,显示出制度转型在改变公共话语体系的主导力量中所产生的重要影响,也进一步凸显了拓展分析对象层次和延伸分析时段的必要性。

基于对阶层意识研究脉络的审视和评论,本研究试图从话语建构的角度重新开展主观维度的社会分层研究。具体而言,我们将以大历史观概览公共话语中关于社会结构的定义在不同历史阶段的变迁历程,并着重从制度转型的时代背景中探寻国家意志和公众态度在建构社会分层话语中所发挥的重要作用,从而展示改革开放对中国国家发展所具有的独特意义。

三、理论背景

自1978年肇始的制度改革进程将中国推向了新时代,社会结构也由此快速分化。与此同时,公众也对迅速变化的客观社会形势积极回应,不断革新着对阶级与阶层这两种社会结构概念的理解。具体而言,中国制度转型对公众的社会结构认知变迁的影响主要体现如下:经济领域的市场化改革、政治领域的参与式民主发展以及舆论导向的动态性调整。

首先,市场化转型带来的最显著结果是中国经济持续高速增长。正是在宏观经济利好和经济结构日益多元化的激励下,强调个人自致性的职业机制逐渐成为新的社会分化机制,社会经济资源的获取途径日益多样化,从而使阶层结构在改革之后进入快速分化的阶段(陆学艺,2003)。这一变化不仅带来了不同阶层之间在生活水平和生活方式上的分野,还使得人们的价值观念和情感心理开始出现“阶层化”特征(马广海,2011)。其中较为典型的是在改革后迅速崛起的中产阶层。这一群体不仅在经济生活中表现出与传统阶层截然不同的消费倾向,而且对各项政治议题也持有独特的心理态度(周晓虹,2002)。虽然改革以来中国民众阶层意识的变化与宏观经济发展在实证意义上的关系尚未被证实,但对其他国家的跨国比较研究表明，经济形势的不断走强有助于缓解社会中的紧张情绪，促使人们更加关注与自身阶层利益相关的社会议题。(Evans & Kelley, 2004)。然而，中国经济改革在做大"蛋糕"的同时，利益分配的公平性却未得到及时的关注，阶层结构日益呈现高、中、低比例失调的现象，中下层群体构成了社会结构中的多数(李强，2016)。收入差距的效应进一步蔓延至社会心理层面。

其次，在国家推进市场转型的同时，政治体制改革的进程也顺势启动，其在改革之初确立的基本目标是恢复和健全在改革前遭到严重破坏的社会主义民主政治，这在实践层面表现为促进民众理性参与政治并调适舆论导向与制度转型之间的关系。一方面，在改革前国家政治生活主要围绕基于阶级话语构建的政治动员体系进行运转的背景下，多数社会成员的政治实践模式表现为被动"卷入"型，经济、文化、思想等其他领域也受到以"阶级斗争"为核心的政治导向的波及(郭正林，2003)。但随着中国农村和城市社区开始分别引入村民选举制度和社区自治制度，公众参与政治生活的自主性明显增强(胡荣，2008;李晨璐、赵旭东，2012)。这一新的政治参与模式具有两个重要特点:一是参与者在教育程度、收入水平和职业地位上具有较高的相似性(李骏，2009);二是他们日益培养出趋于一致的政治效能感、政治关心和公共责任感(孙永芬，2008)。另一方面，政治体制改革对民众思想意识的影响直接反映在主流舆论导向的变化上。改革开放前，阶级类的社会议题在普通民众的日常生活中牢牢占据着中心地位(张济顺，2004)。虽然中国在 1978 年后迎来了改革传统体制的新时期，但对意识形态体系的改造仍保留了原有权威性的制度文化资源。此时的舆论导向呈现为因时性特征，即根据政治经济形势的具体变化进行动态调整，具体表现为在"改革"和"稳定"这两种发展导向之间不断转换(陈思，2012)。与此同时，国家舆论导向与社会大众之间的互动关系也开始顺势调整。尽管公众意见表达的自主性在改革活跃期会被官方所默许甚至鼓励，但在"维稳"阶段则又会被拉回官方话语的轨道内(村田忠禧，2002)。这意味着中国民众的阶层意识变迁的动力也可能蕴含于国家舆论导向的变化之中，而且在其变化的同时，阶级意识可能会发生方向相反的变动。

总之，基于以上对中国社会转型期所呈现的一系列事实的回溯和梳理，我们可以预判到，制度转型很可能使公共话语中有关社会结构的定义方式发生根本性变化，并且这与经济发展、收入不平等、政治参与以及舆论导向变动等宏观因素密切相关。本研究将对公共话语中的社会分层关注度的历史变化及其宏观机制进行实证考察。为此，我们将利用历史书籍大数据展示1949—2008年中国社会中以"阶级"和"阶层"这两种社会分层的话语定义模式的变迁轨迹，着重分析二者在改革前后的阶段性变迁。在此基础上，我们将依据所总结的与中国制度转型有关的宏观机制，结合长时段的宏观数据进行基于时间序列的因果关系分析，探讨影响社会分层关注度变化的宏观结构性因素。本研究不仅能够弥补传统阶层意识研究的薄弱环节，而且也是在中国社会科学领域首次利用大数据对这一研究问题进行的计量模型回归分析。

四、数据、变量和分析策略

(一) 阶级、阶层关注度的数据来源

公众的阶层意识是一种与个体态度存在较大差异的宏观社会现象，这也造成此前的阶层意识研究在关于此概念的操作和测量上都存在一些缺陷。例如，Janmaat(2013)认为，由于数据和方法的限制，对于某些试图分析因受特定文化或结构性因素影响的民众如何看待收入平等问题的研究而言，从中提炼宏观影响机制是一项非常艰难并富有挑战性的工作。近年来，基于超大规模的信息体量以及广泛覆盖时空维度的优势，"大数据"概念正为传统定量研究带来新一轮的方法论革命(陈云松等，2016)。作为人类有史以来最大规模的数字化图书工程项目，谷歌图书(Google Books)大数据语料库的出现为解决这一问题提供了有力支持。考虑到其在数据规模性和代表性上的优势，本研究将以谷歌图书语料库作为分析公共话语中社会结构定义的数据来源。

Google Books最新版包含了全世界7种主要语言的800多万种数字化书籍，占自公元1500年以来人类全部印刷书籍总量的6%，词汇总量达到8 613亿。这其中包括30万种汉语(简体)书籍以及269亿个词汇。目前，这一数据已被国内学者探索性地应用于社会科学研究，开展了针对学科发展史、城市影响力传播、文化史以及社会观念变迁等问题的一系列研究，试图探索大跨度历史现象的发展轨迹和变动规律(陈云松，2015；柳建坤等，2016；龚为纲、罗教讲，2015；Chen & Yan，2016)。因此，本研究将以谷歌图书的汉语简体库数据作为刻画社会分层关注度变迁的分析数据，时间范围限定在1949年至2008年。

(二) 阶级、阶层词汇的确定

我们在表 9-1 中展示了本研究所涉及的阶级类和阶层类各 20 个检索关键词。确定具体词汇需要考虑两个前提条件:一是基于谷歌图书语料库所提取的阶级类与阶层类词汇究竟是以大众为面向对阶级和阶层议题的关注,还是一小部分政治、社会、科学等学术性书籍中的提及率?二是词汇的代表性问题,即仅依据少量的职业类型能否全面展现中国社会结构自改革以来所发生的变化?

对此,本研究在词源和词汇两方面进行了努力。首先,在词汇选取的来源上,我们不仅考虑了专业的辞书(Scott & Marshall 主编的《牛津社会学词典》)和教科书[吉登斯的《社会学》、贾春增的《外国社会学史》(第三版)、谢立中的《西方社会学名著提要》],更兼顾了面向全社会的一些重要调查报告(如陆学艺的《当代中国社会阶层研究报告》)和以大众作为传播面向并作为官方舆论阵地的权威新闻媒体(如《人民日报》)。在表 9-1 中,我们还计算了各阶级、阶层类词汇的描述统计量。我们可以看到,一些具有中国本土特色的词汇(如农民工)在语料库中的占比远高于专业性词汇(如阶层意识),充分表明本研究所选取的词汇具有很高的公众代表性,而并非仅仅反映专业书籍所包含的学术性内容。

其次,需要明确的是,本研究在分析时的侧重点是关注改革前后阶级话语与阶层话语的变化趋势差异,因而格外关注一些能够展现改革前后阶层结构显著变化的词汇。例如,在农村经济改革和城镇化的背景下,农民工开始作为一种历史现象在改革后的中国社会大规模出现。另外,这些阶层类词汇也具备很好的代表性。这不仅表现为它们在本研究所采用的四个词源(专业辞书、教科书、专业调查报告和新闻媒体)中具有使用频率高与重复次数多的特点,而且能够整体性地概括改革以来中国职业结构在各个领域所呈现的基本特征。另外,在表 9-2 中针对阶层类词汇进行主成分分析后,我们发现较高的 KMO 数值也在实证意义上表明:尽管不能穷举,但可以预期的是,即便加入更多词汇,本研究的基本结论也不会受到影响。

(三) 测量和变量构建

1. 词频测量

考虑到每年书籍中的词汇量存在差别,我们采用"词频比例"方法来实现数据的时间可比效果,即在时间检索范围限定的 1949—2008 年间的任一年度中,所选定的阶级类或阶层类的关键词在样本书籍中出现的次数与样本书籍中全体词汇总量的比值。这意味着，任一关键词的词频比例越高，公共话语中与此相关的社会分层关注度就越高。对词频测量的结果见表 9－1。

表 9－1　谷歌图书(汉语简体)中阶级与阶层词汇的描述统计量结果(1949—2008 年)

"阶级"类关键词	统计量			"阶层"类关键词	统计量		
	均值	标准差	变异系数		均值	标准差	变异系数
阶级斗争	9.465	12.22	1.291 221 4	社会地位	0.965	0.433	0.448 728 19
阶级压迫	0.320	0.334	1.040 815	阶层意识	0.000 428	0.000 560	0.130 768 2
阶级地位	0.199	0.208	1.045 420 8	社会分层	0.000 721	0.001 41	1.956 426 4
阶级路线	0.160	0.156	97 668 124	阶层认同	0.001 65	0.004 16	2.520 772 8
阶级专政	6.947	11.12	1.600 527 9	阶层身份	0.001 05	0.001 40	1.330 939 4
反革命	86.38	46.26	0.535 470 52	阶层隔离	0.000 143	0.000 272	1.894 279 4
革命	6.220	6.373	1.024 514 9	阶层冲突	0.000 885	0.001 98	2.238 63
整风	7.027	6.308	0.897 744 04	精英阶层	0.011 8	0.021 7	1.835 371 5
"左"倾	141.7	103.3	0.728 433 94	中产阶层	0.035 0	0.066 7	1.907 192 8
右倾	1.154	0.558	0.483 734 63	贫困阶层	0.014 7	0.019 5	1.320 669
无产阶级	0.533	0.237	0.444 925 35	管理者	0.018 3	0.022 2	1.211 936 8
工人阶级	0.153	0.152	0.994 039 27	蓝领	0.009 31	0.010 6	1.135 777 3
群众	0.497	0.428	0.861 858 72	白领	0.065 2	0.082 7	1.268 964 2
领袖	0.585	0.411	0.702 750 64	经理	4.325	3.648	0.843 344 98
右派	60.33	34.28	0.568 193 5	公务员	1.419	1.620	1.142 004
资本家	3.552	2.418	0.680 782 75	学者	8.338	5.875	0.704 642 1
地主	4.328	3.730	0.861 797 08	农民工	0.678	1.590	2.346 317 3
富农	0.113	0.056 7	0.502 354 07	企业家	0.000 277	0.000 458	1.654 354 6
贫农	0.533	0.408	0.764 543 41	民营企业主	0.584	1.152	1.974 08
中农	0.276	0.168	0.607 797 3	职员	1.207	0.585	0.484 747 39

注：为便于阅读，将所有词频比例的均值和标准差扩大 10 000 倍。

2. 因变量:阶层关注度指数

基于格兰杰因果检验的需要,我们使用主成分分析法构造了“阶层关注度指数”(*LC*)作为因变量,且在表 9－2 中展示了分析结果。Kaiser-Meyer-Olkin(KMO)和 Squared multiple correaltions(SMC)的检验结果均表明,参与检验的词汇数据适合进行主成分分析。① 我们根据主成分的负荷量、特征值以及被解释方差的累积贡献率,可以从 20 个阶层词汇中提取两个主要成分,并进一步合成 *LC*。

表 9－2　阶层类词汇的主成分分析结果

	成分 1	成分 2		
特征根	16.820 89	2.031 05		
方差累积贡献率	0.841 0	0.942 6		
阶层词汇			KMO	SMC
社会地位	0.676 3	0.512 9	0.800 9	0.996 8
阶层意识	0.986 7	0.028 9	0.835 3	0.999 2
社会分层	0.928 8	−0.359 5	0.788 5	0.999 4
阶层认同	0.913 6	−0.380 0	0.831 5	0.999 7
阶层身份	0.982 5	0.019 7	0.895 3	0.998 8
阶层隔离	0.912 1	−0.361 5	0.847 4	0.998 5
阶层冲突	0.911 0	−0.372 8	0.799 1	0.999 8
精英阶层	0.980 0	−0.188 8	0.846 7	0.999 9
中产阶层	0.936 1	−0.341 7	0.861 4	0.999 3
贫困阶层	0.938 5	0.136 3	0.904 8	0.999 7
管理者	0.923 2	0.339 1	0.821 1	0.999 7
蓝领	0.942 7	0.264 5	0.879 6	0.998 9
白领	0.979 4	0.042 1	0.880 8	0.999 9
经理	0.826 4	0.519 1	0.869 9	0.999 1

① KMO 越高,表明变量的共性越强。一般认为,KMO 值在 0.6 以上就可以接受进行主成分分析。而 SMC 表示一个变量与其他所有变量的复相关系数的平方,也就是复回归方程的可决系数。SMC 越高,表明变量的线性关系越强,共性越强,主成分分析就越合适。

（续表）

	成分 1	成分 2		
公务员	0.859 4	0.432 9	0.897 5	0.996 2
学者	0.989 8	0.116 3	0.898 1	0.999 8
农民工	0.885 8	−0.420 2	0.865 5	0.999 8
企业家	0.978 3	0.043 6	0.934 2	0.999 7
民营企业主	0.952 8	−0.193 9	0.890 0	0.999 7
职员	0.772 8	0.423 4	0.864 8	0.998 2

3. 自变量

根据对中国制度转型历程的追溯以及关于其与公共话语中社会结构话语定义之间的关系在理论层面的讨论，本研究从市场转型、政治参与和舆论导向变化这三个维度设定解释框架，且在经验层面上进行了变量测量和指标构建工作。第一，针对市场转型的正向结果，本研究使用世界银行公布的1978—2008年间中国国内生产总值（以美元为单位）来衡量此阶段的经济总体走势。考虑到价格变动因素的影响，我们进一步将其转化为可比价格（经过CPI校正获得1978年可比价），以便对不同时期的经济总量指标进行比较，这一指标用“GDP_{cp}”表示。按照一般的做法，我们在后续的图形展示和数据分析中取其对数形式。第二，对于由市场化改革所带来的收入不平等问题的测度，我们遵循以基尼系数作为指标的主流做法。但目前我国的数据仍不完整，除了国家统计局正式公布的2003—2015年的官方数据外，其他年份的数据仅零星地见于统计年鉴中。为此，我们采用世界收入不平等数据库（World Income Inequality Database）3.3版本对缺失数据进行补充。其指标名称为“*GINI*”。第三，为测度中国公众在1978—2008年间的政治参与程度，我们使用Varieties of Democracy 6.2版本①中的参与民主指数（Participatory Democracy Index）进行测量，其指标名称为“*PDI*”。该指数的取值在区间[0,1]之间，其中“1”代表政治参与最高，“0”代表政治参与程度最低。第

① V-dem项目由University of Gothenburg和University of Notre Dame共同完成。截至2016年，该项目的最新版本(6.2)涵盖了1900年以来173个国家政治发展程度的数据。该数据库在内容上以可测量宏观民主指数的五大模块为基本架构，分别是：选举民主指数、自由民主指数、协商民主指数、平等民主指数、参与民主指数。

四，根据前文所述，改革以来，国家舆论导向变化基本围绕"改革"与"稳定"两条路径进行转换。因此，本研究利用"人民日报图文数据全文检索系统"统计了1978—2008年间每一年度标题中包含"改革"或"稳定"的文章报道数量，并以二者的差值作为衡量每年主流舆论导向变动的指标，即"*IO*"。如果该变量取值为正，则表明官方的舆论导向在当年倾向于"改革"；反之，"稳定"在舆论导向中占据上风。

图9-1初步展示了1978—2008年间阶层关注度指数与上述宏观指标之间的时间变动趋势。① 大体来看，阶层关注度和经济增长、基尼系数都在稳步增长，而代表国家舆论导向变化的曲线波动相对剧烈。在整个20世纪80年代，与改革相关的报道在官方的新闻媒体中占据核心地位。但在20世纪90年代，改革导向与稳定导向在官方舆论中的差距并不悬殊，进入21世纪后，前者在话语体系中的地位逐渐提高。

（四）分析步骤

本研究的数据分析工作主要分为两个部分。第一部分的任务是对从谷歌图书语料库中选取各阶级、阶层类词汇在1949—2008年间每年度的词频比例及其加总进行可视化呈现，重点分析两类词汇在1978年改革开放这一关键历史节点前后的变化，以展示自1949年以来两种不同意涵的社会分层结构概念在中国社会的变迁轨迹。第二部分的主要工作是利用时间序列回归的方法探索改革后公共话语中阶层关注度变化的影响机制。具体而言，我们使用格兰杰回归的方法进行格兰杰因果关系检验。在计量经济学中，两个时间序列X和Y之间的格兰杰因果关系被定义为：如果变量X有助于解释变量Y未来的变化，则认为变量X是引致变量Y的格兰杰原因（Granger，1969）。因此，我们可以使用该方法来识别"阶层关注度"（*LC*）与"国民经济走势"（GDP_{cp}）、"收入不平等程度"（*GINI*）、"政治参与度"（*PDI*）和"舆论走向"（*IO*）等机制在时间序列意义上的内在关联。此外，如果对不平稳的时间序列直接进行基于F和Wald检验的标准格兰杰因果分析会产生偏误，因此我们首先需要进行单位根检验，即检查各序列的平稳性。如果上述时间序列不存在单位根，我们直接拟合向量自回归模型（VAR模型），并进行格兰杰

① 图9-1中各个时间序列曲线均是基于*LC*、GDP_{cp}、*GINI*、*PDI*、*IO*变量的标准化形式所绘制。

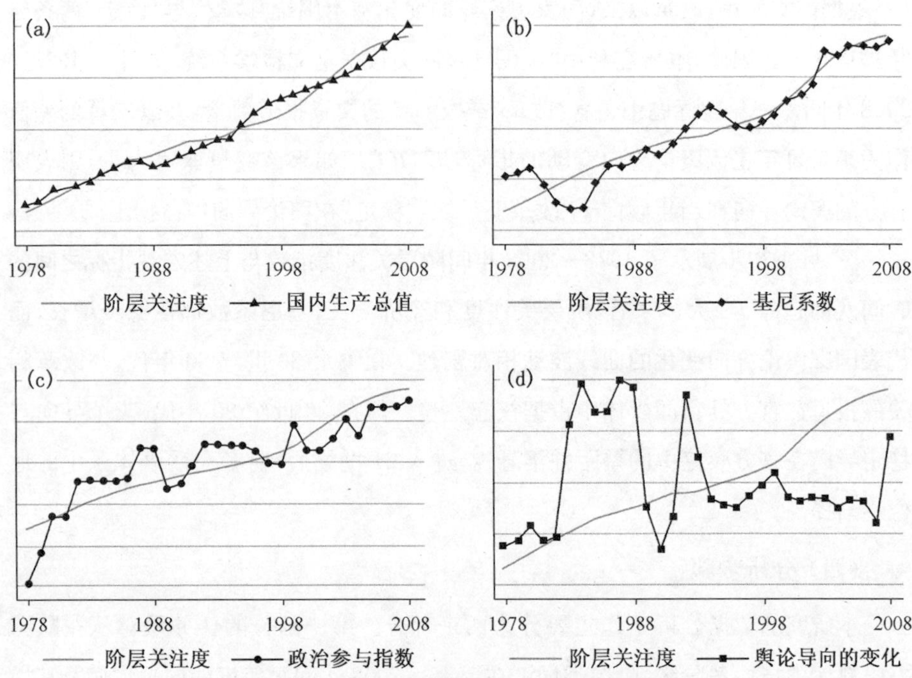

图 9-1 阶层关注度与宏观经济走势、收入不平等、政治参与和舆论导向之间的时间变动趋势

因果测试；如果存在单位根，则可以先对时间序列的水平值进行差分，直到获得平稳时间序列后再进行格兰杰因果检验。

五、分析结果

(一)“阶级”和“阶层”在公共话语中的历史变迁(1949—2008 年)

在图 9-2 和图 9-3 中，我们针对所有词汇的原始词频比例(图 9-2)以及经过标准化处理后的 Z 值比例(图 9-3)绘制了时间序列曲线。两幅图的趋势变化均表明阶级类和阶层类议题在社会舆论中的地位在 1978 年前后发生了明显更替。而原始词频数据则显示两类词汇之间存在明显的层次差异，即阶级类词汇在六十年间书籍语言中所占比重始终高于阶层词汇。虽然阶级类词汇的总词频比例在 1976 年后大幅下降，但由于阶层类词汇的提升比例有限，二者之间的差距直到 2008 年依旧存在。

此外，我们计算了阶级类和阶层类词汇在每一年度的词频比例的加总值。无论是原始词频加总（图 9－4），还是加总词频的标准化值（图 9－5），都显示阶级类词汇数值在 1949—1976 年间持续高速增长，在此之后却开始“断崖式”下降，而阶层类词汇数值在 1978 年之后的总体运行轨迹处于稳步上升趋势。我们从图 9－5 中不难看出，从 20 世纪 50 年代中后期起，阶级类词汇的总比例开始在全社会的书籍语言中迅速提高，在 20 世纪 70 年代中期达到顶峰，而同期的阶层类词汇比例已降至谷底。但自 20 世纪 80 年代后，二者在书籍语言中的地位发生反转。值得一提的是，进入 21 世纪，特别是 2002 年以后，有关阶层议题的关注度与前一时期相比出现了明显跃升。① 其中，一些涉及特定群体的阶层定义，如学者、农民工、管理者、白领和公务员等词汇出现了更为显著地增长。

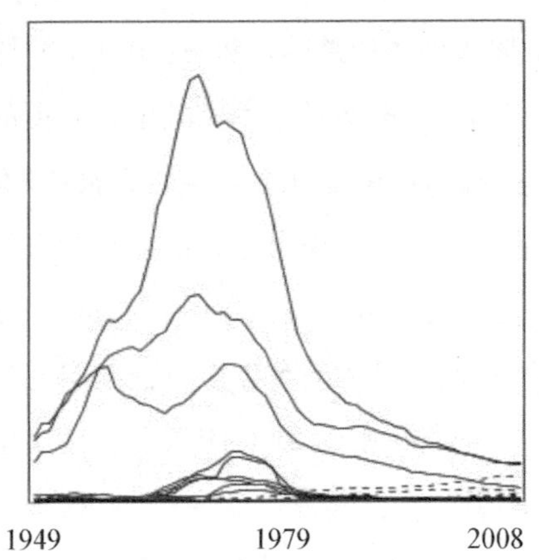

图 9－2　阶级类（实线）与阶层类（虚线）

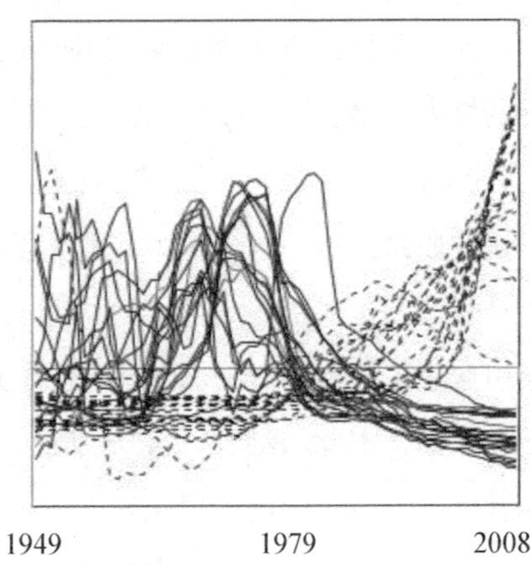

图 9－3　阶级类（实线）与阶层类（虚线）

① 我们以《当代中国社会阶层研究报告》发表的 2002 年为界限，首先以图形可视化的形式比较了在此前后 6 年内（1996—2008 年）20 个阶层类词汇的加总词频比例的总体变化趋势，又进一步通过测量曲线斜率以显示实际的增长幅度。这主要利用对这一时间序列的一阶差分来实现。结果表明，从 1996 年至 2002 年，每一年的加总词频比例增幅为：0. 000 007、0. 000 008、0. 000 018、0. 000 021、0. 000 025、0. 000 022。而在 2002 年到 2008 年，仍继续保持增势，分别为：0. 000 022、0. 000 025、0. 000 025、0. 000 012、0. 000 009、0. 000 006。这表明阶层话语的地位在 2002 年后的公共舆论中明显增强。限于文章篇幅，这里未展示详细的数据结果。

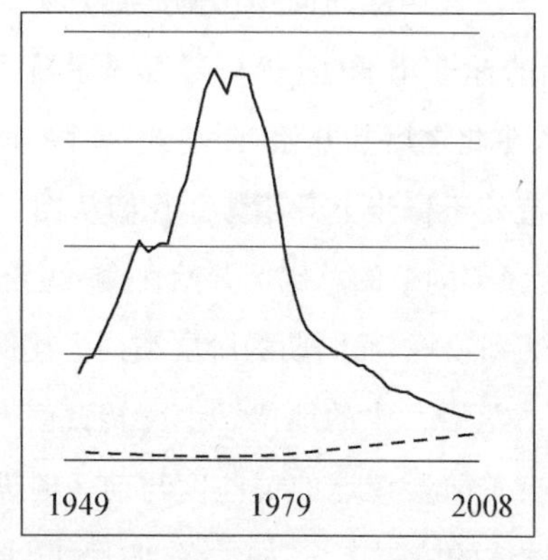

图 9-4 阶级类(实线)与阶层类(虚线)

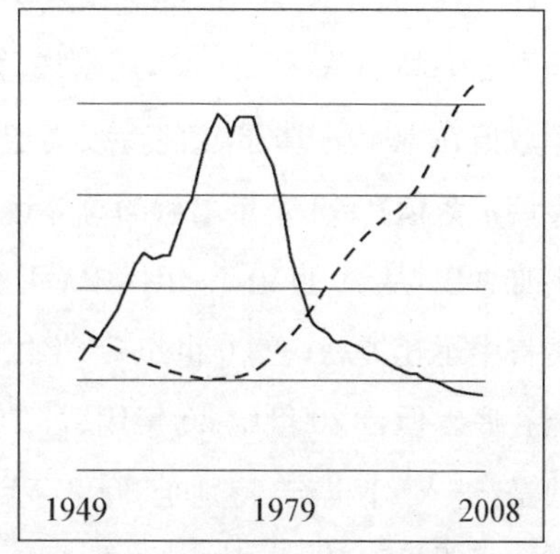

图 9-5 阶级类(实线)与阶层类(虚线)

对于阶层话语在改革期间不但形成了对阶级话语的总体优势,还出现了阶段性的爆发式增长这一现象,我们猜测这可能与当时由著名社会学家陆学艺领衔的"当代中国社会结构变迁研究"课题组所撰写的《当代中国社会阶层研究报告》有密切的联系。这一报告对中国学术界的一个重大贡献是提出了改革以来中国社会结构逐渐形成了"十大阶层"的重要观点,并且此观点一经公布后,立即在全社会引起了广泛反响,得到了来自官方文宣机构、理论界和政策界以及社会舆论的积极反馈。据此,我们认为,"十大社会分层"的论断在推动 21 世纪后公共话语中的社会分层关注度向阶层化转变发挥了重要作用。

上述图形结果可以初步解答在本研究初始所提出的第一个问题,即在 1949—2008 年间,中国公共话语中的社会分层的话语定义模式的确经历了从"阶级"向"阶层"的重大转变。这一变迁过程与改革开放这一关键的历史节点存在紧密的联系。但这种直观性描述并不具备实证意义。接下来,我们将对其中所蕴含的宏观变动规律进行详细验证。

(二) 阶层关注度与宏观结构性因素之间的因果关联

本研究采用"扩展型迪克—富勒"(Augmented Dickey-Fuller)和"菲利普—帕芬"(PP 检验)这两种方法对所有变量进行单位根检验。结果表明,LC、GDP_{cp}、

GINI 和 *IO* 均为一阶单整时间序列，*PDI* 为稳定时间序列。① 为便于对格兰杰因果检验结果的解读，我们对 *PDI* 也进行一阶差分。换句话说，此时我们探讨的是 GDP_{cp}、*GIN*、*PDI* 以及 *IO* 的变化与 *LC* 变化之间的关联。此外，为保证所获得的结论在这种多变量条件下的稳定性，本文采用的是条件格兰杰因果检验，即在分析阶层关注度与某一变量的因果关联时，将其他变量作为控制变量纳入分析之中。

表 9－3 展示了格兰杰因果检验的具体结果，我们从中可以得到以下发现。(1) GDP_{cp}、*GINI*、*PDI* 的变化均可在时间序列意义上解释 *LC* 的变化（p 均小于 0.05）。由于以上变量均以一阶差分的形式纳入模型之中，因此准确地来讲，前一年的国内生产总值的增加、收入不平等的加剧以及公民政治参与度的提高都可以解释后一年民众的阶层关注度提升这一现象。(2) 收入不平等 (*GINI*) 对民众的阶层关注度的影响在统计显著性上而言（$p<0.01$）要明显强于宏观经济发展（GDP_{cp}）（$p<0.05$）。(3) *fd_IO* 不是 *fd_LC* 的格兰杰原因 ($p>0.1$)，也即这一原假设在统计上无法被拒绝，这意味着政府舆论导向并不能解释公众阶层关注度的变动。(4) 我们发现 *fd_LC* 反而是 *fd_IO* 的格兰杰原因 ($p<0.01$)，即民众对阶层议题的关注会影响主流舆论导向发生变化。换句话说，政府在引导舆论走向的过程中越来越多地重视民众关于阶层问题的意见。(5) 除了 *fd_IO* 以外，fd_GDP_{cp}、*fd_GINI* 和 *fd_PDI* 都可以在时间序列意义上被 *fd_LC* 所解释（p 均小于 0.01）。这意味着，公众阶层意识的变动不仅会影响官方舆论的走向，而且会对宏观经济的增长、公民政治参与水平的提高以及收入差距的扩大产生特定影响。

表 9－3　条件格兰杰因果检验结果（1978—2008 年）

零假设	观察值	Chi^2	P 值
fd_GDP_{cp} 不是 *fd_LC* 的格兰杰原因	31	11.382**	0.023
fd_GINI 不是 *fd_LC* 的格兰杰原因	31	34.596***	0.000
fd_PDI 不是 *fd_LC* 的格兰杰原因	31	26.347***	0.000
fd_IO 不是 *fd_LC* 的格兰杰原因	31	1.789 9	0.774

① 限于文章篇幅，此处不做详细报告。需要详细结果的读者可以联系作者。

（续表）

零假设	观察值	Chi^2	P值
fd_LC 不是 fd_GDP_{cp} 的格兰杰原因	31	36.731***	0.000
fd_LC 不是 fd_GINI 的格兰杰原因	31	20.26***	0.000
fd_LC 不是 fd_PDI 的格兰杰原因	31	41.042***	0.000
fd_LC 不是 fd_IO 的格兰杰原因	31	13.182***	0.000

注：(1)“$fd\_$”表示一阶差分。(2) 根据信息准则 AIC、SBIC 和 HQIC 的结果，选择 4 阶滞后。(3) * $p<0.1$，** $p<0.05$，*** $p<0.01$。

(三) 进一步分析

上述统计检验的结果初步验证了在改革的总体进程中阶层话语的地位上升与宏观结构性因素之间存在逻辑关联。但我们需要注意到，中国的制度转型在具体推进过程中采取的是一种“渐进式”策略，这使改革的总体趋势会因具体形势的变化而在各个时期呈现出明显差异。具体而言，1978 年，自改革开放正式作为国家决策被提出后，一直到 20 世纪 80 年代末，改革意向在中央和地方政府的施政中都得到充分的体现。但随着国内外经济政治形势在 20 世纪 90 年代日趋紧张，各领域的改革进程开始受到政策的调控。直到 2000 年后，改革才在全球化进程以及日益完善的市场经济环境下获得新的发展动力(渠敬东等，2009)。由此，我们将中国改革的进程划分为三个时段：1978—1990 年、1991—1999 年、2000—2008 年，并在表 9-4 中展示了在各阶段对阶层关注度与宏观结构性机制进行条件格兰杰因果检验的结果。① 我们从中可以获得一些新的研究发现，并对整体模型进行完善。

表 9-4　改革不同阶段中阶层关注度与宏观经济和政治因素之间的格兰杰检验结果

零假设	观察值	Chi^2	P值
1978—1990 年			
fd_GDP_{cp} 不是 fd_LC 的格兰杰原因	13	0.11	0.742
fd_GINI 不是 fd_LC 的格兰杰原因	13	0.85	0.356
fd_PDI 不是 fd_LC 的格兰杰原因	13	3.39*	0.066

① 限于文章篇幅，本文并未展示单位根检验的结果，欲获取详细信息请联系作者。

（续表）

零假设	观察值	Chi^2	P 值
1978—1990 年			
fd_IO 不是 fd_LC 的格兰杰原因	13	12.13***	0.000
fd_LC 不是 fd_GDP_{cp} 的格兰杰原因	13	0.78	0.377
fd_LC 不是 fd_GINI 的格兰杰原因	13	0.18	0.676
fd_LC 不是 fd_PDI 的格兰杰原因	13	4.90**	0.027
fd_LC 不是 fd_IO 的格兰杰原因	13	4.60**	0.032
1991—1999 年			
fd_GDP_{cp} 不是 fd_LC 的格兰杰原因	9	15.49***	0.000
fd_GINI 不是 fd_LC 的格兰杰原因	9	8.88***	0.003
fd_PDI 不是 fd_LC 的格兰杰原因	9	4.93**	0.026
fd_IO 不是 fd_LC 的格兰杰原因	9	17.11***	0.000
fd_LC 不是 fd_GDP_{cp} 的格兰杰原因	9	1.28	0.258
fd_LC 不是 fd_GINI 的格兰杰原因	9	5.89**	0.015
fd_LC 不是 fd_PDI 的格兰杰原因	9	2.48	0.115
fd_LC 不是 fd_IO 的格兰杰原因	9	1.10	0.294
2000—2008 年			
fd_GDP_{cp} 不是 fd_LC 的格兰杰原因	9	0.01	0.927
fd_GINI 不是 fd_LC 的格兰杰原因	9	9.55***	0.002
fd_PDI 不是 fd_LC 的格兰杰原因	9	14.06***	0.000
fd_IO 不是 fd_LC 的格兰杰原因	9	0.21	0.650
fd_LC 不是 fd_GDP_{cp} 的格兰杰原因	9	210.24***	0.000
fd_LC 不是 fd_GINI 的格兰杰原因	9	147.66***	0.000
fd_LC 不是 fd_PDI 的格兰杰原因	9	115.83***	0.000
fd_LC 不是 fd_IO 的格兰杰原因	9	55.55***	0.000

注：(1)“$fd\_$”表示一阶差分。(2) 根据信息准则 AIC、SBIC 和 HQIC 的结果，在三个时段内分别进行格兰杰检验需要分别选择 2 阶、2 阶和 1 阶滞后。(3) * $p<0.1$，** $p<0.05$，*** $p<0.01$。

首先，表 9 - 4 的结果表明，虽然发现(1)在总体上验证了制度转型对民众的阶层意识变迁具有显著影响，但二者的关联在改革的不同时期呈现出较大的差异性。在 1978—1990 年，仅有舆论导向的变化（fd_IO）能够在时间意义上成为阶层关注度变动的格兰杰原因($p<0.001$)。而在 1991—1999 年，宏观经济增长(fd_GDP_{cp})则成为影响民众阶层意识的最显著的因素($p<0.001$)。进入 2000 年后，上述机制的效应开始消失，但公民的政治参与（fd_PDI）和收入不平等(fd_GINI)开始成为新的影响因素(p 均小于 0.05)。对于这一新的研究发现，我们可以从改革进程的具体走势中理解。一般认为，虽然制度创新往往在改革初期能够大刀阔斧地展开，但新的思想观念(如产权、市场、竞争、法治)的普及存在“文化堕距”的现象，被多数社会成员接受仍需相当长的时间。而且，由于体制转轨受到“路径依赖”的影响，中央政府在这一阶段推进改革主要是以舆论手段对民众进行引导。最具代表性的就是关于真理标准问题的大讨论在全社会发挥了思想解放的作用，从而使改革开放进程得以顺利推进。

但在 20 世纪 90 年代，政治经济形势趋于紧张，与此同时，建立和完善社会主义市场经济体制也被正式确立为改革的核心主题。这样，虽然与阶层有关的话题在社会舆论中受到某种程度的抑制，但经济性议题也因国民经济转好而在民众的阶层关注度中占据着重要地位。2000 年后，与经济高速增长相伴而来的贫富差距问题逐渐成为全社会共同关注的焦点，构成了影响民众主观阶层意识的重要原因(陈云松、范晓光，2016)。另外，由于群体性的利益矛盾在 21 世纪初集中地显露出来，社会运动开始频繁出现。相关的实证研究表明，城乡居民不仅在基层社会的政治参与中的组织性和凝聚力较以往有了很大提高，而且在意识层面开始对群体性的利益取向及目标实现手段达成某种共识，从而强化了本阶层的认同感，但同时也加剧了与其他阶层之间的冲突(刘精明、李路路，2005；陆益龙，2010)。

其二，发现(2)初步验证了相较于宏观经济的持续增长，收入不平等对于民众阶层意识的影响作用更为显著。这一结论已在 Andersen & Curtis(2012)针对 44 个国家数据样本的研究中得到了证实。然而，我们在表 9 - 4 中进一步发现，这一现象主要存在于 2000 年之后的改革阶段。但在这之前，宏观经济发展是提升公众的阶层关注度的主要经济机制。事实上，在 Easterlin et al. (2012)进行的一项著名的研究中，他们发现虽然中国人均 GDP 在 1990—2010 年间不断增长，但民众对生活的满意度并没有相应地提高。他们认为，最有可能的原因是与经济高速增长同时出现的贫富差距问题。在这之后，Wu & Li(2017)针对近年来中国民众主观幸福感的研究进一步证实了上述观点。

其三，发现(3)与发现(4)共同反映了改革后国家舆论导向与社会大众之间的关系发生的深刻变化。一方面，针对主流舆论在引导民众观念上的作用有所减弱，学者们的解释集中于两点：第一，随着计划经济体制瓦解，获得经济自主性的个人开始抽离于高度整合的社会结构，个体化取向逐渐在人们的生活方式、价值取向、行为选择和文化观念上蔓延开来，因而无法与仍保留权威性和支配性特征的某些舆论导向成分建立认同联系(李培林，2005)；第二，在市场化改革、科技发展和全球化因素的推动下，公众的信息获取渠道和意见表达途径日益多元化，社会舆论的自主性明显增强(谭伟，2003)。另一方面，尽管改革以来民间关于阶层议题的讨论已开始影响主流舆论导向的变化，但在不同时期，其作用方式存在着明显的区别。在改革初期，重大改革政策的出炉总是伴随着公众对某项议题的社会性讨论而出现。同时，随着民意代表机制、政治协调机制、社会监督机制和民意表达机制的逐步确立，民众意见的表达方式开始向常态化、制度化发展，其社会影响力也不断增强，但也因被限制在现有政治制度框架内而不会对国家舆论导向造成强烈冲击。

其四，民众的阶层意识也反过来会影响政治经济走势以及舆论导向，即发现(5)。我们推测，这可能是因为经济发展和贫富差距是普通民众最为关心的社会议题，并且人们在实践中往往会通过扩大政治参与度，将其意见纳入主流舆论导向之中，最终转化为实际的经济和政治决策。在这种公众与国家之间重新建构的互动关系中，有两项决策形成机制的作用值得重视。第一，促进决策科学化是当代中国政治体制改革的目标之一。当前，决策听证制度已在全社会普遍实施，其内容涵盖了价格调整、规章制定和行政处罚等多个领域(彭宗超、薛澜，2000)。第二，网络空间的出现加速了媒介权力结构草根化的趋势。在舆情传播和引导过程中，普通民众可以通过设置特定议题进行动员和造势，对政府施加舆论压力，促使其及时回应和处置(杨嵘均，2015)。

(四) 稳健性检验

尽管我们在条件格兰杰分析中控制了多方面的宏观影响因素，但仍存在某些干扰变量的可能性。特别是词频的演化可能会受到社会科学类出版物变化的影响。依此逻辑,我们之前所获得的研究发现可能并非反映的是公众对社会分层领域问题的关注度,而仅仅是在经济高速增长的背景下学术出版物特别是社会科学出版物不断扩张并最终显示为语料库膨胀的结果。对于这一问题,我们参照 Chen & Yan(2016)采取的以下方法进行验证:引入学科词频并证明该类词频与经济发展水平无关。具体而言,我们选取了四门学科的词汇,包括可以代表社会科学的“社会学”和“经济学”,以及可以代表自然科学的“物理学”和“生物学”,并将每一门科学在谷歌图书汉语(简体)语料库中的词频比例进行了标准化(分别为:*LC*/*Sociology*、*LC*/*Economy*、*LC*/*Physics*、*LC*/*Biology*),然后比较它们与经济发展走势(GDP_{cp})的演化轨迹。此外,我们也对四门学科的词频比例进行了主成分分析并合成一个综合性指标“*Discipline*”,与经济发展指标“GDP_{cp}”进行双变量的格兰杰检验。经过分析后,不仅图形结果表明学科词频的变动与经济走势并不一致,而且统计结果也不支持经济增长是学科词频扩张的格兰杰原因($p>0.1$)。[①] 这样,我们基本上可以排除经济增长通过促进社会科学繁荣进而使由阶层类词频所代表的阶层关注度出现增长的情况。

另一个需要关注的问题是,分时段分析的样本较少可能对模型的稳定性造成影响。不过,我们执行这一分析的目的主要是对前一步的条件格兰杰检验的结果做出进一步解读。而且,对比分时段分析和总体分析的统计结果,我们可以发现两者存在较高的吻合度,这也从侧面说明不稳定的问题并不严重。另外,我们也采用了基于T检验的双变量格兰杰检验重新进行了分时段回归。这是因为,这一检验的基本前提,即 Anderson-Darling Test 检验正态分布所需要的最小样本量(6)小于分阶段分析的最小样本量(9)。从最终呈现的回归结果来看,其与采用条件格兰杰回归的分阶段分析的结果基本保持一致,因此可以认为模型结果具有很强的稳健性。

① 限于文章篇幅,并未展示可视化图形和格兰杰因果检验的结果,读者可向作者索取。

六、总结与讨论

基于谷歌图书语料库汉语(简体)中的40个阶级类词汇和阶层类词汇，本研究对1949—2008年中国公共话语中有关社会结构的话语定义进行了全方位考察。我们发现，阶级话语在改革前的30年中占据着主导地位，但在1978年后日益被与阶层有关的议题所取代，从而表现出社会分层的话语建构模式发生了从官方意志到公众态度的重大转型。基于时间序列的格兰杰因果检验为这一变化提供了实证性解释。总体而言，宏观经济增长、收入不平等扩大和政治参与水平提升，均有助于解释改革以来公众阶层意识提升的现象。但作为市场转型的结果，经济增长所产生的效应远不及收入差距这一负向因素。反过来，民众阶层意识的变化会对上述制度性变迁产生不同程度的影响，对经济发展和政治参与的影响更大。另外，我们也发现，在改革期间，主流舆论导向对普通民众的影响在开始下降的同时，反而会受到来自后者的影响。

事实上，阶层意识不仅涉及个体对自身客观地位的判断，同时也是衡量“获得感”的重要标准。2015年以来，习近平同志多次强调要通过改革给人民群众带来更多“获得感”，把“是否给人民群众带来获得感”作为检验改革成效的重要标准。党的十九大更加明确地指出:“我国社会主要矛盾已经转化为人民日益增长的美好生活需要和不平衡不充分的发展之间的矛盾。”因此，本研究的政策意涵在于，在改革开放进入到深水区的关键阶段中，相较于一味追求经济总量的快速增长，缩小收入差距、提高公民的政治参与的积极性和能力将是缓解阶层矛盾、促进社会流动、防止坠入“转型陷阱”的重要手段。在中国未来的发展过程中，必须不断完善利益分配机制，扩大社会流动的空间和渠道，维护公民各项合法政治权利，健全利益表达与维护机制。与此同时，国家与民众之间的互动关系也需要进行优化调整，改进公共舆论的引导机制，将公众意见更多地纳入主流舆论导向和重大决策之中，提升国家治理水平与社会现代化程度。

本研究在数据和方法层面仍存在一些局限，表现在四个方面。第一，进入21世纪后，在反映中国公众态度的代表性数据方面，互联网数据和社交媒体数据可能会与书籍语言数据“分庭抗礼”。第二，以词汇来归纳公众的阶层关注度的方法仍存在一些缺陷。例如，职业类词汇可能无法全面反映改革以来中国阶层结构急剧分化以及职业类型迅速增多的事实。第三，采用格兰杰因果检验方法来确定阶层关注度与宏观结构性因素之间的关联，并不能完全确认为反事实框架下的因果关系。最后，尽管谷歌图书数字化工程项目的书籍来自全球顶尖高校图书馆和出版社，且双方协议均表明供书方将书籍全部而非选择性地送往项目实施方，但我们也不能完全排除中文图书收藏和出版时的意识形态筛选风险。当然，从国际高校图书馆收藏中文书籍的宗旨和实践来看，这一风险倒不必被高估，因为基于各种意识形态的书籍都是学术机构的研究和收藏对象。

第十章　阶层话语与经济增长

一、引　言

改革开放是影响现代中国历史走向的重大决策，它对推进中国经济高速和持续增长、深度参与全球化进程起到了至关重要的作用。20 世纪 80 年代以来，中国社会在改革开放进程中所发生的巨变也引起了海内外中国研究者的关注。在针对最为关键的市场化改革的讨论中，虽然出现了围绕“市场转型”理论的争论(Szelenyi，1988；Nee，1989；Bian & Logan，1996)，但研究者均承认经济体制改革在客观上发挥了拉动宏观经济增长和推进社会转型的作用。

从更广泛的社会关系与结构变迁的角度来看，制度转型所呈现的经济面向在深层次上反映的是不同领域的权力分配模式的转换过程。改革前后，在中国国家体制的运作逻辑从“总体支配”向“技术治理”转变的过程中(渠敬东等，2009)，国家在资源及机会分配中的主体地位不但未被削弱，反而得到进一步强化，并由此形成了由国家主导、从上至下推进体制转轨的基本模式。与此同时，在长久统治目标的内在激励与合法性构建的现实条件相互调适的基本要求下，体制转轨与旧有的制度资源之间形成了关联与张力并存的互动逻辑，这使得改革的宏观趋势在推进过程中表现出典型的“渐进性”特征(樊纲，1992)。于是，我们看到，在四十多年的改革长周期中，时常出现目标与策略发生阶段性变化的情况，集中体现为运用国家力量对经济政治体制进行技术性调整。但如果从特定时期改革的微观演进过程来看，国家体制的阶段性变迁是国家发展逻辑转换的客观反映，这是把握改革总体进程的基本线索。从 20 世纪 70 年代末关于真理标准问题的大讨论到 20 世纪 80 年代关于计划与市场的关系之辩，再到 20 世纪 90 年代关于社会主义性质以及非公有制经济地位的重新定义，这些影响改革进程走向的历史活动具有共同的特点：改革实践的展开需要具备一定的舆论准备条件。具体而言，在公共话语和意识形态领域所取得的一致性认识，为经济体制的技术性调整发挥了先导性影响，由此推进制度转型向更深层次和更宽的领域拓展。这意味着，在关于中国市场化改革的动力来源的问题上，除了传统上已达成共识的国家实施的技术性力量外，还可能存在隐藏在制度调整实践背后的话语力量。

在话语转型、体制调整以及由此产生的宏观效应的关系问题上，现有的研究侧重于展示其中某一区间的因果关联。例如，经济学研究者对经济发展如何影响体制改革进行了大量实证研究，并确证了其中存在显著的因果关联（黄益平，1997；胡晓珍等，2010；王军等，2013）。其他领域的学者更注重非物质性力量在制度改革中所发挥的作用。例如，兰夕雨等（2014）、唐爱军（2014）、王奇生（2017）基于国家主导改革进程的这一基础前提出发，强调发展路线的调整对体制转轨发挥关键作用。但后一类研究关于话语问题的立论虽然以历史事实为根据，但缺乏经验数据的支持，因而很难在与经济学研究的比较中体现其独特价值，进而其诱发和推动改革进程的逻辑无法被完整且充分地彰显出来。

针对上述不足，本研究将从话语视角重新探索中国经济体制改革的演进路径。我们认为，中国国家体制在话语层面的"去阶级化"是推进经济体制转轨的逻辑起点，其对重大改革决策的产生和执行发挥着重要的先导作用。在此基础上，将上述联系与已所发现的"体制调整—经济增长"联系整合起来，以构成关于中国改革进程的完整逻辑链条。具体而言，本研究将从话语转型的角度剖析推进中国改革进程的动力来源，讨论舆论"去阶级化"与体制创新之间的互动逻辑以及与宏观经济增长的内在关联，尝试提出一个关于中国制度转型的演变模式的新解释框架，并利用经验数据对三者之间的因果关联进行分析和检验。本研究首次考察了话语转型与体制改革的关系，从而将对中国体制转轨的理论分析从关注市场化后果的"市场转型"争论扩展至市场化动力这一新问题上。

二、理论背景与研究假设

(一) 话语转型与经济体制调整

"阶级"和"阶层"都是描述社会关系结构形态的基本概念。然而，概念的建构和应用的过程包含着使用者的主观取向和价值立场（格伦斯基，2005）。例如，在马克思主义的阶级理论中，"阶级"概念所假定的社会结构是两极化形态，强调无产阶级与资产之间存在不可调和的矛盾，因而包含强烈的冲突性意涵。相比之下，"阶层"概念虽然不否认社会结构存在内在矛盾，但由于在分层视角倾向于多元性,因而认为社会成员的关系更接近于由各种利益和权力关系组织起来的复杂形态,因而也就存在某种可以避免社会制度发生根本性变革的约束机制。而且,随着“二战”后资本主义国家的中产阶级开始崛起,社会结构发生重大变化,阶级分析范式在社会分层研究领域的重要性受到质疑,越来越多的学者开始在“阶层”意义上使用“阶级”概念,也即这两个概念开始出现融合的趋势(Giddens, 1973; Mann, 1973; Wright, 1978; Goldthorpe, 1987; Jackman & Jackman, 1973)。

与西方国家的情况不同,“阶级”和“阶层”这两个概念在中国情境下包含更强烈的意识形态色彩,二者在话语层面地位的演变反映了国家体制的逻辑转换和制度构成的变化。新中国成立之初,国家对社会结构的定义沿用了革命时期意识形态的基本内容,使社会关系被阶级属性所建构。在以阶级话语为内核的意识形态以及社会舆论的影响下,国家体制在这一时期表现出高度政治化的特征(王奇生,2017)。在经济领域,阶级话语显示出运用阶级群体的话语定义权力来影响经济体制运作的巨大力量。一方面,由于私营经济在话语层面被归为非社会主义的范畴,国民经济中的私有成分以及作为资源配置机制的民间市场长期消失,但同时所确立的由行政权力配置资源的指令型经济运作体制存在软预算约束等问题,影响了经济的运行效率和质量(Kornai, 1992)。另一方面,大量专业知识分子在历次政治运动中遭受冲击,阻碍了科技创新活动以及生产力进步。而且,阶级化的意识形态也使中国在世界格局中处于不利地位,不仅与资本主义国家长期对峙,而且与社会主义阵营的其他国家产生摩擦和冲突。

1978年后,体制转轨推动了公共话语领域的“去阶级化”。其中,“以经济建设为中心”的提出,不仅表明国家发展逻辑的转换,更凸显出经济因素在话语转型过程中的优先地位。在中国改革的演进历程中,话语转型为经济体制在“对内改革”和“对外开放”两个方面的调整提供了实施条件。从国内来看,话语的“去阶级化”改变了以往对知识分子和私营工商业从业者的敌视性身份界定,通过将二者整合到社会主义性质的社会结构之中,有效解决了体制改革过程中所存在的合法性冲突的问题。通过在话语层面协调国内敏感阶层与整体社会结构的矛盾,为推进科学技术发展、恢复民营经济以及建立市场体制提供了先导性动力。另外,阶级话语的“隐退”也有利于协调在对外开放过程中不可避免发生的外国资本主义与本国社会主义的意识形态冲突，这也为中国经济发展提供了外部支持。

总之，1949 年以来中国国家体制的变迁历程清晰地展现了这样一种发展脉络，即国家对经济体制的重大调整往往是以意识形态和社会舆论的“去阶级化”为先导，公共话语转型为在技术层面重塑各项经济制度的构成及运行机制创造了思想条件，并在客观上表现为宏观经济的持续高速增长。在这一意义上，本研究将 1978 年后中国制度转型视为“话语转型—体制调整—经济增长”这样一种演进逻辑。据此，可以提出本研究的第一个研究假设。

假设 1：公共话语的“去阶级化”，可以有助于预测宏观经济的增长的发展。

在检验公共话语“去阶级化”对经济增长的直接效应的基础上，本研究将进一步探索其中所存在的影响机制。正如前面所述，这一话语转型的过程主要是通过国家重新界定知识分子、私营经济活动者以及外国资本主义在社会主义国家体制中的位置来实现的。而这种在话语地位上的变化很可能促使经济体制发生相应的技术性调整，进而影响宏观经济的发展走势。接下来，我们通过回溯中国经济体制改革的具体进程来识别作用机制，并利用实证资料对相应的研究假设进行验证，为本研究提出的“话语转型—体制调整—经济增长”框架是否成立提供经验证据。

(二) 话语转型促进经济增长的机制分析

首先，熊彼特(Joseph Alois Schumpete)在《经济发展理论》一书中特别强调技术创新在经济发展中的关键作用。但作为知识生产主体的知识分子与国家政权之间的关系非常密切，这在中国尤为突出。在新中国成立以来国家政权与知识分子的关系演变中，根本问题是如何界定知识分子的阶级属性。1978 年改革开放决策正式出台前夕，知识分子在政治上的合法性获得国家的认可。随后展开的舆论宣传等工作进一步使知识分子获得了思想和组织上的解放。与此同时，在关于生产力与生产关系的论述上，中央肯定了科学技术在中国经济发展中的优先地位。这一系列举措转而将知识分子确立为支撑国家发展的中坚力量，并在改革深化阶段进一步升格以科教兴国和人才强国为代表的顶层战略设计。

在话语转型的激励下，知识分子已成为当代中国社会结构的重要组成部分，并以其为核心构成了协调国家与社会关系的中产阶层。李春玲(2005)利用全国性抽样调查数据开展的研究表明，高级专业技术人员在职业声望和社会经济地位上对其他阶层保持着很大优势。随着知识分子在群体规模与阶层地位上的提升，知识生产进程不断加快，知识成果呈现爆发式增长趋势。这不仅体现在专利、论文等科技层面的巨大进步（彭纪生等，2008），而且产生了外溢性效益，表现为科技企业的快速成长（程惠芳、幸勇，2003）、产业结构的优化调整（吴延兵，2006）以及整体国民经济的跨越式发展（卢方元等，2011）。这样，第一个机制假设可以被表述如下。

假设2a：公共话语转型可以通过促进科技创新来拉动经济增长。

其次，市场化改革是中国对内进行经济体制调整的重要战略。因此，学术界尤为强调其对整体制度变迁所发挥的基础性作用（Nee，1989）。然而，由于“市场”在改革前因被赋予了反社会主义的话语意义而成为排斥对象，因而如何处理其与社会主义国家性质的矛盾就成为推动经济体制转型所必须解决的关键问题。从改革后的经济体制调整历程来看，国家对市场的“松绑”不仅落实于话语层面的“去阶级化”，即在官方和大众话语层面将其与“计划”构建为具有内在一致性的生产关系，而且进一步在制度层面将其确立为国家发展的战略目标并提供法律保障。由此确立的市场化转型逻辑使得在更为关键的所有制问题上的意识形态分歧得以解决，非公有制经济在国民经济体系中的地位取得了政治合法性。而与这一经济成分共生的企业家、个体户等新社会阶层的政治属性也获得了与社会主义国家体制的协调性。在现实意义上，市场及其参与者所获得的话语合法性为其自身的再生产提供了激励，表现为非公有制在就业比重（茅于轼、张玉仁，2001）、税收比重（张伦俊，2000）以及外贸比重（黄建忠，2004）上逐渐取得了“量”的优势。因此，私有成分对国民经济运行的作用日益突出，这不仅体现在企业绩效的微观层面（胡一帆等，2006），而且表现为其在宏观经济总产值中的占比不断提高（刘越，2013）。于是，第二个机制假设如下。

假设2b：公共话语转型可以通过发展市场经济来拉动经济增长。

最后，中国经济体制转型采取了以对外开放激励对内改革的思路，通过引入国际竞争为国内企业的发展提供外部激励。但这种策略的实现与改革前后中国对外政策的巨大转变密切关联。关于新中国在改革开放前的外交史，杨奎松（2010）将其概括为“以阶级斗争思维为特质的革命外交”。他认为这一时期的外交战略实际上是国内阶级革命胜利后在对外政策上的延伸，具体表现为运用阶级斗争理论的相关概念和经验来处理第二次世界大战后所形成的由东西方两大阵营对峙所引致的国际关系实践。而当这种内外交困的状况在20世纪70年代早期达到最严重的时期时,中国对外政策的方针发生了向务实性方向的转变,不仅在舆论宣传中逐渐淡化资本主义国家的意识形态色彩,而且开始运用谈判、对话与协商等切实手段来处理国际关系问题。与美国、日本达成的外交和解掀起了与中国的建交高潮,这使得中国的外交活动空间从第三世界扩展到整个国际舞台(王泰平,1999)。不仅如此,外交上的"去意识形态化",为改革前夕中国对外贸易的增长以及改革开放决策的出台提供了有利环境(周可仁,1984)。而在对外开放的实践过程中,为构建社会主义与资本主义的共存关系,国家一方面在空间布局上实施从沿海到内地的渐次推进战略,另一方面则在企业所有制、管理模式、技术转让与合作等方面进行制度创新。这样,中国经济愈加深入地融入全球化进程中,并由此带动了国内工业化的建设与转型(黄如金,2001)、企业绩效的提升(厉以宁,2000)、城市化进程的加快(陈波翀等,2004)以及整体经济的增长(周其仁,2010)。据此,可以提出第三个机制假设。

假设2c:公共话语转型可以通过扩大对外开放水平来拉动经济增长。

三、数据、变量和分析策略

(一) 变量说明及其数据来源

1. 因变量

本研究使用中国的国内生产总值(GDP)作为测量制度转型的宏观经济效应的指标。该变量来自国家统计局公布的历年GDP数据。为消除价格变动的影响,笔者统一计算了GDP平减指数并以此将初始数据调整为以1985年为基期的可比价状态,并取对数来降低数据的波动幅度,其变量名为"*lnGDP*"。

2. 自变量

本研究是以公共话语的"去阶级化"作为影响改革后中国政治经济发展的逻辑起点。但在实证层面,我们针对社会观念等文化现象的测量往往对数据的规模性和代表性提出很高的要求(Janmaat, 2013)。谷歌图书(Google Books)大数据语料库的出现为解决上述问题提供了有力支持。除了信息体量上的优势外,该数据在社会话语的量化工作方面更具优势。在电子信息时代之前,书籍语言是人类的经验、思维和观念得以不断传承与再生产的最重要载体。尤其是特定话语在社会语言中的"量"的比重实则反映了其在公共舆论中的"质"的重要性，也即成为一种独特的文化影响力(Twenge et al., 2012)。由此，我们将依托该语料库来构造"话语转型"这一变量。

较近的实证研究表明，中国公共话语领域关于社会结构的定义在改革开放前后发生了从"阶级"到"阶层"的深刻转变(柳建坤、陈云松，2018)。考虑到本研究测试的是 1978 年后不同时间序列之间的因果关联，为便于统计分析并增强模型的拟合效果，我们以改革期间阶层话语的变化作为话语"去阶级化"的测度。在操作化工作中，我们首要考虑的是词汇选取问题。为使词汇能够兼顾专业化与大众化的面向，并具有对社会结构变迁的代表性，我们不仅依托辞书、教科书、调查报告和新闻媒体保证词源的丰富性，而且格外关注某些反映阶层结构发生重大变化的焦点词汇(如农民工、白领等)，最终设置了 20 个阶层类检索关键词。[①] 之后，我们运用词频比例方法[②]来展示所选词汇的量化意义，并使数据获得时间维度上的可比效果。最后，我们运用主成分分析方法(Principal Component Analysis)将所有阶层类词汇合成为适合进行统计分析的综合变量—*LC*(检验结果见附表 1)。

通过对 *LC* 和 *lnGDP* 进行标准化，我们可以使它们具有可比性，进而在图 10-1 中展示二者的时间变动趋势。我们可以看到，在 1985—2008 年间，话语阶层化指数与 GDP 的增长过程表现出高度一致的同步性，初步表明在改革过程中二者之间存在紧密的关联，但是否存在因果关联仍需要得到统计上的验证，而且需要进一步分析其中的作用机制。

① 阶层类词汇包括：社会地位、阶层意识、社会分层、阶层认同、阶层身份、阶层隔离、阶层冲突、精英阶层、中产阶层、贫困阶层、管理者、蓝领、白领、经理、公务员、学者、农民工、企业家、民营企业主、职员。

② 即在时间检索范围的任一年度中，所选定的阶级类或阶层类的关键词在样本书籍中出现的次数与样本书籍中全体词汇总量的比值。

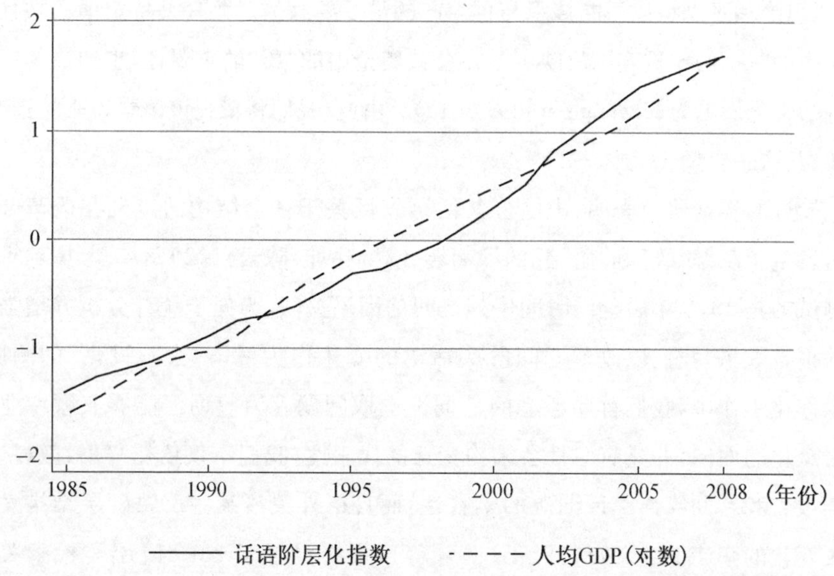

图 10 - 1　话语转型与经济增长的时间变动趋势

3. 中介变量

体制转轨在以往的经济学文献中被设定为引致经济增长的直接因素，本研究则更强调其作为中介机制的作用，也即话语“去阶级化”在经济领域发挥实际影响并非是无条件的，必须通过在技术层面对经济体制进行调整才能得以实现。根据前文所述，本研究所关注的经济体制创新集中在科技水平、市场化水平和对外开放水平三个方面，指标构建方式如下：(1) 按照学界的一般做法，以“发明专利授权数”作为测量科技创新活动的指标，用“*INV*”表示。(2) 市场化改革的核心逻辑是调整政府与市场在经济体系内的地位关系，而投资是现代社会进行资源配置的重要机制。参考魏后凯(2002)的思路，本研究对市场化水平的测量以国内民间投资为指标，这是由全社会固定资产总额减去实际利用外商投资和国内政府投资后得到的。由于中国政府直到 1991 年开始才公布固定资产投资价格指数，造成数据年份无法匹配到本研究的分析时段，因而我们同样采用 GDP 平减指数将数据拓展至 1985 年基期，并用“*lnCap*”表示其对数形式。(3) 实际利用外商投资可以直观地反映某一国家或地区的对外开放程度。由于中国政府公布的相关数据均以美元为单位，因而需要先采用美国的 GDP 缩减指数将其调整为可比价形式(以

1985 年为基期），再根据各年度人民币对美元年平均汇价（中间价）进行折算，最后取对数形式（用“*lnFDI*”表示）。

除特殊说明外，以上中介变量所使用的数据均来自《中国科技统计年鉴》《中国固定资产投资统计年鉴》以及《中国统计年鉴》等资料，且数据分析时段统一限定在 1985—2008 年。

（二）分析策略与模型设定

我们针对研究假设采取了两种相互关联且逐步深入的验证思路。其一，在宏观层面检验中国在改革后的公共话语转型是否有助于解释宏观经济的增长（针对假设 1）；其二，在此基础上进行机制验证，也即讨论话语层面的“去阶级化”对经济增长的影响是否必须通过影响技术层面的体制创新才能得以实现（针对假设 2a、假设 2b 和假设 2c）。

考虑到分析变量均属于时间序列属性，对彼此间因果关系的统计建模的前提是进行单位根检验（unit root）。因此，在实证分析的第一阶段，我们采用“迪克—富勒检验”（DFGLS 检验）、“菲利普—帕芬检验”（PP 检验）以及平稳性检验（KPSS 检验）这三种方法，分别测试了 *LC*、*lnGDP* 带时间趋势和不带时间趋势的情况。① 检验结果显示，这些变量均为一阶单整 I(1)，即虽然存在单位根，但经过一阶差分后开始平稳。这样，我们可以采用格兰杰检验来识别这两个变量之间是否具有统计意义上的因果关系，确切地讲，直接拟合向量自回归模型（VAR 模型），并进行格兰杰因果测试（Granger，1969）。② 在经济学领域，这一方法也被用于对引致中国经济增长的因素分析中。例如，沈坤荣和耿强（2001）较早发现了外国投资通过技术外溢来激励经济增长的逻辑，而张清勇和郑环环（2012）则验证了改革后国民经济对住宅投资的长期依赖性。

验证中介变量效应的分析过程相对复杂，需要在由 *LC* 与 *lnGDP* 构成的因果

---

① 在第一阶段的实证分析中，单位根检验的策略如下：DFGLS 和 PP 检验用于考察原始变量的平稳性，而 KPSS 检验则用于对一阶差分后的变量。

② 格兰杰因果检验的核心思想可以总结为：如果 X 和 Y 为两个时间序列变量，在将 X 滞后值引入 Y 变量自回归方程后，不能够显著增强自变量对 Y 的解释力，则认为 X 不是 Y 的格兰杰原因；反之则认为 Y 是由 X 格兰杰引起的。进行格兰杰检验的前提是要保证变量的平稳性，即首先需要进行单位根检验。如果存在单位根，则可以先对时间序列的水平值进行差分，直到获得平稳时间序列后再进行格兰杰因果检验。

链之间加入相应的机制变量,因而又形成了三条子因果链。与前一阶段的实证分析类似,对三个中介变量的单位根检验结果显示,这些变量同样存在单位根(见附表 2 和附表 3),但在经过一阶差分后开始平稳(见附表 4),因而也属于一阶单整 I(1)。[①] 这满足了进行格兰杰因果检验的基本条件,可以采用与前一分析步骤相同的建模方法,直接拟合向量自回归模型(VAR 模型)进行分析。然而,由于这一分析阶段的主要目的是识别中介机制效应存在与否,因而我们需要采取新的验证步骤。本研究参考了陈云松和严飞(2017)针对时间序列数据进行机制检验的思路,其基本逻辑可以表述为,在已验证序列 A 是序列 C 的格兰杰原因的基础上,加入中介变量 B 则会使二者的直接因果联系消失,也即 B 的存在使 A 不再有助于预测 C。但同时,B 是 C 的格兰杰原因,并且 A 是 B 的格兰杰原因。在接下来的数据分析部分,我们将在实证层面上落实上述两个阶段的建模思路,从而验证和解释所提出的研究假设。

四、数据分析结果

(一) 话语转型对经济增长的直接效应

首先是针对公共话语转型是否具有直接的经济效应进行验证。为检验改革后话语阶层化指数与经济增长之间的因果关联,我们构造了向量自回归(VAR)模型。

$$lnGDP_t = a_t + \sum_{j=1}^{m} \beta_j LC_{t-j} + \sum_{k=1}^{m} \gamma_k lnGDP_{t-k} + \varepsilon_t with t = 1, \cdots\cdots, T$$

针对上述模型,检验 H0 零假设为 $\beta_1 = \beta_2 = \cdots \beta_n = 0$,即 *lnGDP* 不是 *LC* 的格兰杰原因。并且,确定该模型的最优滞后阶数 m 根据 SBIC、AIC、HQIC 和 LR 信息标准来联合确定。由于 *LC*、*lnGDP* 同为一阶单整 I(1),因而我们可以直接进行 Wald 检验。

表 10 - 1 中报告了对 *LC*、*lnGDP* 一阶差分后进行格兰杰检验的结果。模型 I 在 10%显著性水平上具有统计显著性,即以 90%的置信度拒绝 H0 零假设,认为 *fd_LC* 是 *fd_lnGDP* 的格兰杰原因。这表明话语阶层化指数的变化有助于预测

① 此阶段的单位根检验在方法使用顺序上与前一阶段保持一致。

宏观经济的增长。因此，假设1得到充分验证。此外，我们发现，尽管舆论阶层化指数的提升具有直接的经济效应，但统计显著性却不是很高。这表明经济增长并不是公共话语转型带来的直接结果，而是后者通过生成某些物质机制来间接实现的。这将在下一阶段的机制分析中进行详细验证。

表 10－1　话语阶层化指数与经济增长的格兰杰因果检验结果

	零假设	观察值	Chi^2	P值
模型Ⅰ	*fd_LC* 不是 *fd_lnGDP* 的格兰杰原因	24	5.468 2	0.065*

注：(1)“*fd_*”表示一阶差分。(2) 最优滞后阶数根据信息准则 AIC、SBIC 和 HQIC 综合决定。结果显示，模型Ⅰ选择2阶滞后。(3) * $p<0.1$，** $p<0.05$，*** $p<0.01$。

(二) 中介机制的分析结果

在笔者针对中国制度转型所构建的“话语解放—体制调整—经济效应”逻辑链条中，第一和第三环节之间的统计关联已被验证。在此，我们将进一步探究体制创新是否发挥着思想解放与现实发展之间的中介机制的作用。对此的检验过程借鉴了陈云松和严飞(2017)利用“金融活动”指标来检验其在“微博舆论—股市行情”因果链条中的作用这一思路和方法。具体而言，我们分别在已被证明的“话语阶层化指数—经济增长”的因果关系中加入三个中介变量(单位根检验结果是均为一阶单整)，进而构建条件格兰杰模型，检验结果见于表10－2。

我们从表10－2中的测试结果中可以发现，话语转型与经济增长之间的中介效应被格兰杰因果检验所证明。在三个子模型中，当我们在由话语阶层化指数和GDP总量所组成的二元格兰杰因果模型中分别控制“科技创新(*fd_INV*)”“民间资本(*fd_lnCap*)”以及“实际利用外资(*fd_lnFDI*)”后，模型Ⅰ中 *fd_LC* 与 *fd_lnGDP* 的显著关联不再出现(模型1、4、7)，即话语的“去阶级化”无法有助于预测经济产出的增加。同时，上述全部中介变量不仅均成为经济增长的格兰杰原因(模型2、5、8)，而且其变化也可以用话语层面的“去阶级化”来解释(模型3、6、9)。机制分析表明，公共话语转型可以通过促进科技升级、市场化水平的提升以及扩大对外开放等经济体制的调整来激励宏观经济的发展。假设2a、假设2b和假设2c均获得证明。

表 10－2 条件格兰杰因果检验的结果

模型	零假设	模型变量	观察值	Chi^2	P 值
1	*fd_LC* 不是 *fd_lnGDP* 的格兰杰原因	*fd_LC*、*fd_lnGDP*、*fd_INV*	24	3.318 4	0.506
2	*fd_INV* 不是 *fd_lnGDP* 的格兰杰原因	*fd_LC*、*fd_lnGDP*、*fd_INV*	24	17.927	0.001***
3	*fd_LC* 不是 *fd_INV* 的格兰杰原因	*fd_LC*、*fd_INV*	24	10.056	0.039**
4	*fd_LC* 不是 *fd_lnGDP* 的格兰杰原因	*fd_LC*、*fd_lnGDP*、*fd_lnCa*	24	5.336 5	0.149
5	*fd_lnCap* 不是 *fd_lnGDP* 的格兰杰原因	*fd_LC*、*fd_lnGDP*、*fd_lnCa*	24	17.826	0.000***
6	*fd_LC* 不是 *fd_lnCap* 的格兰杰原因	*fd_LC*、*fd_lnCa*	24	13.925	0.016**
7	*fd_LC* 不是 *fd_lnGDP* 的格兰杰原因	*fd_LC*、*fd_lnGDP*、*fd_lnFDI*	24	3.203 4	0.361
8	*fd_lnFDI* 不是 *fd_lnGDP* 的格兰杰原因	*fd_LC*、*fd_lnGDP*、*fd_lnFDI*	24	9.1293	0.028**
9	*fd_LC* 不是 *fd_lnFDI* 的格兰杰原因	*fd_LC*、*fd_lnFDI*	24	16.137	0.006***

注：(1)“*fd_*”表示一阶差分。(2) 最优滞后阶数根据信息准则 AIC、SBIC 和 HQIC 综合决定。限于文章篇幅，各模型的滞后阶数不在此报告。(3) * $p<0.1$，** $p<0.05$，*** $p<0.01$。

五、总结与讨论

中国共产党在十一届三中全会上做出的改革开放决策掀开了现代中国历史的新篇章。历经四十多年的艰难探索，中国经济取得了伟大成就，现代化转型进程不断加快。这一关键的制度变迁过程也构成了学术界讨论中国社会转型的核心议题。但与以往研究仅从体制转轨角度来解释中国的“经济奇迹”的路径不同，我们认为，在“渐进式”改革思路的指引下，制度创新充当着话语转型与经济发展之间的中介机制。基于改革以来中国对本国社会结构的定义以及对国内外关系的话语定义的变化，结合经济体制改革的回溯性分析，本研究对作用机制的考察集中于科技创新、市场经济和引入外资三个方面。由此，本研究构建了依据“话语转型—体制调整—经济增长”的逻辑来解释中国制度转型的新框架。

在实证层面，本研究运用书籍语言数据和其他宏观数据构造了能够较好反映主观话语层面与客观事实层面的时间序列变量，并以格兰杰检验的建模方式探索了这些变量在时间意义上的统计关联。通过宏观测试，我们发现，公共话语从阶级化向阶层化的转变有助于解释宏观经济的持续增长。进一步基于微观机制测试的结果表明，在经济领域，话语“去阶级化”可以通过影响科技创新、民间资本以及实际利用外国资本的增加来影响经济产出。

根据上述研究结果，我们可以基本确证：中国在制度转型中，宏观经济增长不仅被经济学家所证实是体制转轨的客观效应，而且这种因果联系还受到公共话语转型的影响。也就是说，公共话语从“泛阶级化”向“去阶级化”的转变是通过影响体制创新进而推动了经济增长。这使得本研究所提出的“话语转型—体制调整—经济效应”的解释路径获得了经验支持，因而能够在学理上弥补以往制度转型研究对话语、舆论等主观性要素重视不够的缺陷，使话语转型与体制创新之间的关联以及对经济转型的客观效应得以充分展现，也使得关于改革开放进程的演进逻辑更加完整和严密。

在方法论层面，本研究是在制度转型的研究领域开展大数据分析的创新性尝试。事实上，依托谷歌图书语料库进行大数据研究能够克服传统抽样调查所存在的“时空阈限”，即分析时段小和样本覆盖范围窄等问题（柳建坤等，2016）。这为学者们全面展现某一事件或现象在特定社会中的长时段发展轨迹，以及探索大跨度历史现象的变动规律提供了有力的技术支持。而且，大数据的应用价值也逐渐受到当前学术界的关注和认可。例如，本研究所使用的书籍数据不仅首先被国外学者用于探讨语言在影响社会情感变迁、经济走势等宏观历史问题上（Acerbi et al.，2013；Bentley et al.，2014），而且也被国内社会科学研究者运用在学科发展史、城市影响力传播等交叉学科议题的研究中（陈云松，2015；柳建坤等，2016）。相较而言，本研究对偏重于“历史描述”取向的大数据分析也有一定的突破，表现在通过将大数据与其他宏观数据进行匹配、融合，并运用高级统计模型进一步探究历史现象之间的因果关联，从而拓展了大数据的应用范围和研究价值，这也成为引领实证社会科学研究的最新导向（Chen & Yan，2016；柳建坤、陈云松，2018）。

附录

附表 1 阶层类词汇的主成分分析结果

	成分 1	成分 2		
特征根	16.324 73	1.772 98		
方差累积贡献率	0.859 2	0.952 5		
词汇名称			KMO	SMC
阶层意识	0.981 4	0.037 2	0.820 7	0.999 1
社会分层	0.969 6	−0.212 2	0.806 2	0.999 6
阶层认同	0.948 3	−0.281 4	0.807 7	0.999 6
阶层身份	0.978 9	0.103 7	0.897 4	0.998 1
阶层隔离	0.929 9	−0.321 2	0.790 0	0.998 8
阶层冲突	0.935 3	−0.299 5	0.779 7	0.999 8
精英阶层	0.993 7	−0.102 9	0.898 4	0.999 9
中产阶层	0.967 6	−0.239 1	0.862 2	0.999 2
贫困阶层	0.918 2	0.342 9	0.919 6	0.999 4
管理者	0.906 0	0.418 1	0.818 1	0.999 3
蓝领	0.944 9	0.072 5	0.941 0	0.997 9
白领	0.970 6	0.126 4	0.904 6	0.999 1
经理	0.729 9	0.674 5	0.677 3	0.999 0
公务员	0.817 1	0.518 7	0.766 9	0.996 8
学者	0.997 2	−0.029 6	0.851 8	0.999 7
农民工	0.920 3	−0.337 0	0.867 3	0.999 8
企业家	0.919 1	0.170 0	0.784 4	0.999 0
民营企业主	0.975 5	−0.041 3	0.813 4	0.999 8
职员	0.750 8	−0.439 7	0.741 6	0.985 4

附表 2 对原始变量进行 DFGLS 检验的结果

	带时间趋势		不带时间趋势		检验结果	滞后阶数
	统计量 Z(t)	临界值	统计量 Z(t)	临界值		
LC	−1.605	−3.509	−0.810	−2.589	非平稳	1
lnGDP	−3.578	−3.509	0.895	−2.589	非平稳	1
INV	−2.751	−3.033	−0.320	−2.395	非平稳	4
LnCap	−2.202	−3.509	0.418	−2.589	非平稳	1
LnFDI	−1.429	−3.509	−0.310	−2.589	非平稳	1

注:(1) 所有变量的最优滞后阶数均根据 MAIC 信息准则来确定最优滞后阶数。(2) 临界值的显著性水平为 5%。

附表 3 对原始变量进行 PP 根检验的结果

	带时间趋势		不带时间趋势		检验结果	滞后阶数
	统计量 Z(t)	临界值	统计量 Z(t)	临界值		
LC	−1.512	−3.600	1.362	−3.000	非平稳	2
lnGDP	−1.937	−3.600	0.652	−3.000	非平稳	2
INV	5.528	−3.600	9.219	−3.000	非平稳	2
LnCap	−2.181	−3.600	−0.628	−3.000	非平稳	2
LnFDI	−1.359	−3.600	−2.516	−3.000	非平稳	2

注:(1) PP 检验使用基于异方差自相关稳定的标准误计算的滞后阶数,Stata 软件默认为:[4 * $(T/100)^{2/9}$],其中 T 是样本量,[·]表示取整数。(2) 临界值的显著性水平为 5%。

附表 4 对原始变量的一阶差分进行 KPSS 平稳性检验的结果(带时间趋势项)

Lags	*fd_LC*	*fd_lnGDP*	*fd_INV*	*fd_lnCap*	*fd_lnFDI*
0	0.152	0.102	0.268	0.080 1	0.108
1	0.114	0.067 1	0.208	0.064 6	0.078 8
2	0.097 8	0.063	0.197	0.064 6	0.069 3
3	0.092 6	0.068 3	0.19	0.072 5	0.069 8

参考文献

ACEMOGLU D, EGOROV G, SONIN K. Social mobility and stability of democracy: reevaluating de Tocqueville [J]. *The quarterly journal of economics*, 2018, 133(2): 1041 - 1105.

ACERBI A, LAMPOS V, GARNETT P, et al. The expression of emotions in 20th century books[J]. *PloS one*, 2013, 8(3): e59030.

ADAIR S. Immeasurable differences: a critique of the measures of class and status used in the General Social Survey[J]. *Humanity & society*, 2001, 25(1): 57 - 84.

ADLER N E, EPEL E S, CASTELLAZZO G, et al. Relationship of subjective and objective social status with psychological and physiological functioning: preliminary data in healthy, White women[J]. *Health psychology*, 2000, 19(6): 586.

ALLISON R A, FOSTER J E. Measuring health inequality using qualitative data [J]. *Journal of health economics*, 2004, 23(3): 505 - 524.

ALON S. The evolution of class inequality in higher education: competition, exclusion, and adaptation[J]. *American sociological review*, 2009, 74(5): 731 - 755.

ANDERSEN R, CURTIS J. The polarizing effect of economic inequality on class identification: evidence from 44 countries[J]. *Research in social stratification and mobility*, 2012, 30(1): 129 - 141.

ARELLANO M, BOND S. Some tests of specification for panel data: Monte Carlo evidence and an application to employment equations[J]. *The review of economic studies*, 1991, 58(2): 277 - 297.

ARELLANO M, BOVER O. Another look at the instrumental variable estimation of error-components models[J]. *Journal of econometrics*, 1995, 68(1): 29 - 51.

ARGYLE M. *The psychology of happiness*[M]. New York: Taylor & Francis Inc., 2001.

AUH S, COOK C C. Quality of community life among rural residents: an integrated model[J]. *Social indicators research*, 2009, 94(3): 377 - 389.

BELLER E. Bringing intergenerational social mobility research into the twenty-first century: why mothers matter[J]. *American sociological review*, 2009, 74(4): 507 - 528.

BENABOU R, Ok E A. Social mobility and the demand for redistribution: the POUM hypothesis[J]. *The quarterly journal of economics*, 2001, 116(2): 447 - 487.

BENTLEY R A, Acerbi A, Ormerod P, et al. Books average previous decade of economic misery[J]. *PloS one*, 2014, 9(1): e83147.

BIAN Y. Chinese social stratification and social mobility[J]. *Annual review of sociology*, 2002, 28(1): 91 - 116.

BIAN Y, LI L. The Chinese general social survey (2003 - 8) sample designs and data evaluation[J]. *Chinese sociological review*, 2012, 45(1): 70 - 97.

BIAN Y, LOGAN J R. Market transition and the persistence of power: the changing stratification system in urban China[J]. *American sociological review*, 1996: 739 - 758.

BLACK D, MORRIS J, SMITH D, et al. Inequalities in health: report of a research working group[R]. London: Department of Health and Social Security, 1980.

BLAU P M, DUNCAN O D. *The American occupational structure* [M]. New York: Wiley, 1967.

BLUNDELL R, BOND S R. Initial conditions and moment restrictions in dynamic panel data models[J]. *Journal of econometrics*, 1998, 87(1): 115 - 143.

BOND S R. Dynamic panel data models: a guide to micro data methods and practice [J]. *Portuguese economic journal*, 2002, 1(2): 141 - 162.

BOURDIEU P. *Distinction: a social critique of the judgement of taste* [M]. Cambridge: Harvard University Press, 1984.

BREEN R, GOLDTHORPE J H. Class inequality and meritocracy: a critique of Saunders and an alternative analysis1[J]. *The British journal of sociology*, 1999, 50(1): 1 - 27.

BREEN R, JONSSON J O. Inequality of opportunity in comparative perspective: recent research on educational attainment and social mobility [J]. *Annual review of sociology*, 2005, 31: 223 - 243.

BREEN R. Educational expansion and social mobility in the 20th century[J]. *Social forces*, 2010, 89(2): 365 - 388.

BROOKS A C. Gross national happiness: why happiness matters for America and what we can do to get more of it[J]. *New York: Basic Books*, 2008.

BROWN R, HAEGER G. 'Compared to what?': comparison choice in an internation context[J]. *European Journal of social psychology*, 1999, 29 (1): 31 - 42.

BRUNNER E J, CHANDOLA T, MARMOT M G. Prospective effect of job strain on general and central obesity in the Whitehall II Study[J]. *American journal of epidemiology*, 2007, 165(7): 828 - 837.

CAIN G G. The challenge of segmented labor market theories to orthodox theory: a survey[J]. *Journal of economic literature*, 1976, 14(4): 1215 - 1257.

CENTERS R. *The psychology of social classes* [M]. Princeton: Princeton University Press, 1949.

CEOBANU A M, ESCANDELL X. Comparative analyses of public attitudes toward immigrants and immigration using multinational survey data: a review of theories and research[J]. *Annual review of sociology*, 2010, 36: 309 - 328.

CHEN Y, COWELL F A. Mobility in China[J]. *Review of Income and Wealth*, 2017, 63(2), 203 - 218.

CHEN Y, WILLIAMS M. Subjective social status in transitioning China: trends and determinants[J]. *Social science quarterly*, 2018, 99(1): 406 - 422.

CHEN Y, YAN F. Economic performance and public concerns about social class in twentieth-century books[J]. *Social science research*, 2016, 59: 37 - 51.

CHEN Y, YAN F. International visibility as determinants of foreign direct investment: an empirical study of Chinese provinces [J]. *Social science research*, 2018, 76: 23 - 39.

CHENG Y, DAI J. Intergenerational mobility in modern China[J]. *European sociological review*, 1995, 11(1): 17 - 35.

CLARKE H D, DUTT N, KORNBERG A. The political economy of attitudes toward polity and society in Western European democracies[J]. *The journal of politics*, 1993, 55(4): 998 - 1021.

COHEN J. *Statistical power analysis for the behavioral sciences*[M]. Hillsdale: Erlbaum, 1988.

CURTIS J. Middle class identity in the modern world: how politics and economics matter[J]. *Canadian review of Sociology*, 2013, 50(2): 203 - 226.

CURTIS J. Social mobility and class identity: the role of economic conditions in 33 societies, 1999 - 2009[J]. *European sociological review*, 2016, 32(1): 108 - 121.

CUSACK T R. The shaping of popular satisfaction with government and regime performance in Germany[J]. *British journal of political science*, 1999, 29 (4): 641 - 672.

CUTRIGHT P. Occupational inheritance: a cross-national analysis[J]. *American journal of sociology*, 1968, 73(4): 400 - 416.

DE GRAAF N D，NIENWBEERTA P，HEATH A. Class mobility and political preferences：individual and contextual effects［J］. *American journal of sociology*，1995，100(4)：997－1027.

DEEG D J H，KRIEGSMAN D M W. Concepts of self-rated health：specifying the gender difference in mortality risk［J］. *The gerontologist*，2003，43(3)：376－386.

DELHEY J，KOHLER U. From nationally bounded to Pan-European inequalities? On the importance of foreign countries as reference groups［J］. *European sociological review*，2006，22(2)：125－140.

EASTERLIN R A. *Does economic growth improve the human lot? Some empirical evidence*［M］// DAVID P A，REDER M W，eds. Nations and households in economic growth：essays in honor of Moses Abramovitz. New York：Academic Press，1974.

EASTERLIN R A. Will raising the incomes of all increase the happiness of all?［J］. *Journal of economic behavior & organization*，1995，27(1)：35－47.

EASTERLIN R A. Income and happiness：towards a unified theory［J］. *The economic journal*，2001，111(473)：465－484.

EASTERLIN R A，MORGAN R，SWITEK M，et al. China's life satisfaction，1990－2010［J］. *Proceedings of the National Academy of Sciences*，2012，109(25)：9775－9780.

ERIKSON R，GOLDTHORPE J H. *The constant flux：a study of class mobility in industrial societies*［M］. Oxford：Clarendon Press，1993.

EVANS M D R，KELLEY J，KOLOSI T. Images of class：public perceptions in hungary and australia［J］. *American sociological review*，1992，97(4)：461－482.

EVANS G，MILLS C. A latent class analysis of the criterion-related and construct validity of the Goldthorpe class schema［J］. *European sociological review*，1998，14(1)：87－106.

EVANS M D R，KELLEY J. Subjective social location：data from 21 nations［J］.

International journal of public opinion research, 2004, 16(1): 3 - 38.

FEATHERMAN D L, JONES F L, HAUSER R M. Assumptions of social mobility research in the US: The case of occupational status[J]. *Social science research*, 1975, 4(4): 329 - 360.

FESTINGER L. A theory of social comparison processes[J]. *Human relations*, 1954, 7(2): 117 - 140.

FLEMMEN M P, TOFT M, ANDERSEN P L, et al. Forms of capital and modes of closure in upper class reproduction[J]. *Sociology*, 2017, 51(6): 1277 - 1298.

FOX T G, MILLER S M. Economic, political and social determinants of mobility: an international cross-sectional analysis[J]. *Acta sociologica*, 1966, 9(1 - 2): 76 - 93.

FRANZINI L, FERNANDEZ-ESQUER M E. The association of subjective social status and health in low-income Mexican-origin individuals in Texas[J]. *Social science & medicine*, 2006, 63(3): 788 - 804.

FREY B S, STUTZER A. What can economists learn from happiness research? [J]. *Journal of economic literature*, 2002, 40(2): 402 - 435.

GANZEBOOM H B G, TREIMAN D J, ULTEE W C. Comparative intergenerational stratification research: three generations and beyond[J]. *Annual review of sociology*, 1991, 17(1): 277 - 302.

GERBER T P, HOUT M. Tightening up: declining class mobility during Russia's market transition[J]. *American sociological review*, 2004, 69(5): 677 - 703.

GIDDENS A. *The class structure of the advanced societies*[M]. London: Harper Torchbooks, 1973.

GOLDMAN N, CORNMAN J C, CHANG M C. Measuring subjective social status: a case study of older Taiwanese[J]. *Journal of cross-cultural gerontology*, 2006, 21(1 - 2): 71 - 89.

GOLDTHORPE J H. *Social mobility and class structure in modern Britain*[M]. 2nd ed. Oxford: Oxford University Press, 1987.

GOLDTHORPE J H，LOCKWOOD D，BECHHOFER F，et al. *The affluent worker in the class structure* [M]. Cambridge：Cambridge University Press，1969.

GOODMAN L A. The analysis of systems of qualitative variables when some of the variables are unobservable. Part I-A modified latent structure approach[J]. *American Journal of Sociology*，1974，79(5)：1179 - 1259.

GOODMAN E，HUANG B，SCHAFER-KALKHOFF T，et al. Perceived socioeconomic status：a new type of identity that influences adolescents' self-rated health[J]. *Journal of adolescent health*，2007，41(5)：479 - 487.

GRANGER C W J. Investigating causal relations by econometric models and cross-spectral methods[J]. Econometrica，1969，37(3)：424 - 438.

GRANT A M. Does intrinsic motivation fuel the prosocial fire? Motivational synergy in predicting persistence，performance，and productivity[J]. *Journal of applied psychology*，2008，93(1)：48 - 58.

GRILICHES Z，HAUSMAN J A. Errors in variables in panel data[J]. *Journal of econometrics*，1986，31(1)：93 - 118.

GRUSKY D. *The inequality reader：contemporary and foundational readings in race，class，and gender*[M]. New York：Routledge，2007.

GRUSKY D B，HAUSER R M. Comparative social mobility revisited：models of convergence and divergence in 16 countries[J]. *American sociological review*，1984，49(1)：19 - 38.

GUEST A M. Class consciousness and American political attitude[J]. *Social forces*，1974，52(4)：496 - 510.

HAINMUELLER J，HISCOX M J，MARGALIT Y. Do concerns about labor market competition shape attitudes toward immigration? New evidence[J]. *Journal of international economics*，2015，97(1)：193 - 207.

HAMAMURA T. Social class predicts generalized trust but only in wealthy societies[J]. *Journal of cross-cultural psychology*，2012，43(3)：498 - 509.

HEATH A，ZIMDARS A. Social mobility：drivers and policy responses revisited

[J]. *British academy review*, 2011, 17: 8 - 10.

HERTEL F R, GROH-SAMBERG O. Class mobility across three generations in the US and Germany[J]. *Research in social stratification and mobility*, 2014, 35: 35 - 52.

HERZBERG F I. *Work and the nature of man*[M]. Cleveland: World Publishing Co., 1966.

HIRSCHMAN A O, ROTHSCHILD M. The changing tolerance for income inequality in the course of economic development: with a mathematical appendix[J]. *The quarterly journal of economics*, 1973, 87(4): 544 - 566.

HOCHSCHILD J L. *Facing up to the American dream: race, class, and the soul of the nation*[M]. Princeton: Princeton University Press, 1995.

HODGE R W, TREIMAN D J. Class identification in the United States[J]. *American journal of sociology*, 1968, 73(5): 535 - 547.

HOFFMAN P J, FESTINGER L, LAWRENCE D H. Tendencies toward group comparability in competitive bargaining[J]. *Human relations*, 1954, 7(2): 141 - 159.

HOLTZ-EAKIN D, NEWEY W, ROSEN H S. Estimating vector autoregressions with panel data[J]. *Econometrica*, 1988, 56(6): 1371 - 1395.

HOUT M. How class works in popular conception: most Americans identify with the class their income, occupation, and education implies for them[M]// LAREAU A, CONLEY D, eds. Social class: how does it work? New York: Russell Sage Foundation, 2008.

INGLEHART R. Faith and freedom: traditional and modern ways to happiness [M]// DIENER E, HELLIWELL J F, KAHNEMAN D, eds. International differences in well-being. New York: Oxford University Press, 2010.

ISHIDA H, GOLDTHORPE J H, ERIKSON R. Intergenerational class mobility in postwar Japan[J]. *American journal of sociology*, 1991, 96(4): 954 - 992.

IVANOVA M N. On the peculiarity of class reproduction in the society of exchange and the popular subject of rising inequality in the United States[J]. *Capital & Class*, 2018, 42(1): 23 - 41.

JACKMAN M R, JACKMAN R W. An interpretation of the relation between objective and subjective social status[J]. *American sociological review*, 1973, 38(5): 569 - 582.

JACKMAN M R, JACKMAN R W. *Class awareness in the United States*[M]. Berkeley and Los Angeles: University of California Press, 1983.

JANMAAT J G. Subjective inequality: a review of international comparative studies on people's views about inequality[J]. *European journal of sociology*, 2013, 54(3): 357 - 389.

JENCKS C, CROUSE J, MUESER P. The Wisconsin model of status attainment: a national replication with improved measures of ability and aspiration[J]. *Sociology of education*, 1983: 3 - 19.

JIN L, TAM T. Subjective social status, perceived social mobility and health in China[C]. Annual meeting of the American sociological association, San Francisco, 2012.

KAPLAN G A, CAMACHO T. Perceived health and mortality: a nine-year follow-up of the human population laboratory cohort[J]. *American journal of epidemiology*, 1983, 117(3): 292 - 304.

KARVONEN S, RAHKONEN O. Subjective social status and health in young people[J]. *Sociology of health & illness*, 2011, 33(3): 372 - 383.

KELLEY J, EVANS M D R. Class and class conflict in six western nations[J]. *American sociological review*, 1995, 60(2): 157 - 178.

KIKKAWA T. Changes in the determinants of class identification in Japan[J]. *International journal of sociology*, 2000, 30(2): 34 - 51.

KIM J H, LEE S G, Shin J, et al. Impact of the gap between socioeconomic stratum and subjective social class on depressive symptoms: unique insights from a longitudinal analysis[J]. *Social science & medicine*, 2014, 120: 49 -56.

KNIGHT J, LINA S, Gunatilaka R. Subjective well-being and its determinants in rural China[J]. *China economic review*, 2009, 20(4): 635 - 649.

KORNAI J. *The socialist system: the political economy of communism*[M]. New York: Oxford University Press, 1992.

KOUVONEN A, STAFFORD M, De VOGLI R, et al. Negative aspects of close relationships as a predictor of increased body mass index and waist circumference: the Whitehall II study[J]. *American journal of public health*, 2011, 101(8): 1474 - 1480.

LAZARSFELD P F, HENRY N W. *Latent structure analysis* [M]. Boston: Houghton Mifflin, 1968.

LI S, CHEN Y, HE G. Mapping public concerns about class immobility in China [J]. *Social indicators research*, 2019, 144(2): 745 - 765.

LIANG S. SHUMING L. A comparison of Confucianism and Buddhism [J]. *Chinese studies in philosophy*, 1989, 20(3): 3 - 32.

LIM C, PUTNAM R D. Religion, social networks, and life satisfaction [J]. *American sociological review*, 2010, 75(6): 914 - 933.

LIPPMANN W. *Public opinion*[M]. New York: The Free Press, 1992.

LIPSET S M, BENDIX R. *Social mobility in industrial society*[M]. Berkeley and Los Angeles: University of California Press, 1959.

LIPSET S M, MAN P. *The social bases of politics* [M]. Baltimore: The Johns Hopkins University Press, 1960.

LO Y, MENDELL N R, RUBIN D B. Testing the number of components in a normal mixture[J]. *Biometrika*, 2001, 88(3): 767 - 778.

LONG J, FERRIE J. Intergenerational occupational mobility in Great Britain and the United States since 1850[J]. *American economic review*, 2013, 103(4): 1109 - 37.

LOPREATO J, HAZELRIGG L E. *Class, conflict, and mobility: theories and studies of class structure*[M]. San Francisco: Chandler, 1972.

MACLEOD J, SMITH G D, METCALFE C, et al. Is subjective social status a more important determinant of health than objective social status? Evidence from a prospective observational study of Scottish men[J]. *Social science & medicine*, 2005, 61(9): 1916 - 1929.

MANN M. *Consciousness and action among the western working class* [M]. London: Macmillan, 1973.

McCALL L, BURK D, LAPERRIÈRE M, et al. Exposure to rising inequality shapes Americans' opportunity beliefs and policy support[J]. *Proceedings of the National Academy of Sciences*, 2017, 114(36): 9593 - 9598.

MEISNER M. *Mao's China and after: a history of the People's Republic* [M]. 3rd ed. New York: The Free Press, 1999.

MOORE B. *Social origins of dictatorship and democracy: lord and peasant in the making of the modern world*[M]. Boston: Beacon Press, 1966.

MOORHOUSE H F. Attitudes to class and class relationships in Britain[J]. *Sociology*, 1976, 10(3): 469 - 496.

MORGESON F V. Expectations, disconfirmation, and citizen satisfaction with the US federal government: testing and expanding the model[J]. *Journal of public administration research and theory*, 2012, 23(2): 289 - 305.

MORRIS R T, MURPHY R J. A paradigm for the study of class consciousness [J]. *Sociology and social research*, 1966, 50(3): 297 - 313.

MURRAY C J L, CHEN L C. Understanding morbidity change [J]. *The population and development review*, 1992, 18(3): 481 - 503.

NAN E Y. Social risks and class identification after the financial crisis in Korea[J]. *Development and society*, 2013, 42(2): 237 - 262.

NEE V. A theory of market transition: from redistribution to markets in state socialism[J]. *American sociological review*, 1989, 54(5): 663 - 681.

NEE V. The emergence of a market society: changing mechanisms of stratification in China[J]. *American journal of sociology*, 1996, 101(4): 908 - 949.

NEE V, MATTHEWS R. Market transition and societal transformation in reforming state socialism[J]. *Annual review of sociology*, 1996, 22(1): 401 - 435.

ODDSSON G A. Class awareness in Iceland[J]. *International journal of sociology and social policy*, 2010, 30(5-6): 292-312.

OLIVER R L. A cognitive model of the antecedents and consequences of satisfaction decisions[J]. *Journal of marketing research*, 1980, 17(4): 460-469.

OPERARIO D, ADLER N E, WILLIAMS D R. Subjective social status: reliability and predictive utility for global health[J]. *Psychology & health*, 2004, 19(2): 237-246.

PARISH W L, MICHELSON E. Politics and markets: dual transformations[J]. *American journal of sociology*, 1996, 101(4): 1042-1059.

PARK R E. Human migration and the marginal man[J]. *American journal of sociology*, 1928, 33(6): 881-893.

PAYNE G. A new social mobility? The political redefinition of a sociological problem[J]. *Contemporary social science*, 2012, 7(1): 55-71.

PHAM-KANTER G. Social comparisons and health: can having richer friends and neighbors make you sick? [J]. *Social science & medicine*, 2009, 69(3): 335-344.

PIFF P K, KRAUS M W, CÔTÉ S, et al. Having less, giving more: the influence of social class on prosocial behavior[J]. *Journal of personality and social psychology*, 2010, 99(5): 771-784.

PIORE M J. Labor market segmentation: to what paradigm does it belong? [J]. *American economic review*, 1983, 73(2): 249-253.

PUTNAM R D. *Bowling alone: the collapse and revival of American community*[M]. New York: Simon and Schuster, 2000.

REIS E, MOORE M. *Elite perceptions of poverty and inequality*[M]. London: Zed Books, 2005.

REQUENA F. Social capital, satisfaction and quality of life in the workplace[J]. *Social indicators research*, 2003, 61(3): 331-360.

ROODMAN D. How to do xtabond2: an introduction to difference and system

GMM in Stata[J]. *The Stata journal*, 2009, 9(1): 86 - 136.

ROSKRUGE M, GRIMES A, MCCANN P, et al. Homeownership, social capital and satisfaction with local government[J]. *Urban studies*, 2013, 50(12): 2517 - 2534.

RUGGERA L, BARONE C. Social closure, micro-class immobility and the intergenerational reproduction of the upper class: a comparative study[J]. *The british journal of sociology*, 2017, 68(2): 194 - 214.

SALEHI K H, HEYDARI A. Measuring villagers' satisfaction about performance of village government at shemiranat in large lavasan: a scope for the use of models[J]. *International journal of bio-resource and stress management*, 2012, 3(1): 119 - 121.

SAVAGE M. Working-class identities in the 1960s: revisiting the affluent worker study[J]. *Sociology*, 2005, 39(5): 929 - 946.

SAVAGE M, EGERTON M. Social mobility, individual ability and the inheritance of class inequality[J]. *Sociology*, 1997, 31(4): 645 - 672.

SHIRAHASE S. Japan as a stratified society: with a focus on class identification [J]. *Social science Japan journal*, 2010, 13(1): 31 - 52.

SCHEVE K F, Slaughter M J. Labor market competition and individual preferences over immigration policy[J]. *Review of economics and statistics*, 2001, 83(1): 133 - 145.

SCOTT J, MARSHALL G. *Oxford dictionary of sociology*[M]. Oxford: Oxford University Press, 2005.

SEWELL W H, HAUSER R M. *Education, occupation, and earnings. Achievement in the early career*[M]. New York: Academic Press, 1975.

SHAVIT Y, BLOSSFELD H P. *Persistent inequality: changing educational attainment in thirteen countries*[M]. Boulder: Westview Press, 1993.

SINGH-MANOUX A, MARMOT M G, ADLER N E. Does subjective social status predict health and change in health status better than objective status? [J]. *Psychosomatic medicine*, 2005, 67(6): 855 - 861.

SNIDERMAN P M, PIAZZA T L. *Black pride and black prejudice* [M]. Princeton: Princeton University Press, 2002.

SOSNAUD B, BRADY D, Frenk S M. Class in name only: subjective class identity, objective class position, and vote choice in American presidential elections[J]. *Social problems*, 2013, 60(1): 81-99.

STOUFFER S A, SUCHMAN E A, DEVINNEY L C, et al. *The American soldier: adjustment during army life* [M]. Princeton: Princeton University Press, 1949.

SURRIDGE P. Class belonging: a quantitative exploration of identity and consciousness[J]. *The British journal of sociology*, 2007, 58(2): 207-226.

SZELENYI I. *Socialist entrepreneurs: Embourgeoisement in rural Hungary* [M]. Madison: University of Wisconsin Press, 1988.

TREIMAN D J. Industrialization and social stratification[J]. *Sociological inquiry*, 1970, 40(2): 207-234.

SUI KY. Economic reform and attainment in basic education in China[J]. *The China quarterly*, 1997 (149): 104-127.

TWENGE J M, CAMPBELL W K, GENTILE B. Increases in individualistic words and phrases in American books, 1960-2008[J]. *PloS one*, 2012, 7(7): e40181.

VAN RYZIN G G. Expectations, performance, and citizen satisfaction with urban services[J]. *Journal of policy analysis and management*, 2004, 23(3): 433-448.

VAN RYZIN G G. Pieces of a puzzle: linking government performance, citizen satisfaction, and trust[J]. *Public performance & management review*, 2007, 30(4): 521-535.

WALDER A G. *Communist neo-traditionalism: work and authority in Chinese industry* [M]. Berkeley and Los Angeles: University of California Press, 1986.

WANG J, XIE Y. Feeling good about the iron rice bowl: economic sector and happiness in post-reform urban China[J]. *Social science research*, 2015, 53: 203-217.

WATSON J L. *Class and social stratification in post-revolution China*[M]. New York: Cambridge University Press, 1984.

WOELFEL J, HALLER A O. Significant others, the self-reflexive act and the attitude formation process[J]. *American sociological review*, 1971, 36(1): 74-87.

WILKINSON R G, PICKETT K E. Income inequality and social dysfunction[J]. *Annual review of sociology*, 2006, 35: 493-511.

WILLIAMS R. Generalized ordered logit/partial proportional odds models for ordinal dependent variables[J]. *The Stata journal*, 2006, 6(1): 58-82.

WOOLDRIDGE J M. *Econometric analysis of cross section and panel data*[M]. Cambridge: The MIT Press, 2002.

WRIGHT E O. *Class, crisis and the state*[M]. London: New Left Books, 1978.

WRIGHT E O. *Classes*[M]. London: Verso, 1985.

WRIGHT E O, SHIN K Y. Temporality and class analysis: a comparative study of the effects of class trajectory and class structure on class consciousness in Sweden and the United States[J]. *Sociological theory*, 1988, 6(1): 58-84.

WRIGHT E O, SINGELMANN J. Proletarianization in the changing American class structure[J]. *American journal of sociology*, 1982, 88: S176-S209.

WU X. Work units and income inequality: the effect of market transition in urban China[J]. *Social forces*, 2002, 80(3): 1069-1099.

WU X. Communist cadres and market opportunities: entry into self-employment in China, 1978-1996[J]. *Social forces*, 2006, 85(1): 389-411.

WU X. Income inequality and distributive justice: a comparative analysis of mainland China and Hong Kong[J]. *The China Quarterly*, 2009: 1033-1052.

WU X. Economic transition, school expansion and educational inequality in China, 1990-2000[J]. *Research in social stratification and mobility*, 2010, 28(1): 91-108.

WU X, LI J. Income inequality, economic growth, and subjective well-being: evidence from China[J]. *Research in social stratification and mobility*, 2017, 52: 49 - 58.

WU X, TREIMAN D J. The household registration system and social stratification in China: 1955 - 1996[J]. *Demography*, 2004, 41(2): 363 - 384.

WU X, TREIMAN D J. Inequality and equality under Chinese socialism: the hukou system and intergenerational occupational mobility [J]. *American journal of sociology*, 2007, 113(2): 415 - 445.

XIE. F. Church-state relations in contemporary China and the development of Protestant Christianity[J]. *China study journal*, 2003, 18(3): 19 - 48.

XIE Y, HANNUM E. Regional variation in earnings inequality in reform-era urban China[J]. *American journal of sociology*, 1996, 101(4): 950 - 992.

XIE Y, KILLEWALD A. Intergenerational occupational mobility in Great Britain and the United States since 1850: comment[J]. *American economic review*, 2013, 103(5): 2003 - 20.

XIE Y, WU X. Danwei profitability and earnings inequality in urban China[J]. *The China quarterly*, 2008,195: 558 - 581.

XIE Y, ZHOU X. Income inequality in today's China[J]. *Proceedings of the National Academy of Sciences*, 2014, 111(19): 6928 - 6933.

YAISH M, ANDERSEN R. Social mobility in 20 modern societies: the role of economic and political context[J]. *Social science research*, 2012, 41(3): 527 - 538.

YESILYAPRAK B, BOYSAN M. Latent class analysis of job and life satisfaction among school counselors: a national survey[J]. *Journal of happiness studies*, 2015, 16(1): 1 - 15.

ZANG X. Scaling the socioeconomic ladder: Uyghur perceptions of class status[J]. *Journal of contemporary China*, 2012, 21(78): 1029 - 1043.

ZHOU B. New media use and subjective social status [J]. *Asian journal of communication*, 2011, 21(2): 133 - 149.

ZHOU X. Economic transformation and income inequality in urban China: evidence from panel data[J]. *American journal of sociology*, 2000, 105(4): 1135 - 1174.

ZHOU X, XIE Y. Market transition, industrialization, and social mobility trends in post-revolution China[J]. *American journal of sociology*, 2017, 124 (6): 1810 - 1847.

敖成兵."土豪"流行语背后的青年阶层固化现象检视[J].中国青年研究,2014(6).

白南生,李靖.城市化与中国农村劳动力流动问题研究[J].中国人口科学,2018(4).

边燕杰,卢汉龙.改革与社会经济不平等:上海市民地位观[M]//边燕杰.市场转型与社会分层:美国社会学者分析中国.北京:生活·读书·新知三联书店,2002.

边燕杰.市场转型与社会分层:美国社会学者分析中国[M].北京:生活·读书·新知三联书店,2002.

蔡昉.劳动力迁移的两个过程及其制度障碍[J].社会学研究,2001(4).

蔡禾,曹志刚.农民工的城市认同及其影响因素——来自珠三角的实证分析[J].中山大学学报:社会科学版,2009(1).

蔡禾,李超海,冯建华.利益受损农民工的利益抗争行为研究——基于珠三角企业的调查[J].社会学研究,2009(1).

蔡志强.社会阶层固化的成因与对策[N].北京:学习时报,2011.

陈波翀,郝寿义,杨兴宪.中国城市化快速发展的动力机制[J].地理学报,2004(6).

陈光金.不仅有"相对剥夺"还有"生存焦虑":中国主观认同阶层分布十年变迁的实证分析(2001—2011)[J].黑龙江社会科学,2013(5).

陈思.社会转型进程中中国政府的"稳定"与"改革"意识[J].中州学刊,2012(6).

陈云松,范晓光.阶层自我定位,收入不平等和主观流动感知(2003—2013)[J].中国社会科学,2016(12).

陈云松,严飞.网络舆情是否影响股市行情?基于新浪微博大数据的ARDL模型边限分析[J].社会,2017(2).

陈云松,张亮亮,闵尊涛,张柏杨.大数据机遇与宏观定量社会学的重启[J].贵州师范大学学报:社会科学版,2016(6).

陈云松,张翼.城镇化的不平等效应与社会融合[J].中国社会科学,2015(6).

陈云松,朱灿然,张亮亮.代内"文化反授":概念,理论和大数据实证[J].社会学研究 2017(1).

陈云松.2012,农民工收入与村庄网络:基于多重模型识别策略的因果效应分析[J].社会,2012(4).

陈云松.大数据中的百年社会学——基于百万书籍的文化影响力研究[J].社会学研究,2015(1).

陈钊,徐彤,刘晓峰.户籍身份,示范效应与居民幸福感:来自上海和深圳社区的证据[J].世界经济,2012(4).

陈振明.政府再造:西方"新公共管理运动"述评[M].北京:中国人民大学出版社,2003.

成伯清.从嫉妒到怨恨——论中国社会情绪氛围的一个侧面[J].探索与争鸣,2009(10).

程惠芳,幸勇.中国科技企业的资本结构,企业规模与企业成长性[J].世界经济,2003(12).

程遥.健康城镇化背景下的流动人口发展趋势与对策[J].经济地理,2012(4).

仇立平,韩钰.中国城市居民阶层地位认同偏移研究[J].社会发展研究,2015(1).

崔岩.流动人口心理层面的社会融入和身份认同问题研究[J].社会学研究,2012(5).

村田忠禧.从《人民日报》元旦社论看中华人民共和国的历史[J].中共党史研究,2002(3).

戴均良,高晓路,杜守帅.城镇化进程中的空间扩张和土地利用控制[J].地理研究,2010(10).

狄雷,刘能.异质性社区的社会交往与社区认同——北京沙村的个案研究[J].哈尔滨工业大学学报:社会科学版,2014(2).

董运生.地位不一致性与阶层结构化[J].吉林大学社会科学学报,2007(1).

樊纲,王小鲁,朱恒鹏.中国市场化指数:各地区市场化相对进程 2011 年报告[M].北京:经济科学出版社,2011.

樊纲. 渐进式改革与中国现代化[J]. 中国社会科学，1992(1).
范晓光，陈云松. 中国城乡居民的阶层地位认同偏差[J]. 社会学研究，2015(4).
范晓光. 边界渗透与不平等：兼论社会分层的后果[M]. 北京：社会科学文献出版社，2014.
方创琳，王德利. 中国城市化发展质量的综合测度与提升路径[J]. 地理研究，2011(11).
费正清. 伟大的中国革命[M]. 刘尊棋译. 北京：世界知识出版社，2000.
风笑天. “落地生根”？——三峡农村移民的社会适应[J]. 社会学研究，2004(5).
冯仕政. 单位分割与集体抗争[J]. 社会学研究，2006(3).
冯仕政. 中国社会转型期的阶级认同与社会稳定——基于中国综合调查的实证研究[J]. 黑龙江社会科学，2011(3).
高学德，翟学伟. 政府信任的城乡比较[J]. 社会学研究，2013(2).
高勇. 地位层级认同为何下移：兼论地位层级认同基础的转变[J]. 社会，2013(4).
格伦斯基. 社会分层[M]. 王俊等译. 北京：华夏出版社，2005.
龚为纲，罗教讲. 大数据视野下的19世纪“海上丝绸之路”——以丝绸，瓷器与茶叶的文化影响力为中心[J]. 学术论坛，2015(12).
顾朝林. 改革开放以来中国城市化与经济社会发展关系研究[J]. 人文地理，2004(2).
顾辉. 社会流动视角下的阶层固化研究——改革开放以来我国社会阶层流动变迁分析[J]. 广东社会科学，2015(5).
顾骏. 阶层固化：中国社会面临的现实挑战[N]. 上海：文汇报，2011
郭正林. 当代中国农民政治参与的程度，动机及社会效应[J]. 社会学研究，2003(3).
国家统计局课题组. 城市农民工生活质量状况调查报告[J]. 调研世界，2007(1).
何立新，潘春阳. 破解中国的“Easterlin 悖论”：收入差距，机会不均与居民幸福感[J]. 管理世界，2011(8).
胡安宁. 教育能否让我们更健康——基于2010年中国综合社会调查的城乡比较分析[J]. 中国社会科学，2014(5).
胡荣，胡康，温莹莹. 社会资本，政府绩效与城市居民对政府的信任[J]. 社会学研究,2011(1).

胡荣.农民上访与政治信任的流失[J].社会学研究,2007(3).

胡荣.社会资本与城市居民的政治参与[J].社会学研究,2008(5).

胡晓珍,张卫东.制度作用于经济增长的途径及其量化研究[J].华中科技大学学报:社会科学版,2010(5).

胡一帆,宋敏,郑红亮.所有制结构改革对中国企业绩效的影响[J].中国社会科学,2006(4).

怀默霆.中国民众如何看待当前的社会不平等[J].社会学研究,2009(1).

黄建忠.我国私营企业对外贸易的现状,问题与对策[J].国际贸易问题,2004(4).

黄如金.经济全球化与中国工业化的战略选择[J].中国工业经济,2011(11).

黄益平.制度转型与长期增长[J].经济研究,1997(1).

黄宗智,彭玉生.三大历史性变迁的交汇与中国小规模农业的前景[J].中国社会科学,2007(4).

黄宗智.华北的小农经济与社会变迁[M].上海:中华书局,2000.

吉登斯.社会学(第五版)[M].5 版.北京:北京大学出版社,2009.

贾春增.外国社会学史[M].3 版.北京:中国人民大学出版社,2008.

景军,孙薇薇.中国 7 市公务员健康状况及影响因素分析[J].中国公共卫生,2013(6).

兰夕雨,陈金龙.中国共产党政治话语的演进:从“革命”,“继续革命”到“改革”[J].中国特色社会主义研究,2014(1).

雷开春.白领新移民的地位认同偏移及其原因分析[J].青年研究,2009(4).

李保臣,李德江.生活满意感,政府满意度与群体性事件的关系探讨[J].中南民族大学学报:人文社会科学版,2013(2).

李晨璐,赵旭东.群体性事件中的原始抵抗——以浙东海村环境抗争事件为例[J].社会,2012(5).

李春玲.当代中国社会的声望分层——职业声望与社会经济地位指数测量[J].社会学研究,2005(2).

李春玲.断裂与碎片:当代中国社会阶层分化实证分析[M].北京:社会科学文献出版社,2005.

李春玲.社会阶层的身份认同[J].江苏社会科学,2004(6).
李骏.住房产权与政治参与:中国城市的基层社区民主[J].社会学研究,2009(5).
李路路,秦广强,陈建伟.权威阶层体系的构建——基于工作状况和组织权威的分析[J].社会学研究,2012(6).
李路路,唐丽娜,秦广强."患不均,更患不公"——转型期的"公平感"与"冲突感"[J].中国人民大学学报,2012(4).
李路路,朱斌.当代中国的代际流动模式及其变迁[J].中国社会科学,2015(5).
李路路.社会分层结构的变革:从"决定性"到"交易性"[J].社会,2008(3).
李培林,李强,孙立平等.中国社会分层[M].北京:社会科学文献出版社,2004.
李培林,李炜.农民工在中国转型中的经济地位和社会态度[J].社会学研究,2007(3).
李培林,田丰.中国进城农民社会融合的代际比较[J].社会,2012(5).
李培林,田丰.中国新生代农民工:社会态度和行为选择[J].社会,2011(3).
李培林,张翼,赵延东,梁栋.社会冲突与阶级意识:当代中国社会矛盾问题研究[M].北京:社会科学文献出版社,2005.
李培林,张翼.中国中产阶级的规模,认同和社会态度[J].社会,2008(2).
李培林.巨变:村落的终结——都市里的村庄研究[J].中国社会科学,2002.
李培林.社会冲突与阶级意识:当代中国社会矛盾研究[J].社会,2005(1).
李培林.新时期阶级阶层和利益格局的变化[J].中国社会科学,1995(3).
李强,陈宇琳,刘精明.中国城镇化推进模式研究[J].中国社会科学,2012(7).
李强.当代中国社会分层与流动[M].北京:中国经济出版社,1993.
李强.试分析国家政策影响社会分层结构的具体机制[J].社会,2008(3).
李强.中国城市化进程中的"半融入"与"不融入"[J].河北学刊,2011(5).
李强.中国离橄榄型社会还有多远——对于中产阶层发展的社会学分析[J].探索与争鸣,2016(8).
李树茁,任义科,靳小怡,费尔德曼.中国农民工的社会融合及其影响因素研究——基于社会支持网络的分析[J].人口与经济,2008(2).
李煜.藉流动机会公平分配打破"阶层固化"[N].上海:文汇报,2011.
李煜.利益威胁,文化排斥与受挫怨恨——新"土客"关系下的移民排斥[J].学海,

2017(2).

厉以宁. 全球化与中国经济[J]. 世界经济与政治,2000(6).

廉思. 蚁族[M]. 桂林:广西师范大学出版社,2010.

梁晨,张浩,李兰,阮丹青,康文林,李中清. 无声的革命:北京大学、苏州大学学生社会来源研究,1049—2002[M]. 北京:生活·读书·新知三联书店,2013.

廖为建. 论政府形象的构成与传播[J]. 中国行政管理,2001(3).

林宗弘,吴晓刚. 中国的制度变迁,阶级结构转型和收入不平等:1978—2005[J]. 社会,2010(6).

刘广彬. 我国居民的健康不平等状况及其发展趋势——基于 CHNS 2006 年的健康自评数据[J]. 卫生经济研究,2009(4).

刘精明,李路路. 阶层化:居住空间,生活方式,社会交往与阶层地位认同——我国城镇社会阶层化的实证研究[J]. 社会学研究,2005(3).

刘林平. 交往与态度:城市居民眼中的农民工——对广州市民的问卷调查[J]. 中山大学学报:社会科学版,2008(2).

刘晓婷. 社会医疗保险对老年人健康水平的影响——基于浙江省的实证研究[J]. 社会,2014(2).

刘欣,胡安宁. 中国公众的收入公平感:一种新制度主义社会学的解释[J]. 社会,2016(4).

刘欣,李婺. 中国转型期城市精英的地位获得:所有制部门有差异吗? [C]. “2013 年社会分层与流动研究冬季论坛”论文集. 上海:复旦大学社会学系,2013.

刘欣. 当前中国社会阶层分化的制度基础[J]. 社会学研究,2005(5).

刘欣. 相对剥夺地位与阶层认知[J]. 社会学研究,2002(1).

刘欣. 中国城市的阶层结构与中产阶层的定位[J]. 社会学研究,2007(6).

刘欣. 转型期中国大陆城市居民的阶层意识[J]. 社会学研究,2001(3).

刘学军,赵耀辉. 劳动力流动对城市劳动力市场的影响[J]. 经济学,2009(2).

刘泳斯,张雪松. 近现代中国穆斯林人口数量与分布研究[J]. 世界宗教文化,2012(4).

刘玉兰. 新生代农民工精神健康状况及影响因素研究[J]. 人口与经济,2011(5).

刘越. 改革开放以来我国公有制经济占主体的“量”的演化分析[J]. 贵州社会科学,

2013(2).

柳建坤,陈云松.公共话语中的社会分层关注度——基于书籍大数据的实证分析(1949—2008)[J].社会学研究,2018(4).

柳建坤,吴愈晓,刘伟峰.中国城市国内知名度的变迁和机制——基于海量书籍和互联网搜索引擎的大数据分析[J].学术论坛,2016(6).

柳建坤.户籍歧视,人力资本差异与中国城镇收入不平等——基于劳动力市场分割的视角[J].社会发展研究,2017(4).

卢方元,靳丹丹.我国R&D投入对经济增长的影响——基于面板数据的实证分析[J].中国工业经济,2011(3).

卢福营,张兆曙.客观地位分层与主观地位认同[J].中国人口科学,2006(3).

鲁元平,王韬.收入不平等,社会犯罪与国民幸福感——来自中国的经验证据[J].经济学,2011(4).

陆杰华,郭冉.基于地区和社区视角下老年健康与不平等的实证分析[J].人口学刊,2017(2).

陆铭,向宽虎,陈钊.中国的城市化和城市体系调整:基于文献的评论[J].世界经济,2011(6).

陆奇斌,张强,张欢.基层政府绩效与受灾群众满意度的关系[J].北京师范大学学报:社会科学版,2010(4).

陆新超.中国现阶段地位不一致的效应研究[D].上海:上海社会科学院硕士论文,2009.

陆学艺.当代中国社会阶层的分化与流动[J].江苏社会科学,2003(4).

陆学艺.当代中国社会阶层研究报告[M].北京:社会科学文献出版社,2002.

陆学艺.破除城乡二元结构实现城乡经济社会一体化[J].社会科学研究,2009(4).

陆益龙.社会需求与户籍制度改革的均衡点分析[J].西北师范大学学报:社会科学版,2006(3).

陆益龙.乡村居民的阶级意识和阶层认同:结构抑或建构——基于2006 CGSS的实证分析[J].江苏社会科学,2010(1).

吕效华,吴炜.阶层固化视角下教育对青年发展的影响[J].中国青年研究,2013(6).

罗家德,秦朗,方震平.社会资本对村民政府满意度的影响——基于2012年汶川震后调查数据的分析[J].现代财经:天津财经大学学报,2014(6).
马传松,朱挢.阶层固化,社会流动与社会稳定[J].重庆社会科学,2012(1).
马广海.存在,认同与冲突:转型期我国社会的阶层意识概览[J].山东社会科学,2011(5).
马磊,刘欣.中国城市居民的分配公平感研究[J].社会学研究,2010(5).
茅于轼,张玉仁.中国民营经济的发展与前景[J].国家行政学院学报,2001(6).
闵维方,王蓉.2005—2006中国教育与人力资源发展报告[M].北京:北京大学出版社,2006.
宁俊飞,马林靖.快速城市化进程是否有利于农民增收——以天津地区为例[J].当代经济管理,2010(10).
彭纪生,孙文祥,仲为国.中国技术创新政策演变与绩效实证研究(1978—2006)[J].科研管理,2008(4).
彭希哲,郭秀云.权利回归与制度重构——对城市流动人口管理模式创新的思考[J].人口研究,2007(4).
彭宗超,薛澜.政策制定中的公众参与——以中国价格决策听证制度为例[J].国家行政学院学报,2000(5).
齐亚强.自评一般健康的信度和效度分析[J].社会,2014(6).
渠敬东,周飞舟,应星.从总体支配到技术治理——基于中国30年改革经验的社会学分析[J].中国社会科学,2009(6).
任远,乔楠.城市流动人口社会融合的过程测量及影响因素[J].人口研究,2010(2).
任远,邬民乐.城市流动人口的社会融合:文献述评[J].人口研究,2006(3).
沈坤荣,耿强.外国直接投资,技术外溢与内生经济增长——中国数据的计量检验与实证分析[J].中国社会科学,2001(5).
沈坤荣,余吉祥.农村劳动力流动对中国城镇居民收入的影响:基于市场化进程中城乡劳动力分工视角的研究[J].管理世界,2011(3).
沈志华.1956年初中共对知识分子政策的调整[J].社会科学,2006(8).
施建刚,王哲.中国城市化与经济发展水平关系研究[J].中国人口科学,2012(2).

宋月萍，陶椰. 融入与接纳：互动视角下的流动人口社会融合实证研究[J]. 人口研究，2012(3).

苏黛瑞. 在中国城市中争取公民权[M]. 王春光，单丽卿译. 杭州：浙江人民出版社，2009.

孙立平，王汉生，王思斌，林彬，杨善华. 改革以来中国社会结构的变迁[J]. 中国社会科学，1994(2).

孙立平. "关系"，社会关系与社会结构[J]. 社会学研究，1996(5).

孙永芬. 政治心态与影响因素间变量关系的实证分析[J]. 政治学研究，2008(1).

谭伟. 网络舆论概念及特征[J]. 湖南社会科学，2003(5).

唐爱军. 中国共产党意识形态的话语转型[J]. 中共中央党校学报，2014(5).

田丰. 逆成长：农民工社会经济地位的十年变化(2006—2015)[J]. 社会学研究，2017(3).

田卫民. 省域居民收入基尼系数测算及其变动趋势分析[J]. 经济科学，2012(2).

王春光，李炜. 当代中国社会阶层的主观性建构和客观实在[J]. 江苏社会科学，2002(4).

王春光. 城乡结构[M]//陆学艺. 当代社会结构. 北京：社会科学文献出版社，2010.

王春光. 农村流动人口的"半城市化"问题研究[J]. 社会学研究，2006(5).

王春光. 农民工的社会流动和社会地位的变化[J]. 江苏行政学院学报，2003(4).

王春光. 新生代农村流动人口的社会认同与城乡融合的关系[J]. 社会学研究，2001(3).

王放. 新世纪之初的中国城镇化[J]. 人口研究，2006(3).

王甫勤. 社会流动有助于降低健康不平等吗[J]. 社会学研究，2011(2).

王嘉顺. 区域差异背景下的城市居民对外来人口迁入的态度研究——基于2005年全国综合社会调查数据[J]. 社会，2010(6).

王军，邹广平，石先进. 制度变迁对中国经济增长的影响——基于VAR模型的实证研究[J]. 中国工业经济，2013(6).

王俊秀. 不同主观社会阶层的社会心态[J]. 江苏社会科学，2018(1).

王俊秀. 中国社会心态：问题与建议[J]. 改革纵横，2011(5).

王美艳. 城市劳动力市场上的就业机会与工资差异：外来劳动力就业与报酬研究

[J]. 中国社会科学,2005(5).
王浦劬,季程远. 新时代国家治理的良政基准与善治标尺:人民获得感的意蕴和量度[J]. 中国行政管理,2018(1).
王奇生. 从"泛阶级化"到"去阶级化":阶级话语在中国的兴衰[J]. 苏区研究,2017(4).
王泰平. 中华人民共和国外交史第三卷:1970—1978[M]. 北京:世界知识出版社,1999.
王小鲁,樊纲,余静文. 中国市场化指数:各地区市场化相对进程 2016 年报告[M]. 北京:社会科学文献出版社,2016.
王晓莹,罗教讲. 生活境遇与政府工作满意度——基于对 CSS2013 数据的实证分析[J]. 国家行政学院学报,2016(1).
王雅林. 城市休闲[M]. 北京:社会科学文献出版社,2003.
尉建文,谢镇荣. 灾后重建中的政府满意度——基于汶川地震的经验发现[J]. 社会学研究,2015(1).
魏后凯,王业强,苏红键,郭叶波. 中国城镇化质量综合评价报告[J]. 经济研究参考,2013(31).
魏后凯. 外商直接投资对中国区域经济增长的影响[J]. 经济研究,2002(4).
翁定军. 阶级或阶层意识中的心理因素:公平感和态度倾向[J]. 社会学研究,2010(1).
吴先华. 城镇化,市民化与城乡收入差距关系的实证研究——基于山东省时间序列数据及面板数据的实证分析[J]. 地理科学,2011(1).
吴晓刚. 中国当代的高等教育,精英形成与社会分层——来自"首都大学生成长追踪调查"的初步发现[J]. 社会,2016(3).
吴延兵. R&D 与生产率——基于中国制造业的实证研究[J]. 经济研究,2006(11).
肖卫东,陈小远. 城镇化发展与农民收入增长:中国数据的计量经济分析(1978—2003)[D]. 第五届中国经济学年会论文,2005.
谢桂华. 中国流动人口的人力资本回报与社会融合[J]. 中国社会科学,2012(4).
谢立中. 西方社会学名著提要[M]. 南昌:江西人民出版社,2007.
邢春冰. 农民工与城镇职工的收入差距[J]. 管理世界,2008(5).
熊志强. 当前青年阶层固化现象及其原因探讨[J]. 中国青年研究,2013(6).

许传新. 新生代农民工的身份认同及影响因素分析[J]. 学术探索,2007(3).

阎友兵,蒋晟. 农民工休闲活动现状及改进措施[J]. 城市问题,2006(7).

杨继绳,张弘. 正在固化的社会阶层[J]. 社会科学论坛,2011(12).

杨菊华,张莹,陈志光. 北京市流动人口身份认同研究:基于不同代际,户籍及地区的比较[J]. 人口与经济,2013(3).

杨菊华. 从隔离,选择融入到融合:流动人口社会融入问题的理论思考[J]. 人口研究,2009(1).

杨菊华. 流动人口在流入地社会融入的指标体系——基于社会融入理论的进一步研究[J]. 人口与经济,2010(2).

杨菊华. 中国流动人口经济融入[M]. 北京:社会科学文献出版社,2013.

杨奎松. 新中国的革命外交思想与实践[J]. 史学月刊,2010(2).

杨嵘均. 论网络空间草根民主与权力监督和政策制定的互逆作用及其治理[J]. 政治学研究,2015(3).

杨文伟,马宁. 阶层固化的内在逻辑及负面效应[J]. 社会科学论坛,2015(5).

杨文伟. 阶层固化的负面效应及其出路[J]. 中共中央党校学报,2015(1).

悦中山,李树茁,费尔德曼. 农民工的社会融合研究[M]. 北京:社会科学文献出版社,2012.

张欢,张强,陆奇斌. 政府满意度与民众期望管理初探——基于汶川地震灾区的案例研究[J]. 当代世界与社会主义,2008(6).

张济顺. 上海里弄:基层政治动员与国家社会一体化走向(1950—1955)[J]. 中国社会科学,2004(4).

张乐,张翼. 精英阶层再生产与阶层固化程度——以青年的职业地位获得为例[J]. 青年研究,2012(1).

张乐天. 国家话语的接受与消解——公社视野中的“阶级”与“阶级斗争”[J]. 社会学研究,2011(6).

张伦俊. 税收与经济结构调整的适应性分析[J]. 统计研究,2000(3).

张清勇,郑环环. 中国住宅投资引领经济增长吗?[J]. 经济研究,2012(2).

张爽. 非线性模型中多个交互项的估计[J]. 世界经济文汇,2006(3).

张文宏,雷开春. 城市新移民社会认同的结构模型[J]. 社会学研究,2009(4).

张翼.当前中国中产阶层的政治态度[J].中国社会科学,2008(2).
张翼.农民工"进城落户"意愿与中国近期城镇化道路的选择[J].中国人口科学,2011(2).
张翼.中国社会阶层结构变动趋势研究[J].中国特色社会主义研究,2011(3).
赵鼎新.社会与政治运动讲义(第二版)[M].北京:社会科学文献出版社,2012.
赵延东."中间阶层地位认同"缺乏的成因及后果[J].浙江社会科学,2005(2).
郑秉文.改革开放30年中国流动人口社会保障的发展与挑战[J].中国人口科学,2008(5).
郑功成.中国流动人口的社会保障问题[J].理论视野,2007(6).
郑杭生,刘精明.转型加速期城市社会分层结构的划分[J].社会科学研究,2004(2).
周斌,齐亚强.收入不平等与个体健康——基于2005年中国综合社会调查的实证分析[J].社会,2012(5).
周长城,徐鹏.社会地位与生活体验对政府工作满意度的影响——以中国村镇居民为例[J].国家行政学院学报,2014(4).
周靖.中国居民与收入相关的健康不平等及其分解——基于CGSS2008数据的实证研究[J].贵州财经大学学报,2013(3).
周可仁.新中国对外贸易三十五年[J].财贸经济,1985(9).
周其仁.中国经济增长的基础[J].北京大学学报:哲学社会科学版,2010(1).
周晓虹.中产阶级:何以可能与何以可为?[J].江苏社会科学,2002(6).
朱光磊,李晨行.现实还是风险:"阶层固化"辨析[J].探索与争鸣,2017(5).
朱光喜,王赵铭,万细梅,郑瑜怡.危机事件中的政府形象和政府危机公关[J].公共管理学报,2006(2).